湖南省“十三五”教育规划课题“基于‘从资源共享到智慧共生’理念的在线开放课程开发模式研究”（XJK18BGD010）

线上线下混合式运动
人体科学实验指导

主　编　杨赳赳　张劲松　肖　俊
副主编　邹秋英　宋卫红　吴世军
曾云燕　谢　嘉

西南交通大学出版社
·成　都·

图书在版编目（CIP）数据

线上线下混合式运动人体科学实验指导 / 杨赳赳，张劲松，肖俊主编. —成都：西南交通大学出版社，2021.8（2025.7 重印）
ISBN 978-7-5643-8169-1

Ⅰ. ①线… Ⅱ. ①杨… ②张… ③肖… Ⅲ. ①人体运动－人体科学－实验－高等学校－教材 Ⅳ. ①G804-33

中国版本图书馆 CIP 数据核字（2021）第 150812 号

Xianshang Xianxia Hunheshi Yundong Renti Kexue Shiyan Zhidao
线上线下混合式运动人体科学实验指导

主编　杨赳赳　张劲松　肖　俊

责任编辑　牛　君
助理编辑　唐晓莹
封面设计　墨创文化

出版发行　西南交通大学出版社
（四川省成都市金牛区二环路北一段 111 号
西南交通大学创新大厦 21 楼）
邮政编码　610031
发行部电话　028-87600564　028-87600533
网址　https://www.xnjdcbs.com
印刷　成都蜀雅印务有限公司

成品尺寸　185 mm × 260 mm
印张　15.25
字数　379 千
版次　2021 年 8 月第 1 版
印次　2025 年 7 月第 4 次
书号　ISBN 978-7-5643-8169-1
定价　48.00 元

课件咨询电话：028-81435775

前 言

湖南人文科技学院运动人体科学教研室一直致力于运动人体科学类一流课程建设，经过四年努力，其中“运动解剖学”被认定为国家线上线下混合式一流本科课程，“运动生理学”被认定为湖南省线上线下混合式一流本科课程，“体育保健学”“体育测量与评价”等课程被立项为校级线上一流本科课程。专业老师在进行线上线下教学改革的同时，发现教材急需同步跟进，以利于教学改革的进一步开展。本教材是运动人体科学类课程线上线下混合式教学改革配套的系列教材之一，主要是针对运动人体类课程线上线下混合式实验教学的指导。同时，为了贯彻教育部出台的“深入挖掘各类课程和教学方式中蕴含的思想政治教育元素，建设适应新时代要求的一流本科课程”的指导思想，还在实验指导书中首次加入了课程思政元素。

本书一共八章，第一章主要介绍线上线下混合式运动人体科学实验教学的基本方法和要求，由曾云燕编写；第二章运动解剖学实验，由杨赳赳编写；第三章运动生理学实验，由张劲松编写；第四章体育心理学实验，由邹秋英、吴世军编写；第五章体育保健学实验，由邹秋英编写；第六章健康教育实验和第七章体育测量与评价实验，由宋卫红编写；第八章红十字救护实验，由肖俊编写。全书的修正统稿及校对工作由杨赳赳和曾云燕完成，线上资源的制作完善由杨赳赳、肖俊和谢嘉完成。

本书的实验内容主要包括实验目的、实验材料与器具、课程思政、线上自主学习（实验原理及内容、实验要求）、线下学习（实验方法、实验步骤、注意事项）、实验小结与评价、课后练习等板块。线上学习的主要目的是让学生先了解实验原理及实验操作步骤，在线下实验课程当中就能把重点放在实际操作的训练中，以提高实验课程的效率。

本书内容涵盖了运动人体科学的主要学科，选编的实验可供体育学类专业本、专科教学使用。

目前线上线下混合式教学还处于初步探索阶段，线上资源制作的专业技术要求高，教研室团队花了大量的时间和精力以求精益求精，但限于水平和编写时间仓促，书中疏漏在所难免，十分期待得到教育界同仁与专家的批评指正。

编 者

2021 年 5 月

目 录

第一章 运动人体科学实验的基本方法和要求

第二章 运动解剖学实验

第三章 运动生理学实验

第八章　红十字救护实验

参考文献

第一章 运动人体科学实验的基本方法和要求

运动人体科学是体育科学的重要组成部分，是研究人体从事体育活动过程中人体变化规律的科学，包括运动解剖学、运动生理学、体育保健学、运动生物化学、运动心理学、健康教育学、体育测量与评价等，属于自然科学的研究范畴。运动人体科学类课程是所有体育类专业都必须要开设的必修课程，包括理论课和实验课两部分。

实验是研究运动人体科学的基本方法和重要手段。实验课的目的在于通过实验使学生逐步掌握人体形态、结构、功能等与运动系统密切相关指标的测试、评价方法，了解获得知识的科学方法，验证和巩固运动人体学各学科的基本理论，培养和提高学生观察、分析、综合、独立思考和解决问题的能力，以及严谨的工作态度和工作作风，从而为科学地组织体育教学、指导运动训练和全民健身、开展体育科学研究奠定基础。

第一节 实验课的教学目标

实验教学主要从实践环节对学生进行训练，以培养学生观察问题，分析问题和解决问题及应用知识的能力，其教学目标主要体现在以下方面。

（1）通过实验教学激发学生对实验研究的兴趣，加深对所学专业知识的基本概念与基本原理的理解，培养学生理论来自实践的科学观。

（2）通过实验教学让学生熟悉与掌握运动人体科学的基本实验方法、操作技能和实用技术，使之能够从事体育教学、运动训练、健身指导、运动保健等体育工作。

（3）培养学生善于思考、敏于观察、勤于动手的习惯；提高学生善于发现问题、分析问题、解决问题及精确表达及巧妙创新的实践能力；培养学生对科研工作严谨细心、认真务实、团结协作、实事求是的工作作风。

第二节 实验课的组织管理和考核办法

实验教学是高校本科教学的一个重要环节。为规范实验教学，保证实验课的正常运行，不断提高实验教学效果，务必加强实验课各个环节的管理，其中最主要也是最重要的是实验课的教学组织和实验成绩考核两个方面。

一、实验课的组织管理

（1）根据学校总体教学计划的要求，运动人体科学类各门实验课程要编写相应的实验教学大纲、实验教学计划，经本院审核通过，报教务处批准后实施。

（2）每学期末，实验教师根据教务处下达的教学任务制订下一学期的实验教学授课计划，申请添购实验仪器设备、实验用品、实验耗材等，报教务处审核。

（3）实验教师或实验员在实验课前要做好准备工作，如实验教学日历制定，实验教案的编写，实验仪器的检测，实验用品的准备，新开设实验项目的预试等。

（4）实验教师应提前通知学生做好实验课前的预习，实验上课前指导教师对学生的预习情况进行检查，预习不合格者，不得参加当次实验。

（5）新生入学后的首次实验课，实验教师要带领学生学习《实验课学生守则》《实验室安全与环保守则》等规章制度。

（6）每次实验课过程中，实验教师应审验学生实验结果（数据）与结论是否正确或合理，并加以指导，对实验仪器进行检查核对，填写仪器设备使用记录，并组织学生搞好实验室卫生，确认合格后方可锁闭、离开实验室。

（7）每次实验课后，学生要按时完成实验报告，实验教师对学生的实验报告应认真批改、评定成绩，及时归档。

（8）学期实验课程全部结束后，指导教师要书写实验教学总结，及时提交实验教学过程材料，交实验室归档保管。实验教学过程材料包括实验教学大纲，实验教学计划、教学日历、实验教案、实验课表、实验成绩、实验报告、实验总结、实验教学日志、实验情况登记本、实验出勤登记表、仪器设备使用情况登记表、实验室卫生安全登记表，等等。

二、实验课的考核办法

实验课是专业课程教学中非常重要的环节，实验课完成的好坏直接关系到培养目标的实现和学生的培养质量，为更好地规范实验教学，进一步提高实验教学质量，培养学生的动手能力，实验课程的考核内容包括实验预习与准备、出勤情况、实验态度、实验过程的完成情况、动手操作与数据处理能力、实验报告书写能力等。

（1）线上学习环节。在进行线下实验课之前，学生要完成线上实验学习，线上实验课包括实验视频任务点的学习和实验基础测试题的完成。实验老师在运动人体实验课程网站认真检查学生的线上实验学习情况，未完成线上学习者不得进行实验。

（2）线下学习环节。每一次实验课中，实验指导教师都要对每一个学生的实验出勤、实验态度、实验课堂展示或者操作过程和实验结果进行监控，并结合实验报告质量进行考核。一次实验考核满分为 100 分，其中实验出勤占 10%，实验态度占 10%，实验展示或操作过程完成情况占 50%，实验报告占 30%。

（3）每学期或每门实验课程全部结束后，可以对学生进行实验考核，考核成绩按比例记入期末实验成绩。

（4）独立实验课的成绩应作为一门课程记入学生成绩档案；非独立实验课的成绩与其理论课成绩综合为该门课的总成绩，其中实验成绩不低于总成绩的 30%。实验课程成绩低于 50 分者，该门课程期评成绩不及格，必须参加下学期开学初的实验补考。

（5）对无故不参加实验超过应做实验总次数 1/3 的学生，不得参加学期实验课的考核，必须重修该实验课程。

第三节　实验课的学习方法与要求

线上线下混合式实验课程的学习是以学生为主体，通过学生自主学习、自我训练与自主创新等实践活动，学习专业技术知识和技能，掌握从事科学实验研究的基本技术与方法，获取解决实际问题的能力。因此，实验过程学生要亲自动手、亲自试验。实验中要多问、多想、多记，细致观察、认真思考、具体分析。同时，为了达到实验课的目的和要求，学生在实验的过程中，应努力按照实验要求规范操作，养成良好的操作习惯。实验课的学习方法重点抓住实验线上学习、线下操作训练、实验报告三个环节，教师的作用是引导和启发学生自主地学习与实践，依据专业技术和技能的基本要求合理地选择实验项目和内容，使学生对实验方法的学习和实验技能的训练达到科学化和系统化，同时要求对典型的实验技术、仪器的使用操作，进行针对性的规范演示和指导。

一、实验线上学习环节

（1）学生在实验前认真学习线上实验视频内容，了解实验课的具体任务，如实验项目、实验目的、实验要求、实验原理、实验内容、实验步骤和注意事项等。

（2）根据实验要求，实验前学生要通过学习知道需要使用哪些仪器，对实验仪器、设备要有初步了解，并对仪器、设备的相关知识进行初步学习，特别是仪器的操作要领、注意事项。

（3）实验前要了解实验报告的内容和要求，实验中尽量达到其要求，为顺利完成实验报告做好前期准备。

（4）学生在进行自学任务后，必须完成该实验的单元测试，对该实验的关键知识点有全面而明确的认识，单元测试未满 60 分者，需要重新进行视频学习及考核，直至 60 分以上方可参加线下实验课程学习。

二、线下实验操作

（1）学生在实验正式开始前，按照拟定的实验操作计划与方案，熟悉与掌握仪器设备的特性与使用方法，操作的原则与步骤，药品的性能安全与存放，容器的清洗与废物的处理等。要求认真细致，严谨规范，杜绝差错，保证安全。

（2）整个实验过程中，学生要严格按照实验规范，认真地进行实验操作，并且思考实验的理论和实际意义，将相关知识融会贯通，使所学知识更加牢固而且具有实际指导作用。

（3）要按照线上学习的内容，认真完成实验的全部操作，对实验现象与结果进行认真的观测、记录，并作出合理的解释和分析。

三、实验报告

实验报告书写是一项重要的基本技能训练。它不仅是对每次实验的总结，更重要的是它可以初步地培养和训练学生的逻辑归纳能力、综合分析能力和文字表达能力，是科研论文写作的基础。因此，参加实验的每位学生均应及时认真地书写实验报告。

（1）实验结束后，每位学生要按照实验要求及时认真书写实验报告。实验报告要求内容实事求是，分析全面具体，语言简洁通顺，格式科学规范，字迹端正整洁，不得抄袭偷窃。

（2）实验报告结果要客观、真实，符合事物的客观规律，如果误差较大，要反复试验直至取得合理的结果。不得随意更改、杜撰、抄袭书本或别人的实验结果。

（3）对实验结果要做出合理、科学的解释，并且对观察到的某些偶然的特殊现象和结果要认真分析和总结，并与教师一起探讨，以提高学生的分析能力和创新能力。

（4）要求在实验报告中，对当次实验课中自己的实验情况做出自我评价，是否掌握实验，存在哪些问题，如何改进等。亦可对教师的教学提出改进意见或建议，以达到教学相长的目的。

第四节　实验课规章制度与急救方法

一、实验课学生守则

（1）提前 10 min 进入实验室，按照实验要求做好准备。不得无故迟到或早退，有其他重要或紧急事情时应向教师请假。

（2）进入实验室，学生必须遵守实验室的规章制度及操作规程，爱护公物，保持室内安静整洁，严禁说笑、打闹，不得随意走动，影响他人实验。禁止室内吸烟、进食、随地吐痰和乱扔杂物。

（3）实验过程中，学生应听从指导教师的指导与管理，严格遵守操作规程。未经教师允许不得擅自动用仪器设备，如果擅自动用或违反操作规程造成仪器设备损坏，按规定进行赔偿，并按校纪校规严肃处理，电源接通后不得擅自离开实验岗位。

（4）实验中使用易燃易爆物品或接触带电设备进行实验时，要严格按规定程序进行操作，注意防护。若发现仪器设备发生故障和损坏，应首先切断电源、停止实验，立即向指导教师报告。不能带故障使用，更不能自行拆卸仪器设备。

（5）整个实验过程，学生应仔细观察实验现象，如实记录实验数据，严禁冒替、抄袭、伪造实验数据等行为。一经发现上述行为，视情节轻重给予批评、扣分，直至取消本次实验成绩。

（6）实验后应请指导教师检查验收，然后按规定认真书写实验报告。并在课后按时交给指导教师，迟交、缺交者由指导老师酌情扣分。实验报告要求数据齐全，字迹工整，图表清晰，数据处理准确，表达清楚。不符合要求者重新提交实验报告。

（7）注意节约各种实验用品与水电。实验结束要检查、核对仪器设备、实验用品，并整理复原，填写仪器设备使用登记表。实验室内一切物品未经实验室负责人员批准，严禁带出室外。

（8）注意实验室清洁卫生。建立值日制度，值日生负责清扫实验室。实验结束要彻底清扫实验室，对实验废弃物做无害化处理，玻璃器皿用完后要洗净，器皿器械等用完后要洗净擦干，防止生锈。处理好实验动物，关好水、电、门窗，经指导教师检查合格后方可离开实验室。

（9）课外时间需到实验室做实验的学生，在实验室管理系统进行线上申报预约，经实验室老师及实验室主任批准后，在预约的时间内，由指导教师或实验室技术人员指导进行实验。

二、实验室安全守则及急救方法

实验室集中了大量的仪器设备以及化学药品、易碎易燃易爆等危险物品。操作稍有不慎就有可能引起火灾、触电、中毒、割伤、污染环境等安全事故。因此，实验室的安全不仅关系学校实验教学和科学研究工作的顺利开展，更重要的是关系到师生员工的生命健康安全与国家财产安全，甚至对高校及至整个社会的安全和稳定都至关重要。因此师生员工必须牢固树立“安全第一”的意识。实验室工作人员及参加实验的学生在做实验前必须认真学习实验仪器设备的安全操作规程，熟悉各仪器使用方法及注意事项，了解化学物品的毒性及其危害，掌握必要的安全守则与正确的急救方法。

（一）用电安全守则

（1）做实验需要使用电子仪器设备前，应先检查电源开关、电机和设备各部分是否完好。如有故障，应排除后，方可接通电源。使用电子仪器设备时，应先了解其性能，按操作规程操作，若电气设备发生过热现象或有焦糊味时，应立即切断电源。

（2）电源或电气设备的保险丝烧断时，应先查明烧断原因，排除故障后，再按原负荷选用适宜的保险丝进行更换，不得随意加大或用其他金属线代用。如遇电线走火，切勿用水或导电的酸碱泡沫灭火器灭火，应切断电源，用沙或二氧化碳火火器灭火。

（3）实验室内严禁私自乱接电源，室内不应有裸露的电线头，电源开关箱内，不准堆放物品，以免触电或燃烧。

（4）人员较长时间离开房间或电源中断时，要切断电源开关，尤其是要注意切断加热电气设备的电源开关。每台仪器设备使用后，需立即关掉设备电源。全部实验完毕，关闭总电源且彻底整理和清扫实验室。

（二）危险物品安全守则

（1）所有有毒物品、化学制剂、易燃易爆等危险物都应存放于指定位置，由专人负责，妥善保管发放。有害废弃物倒在指定的容器，由专人做无害化处理，逾期不用的化学品应依规定及时申报作废，不得任意弃置。可燃性或毒性气体储存区应保持良好通风，避免高温、日晒，且周围 2 m 内不得放置易燃、可燃或其他危险性物质。

（2）注意保持个人卫生和遵守个人防护规程，实验室内禁止吸烟、饮食、化妆。实验室操作用的玻璃器皿不能用来存放食物和饮料。为了预防意外损害，实验人员必要时应佩戴必需的防护用具，实验结束要彻底洗手，更换污染的衣物、鞋袜等。

（三）防火安全守则

（1）了解有关易燃易爆物品知识及消防知识，遵守各种防火规则。

（2）在实验室内、过道等处，必须配备消防器材与灭火设备，当实验室发生火险时，应立即切断电源，用灭火器扑灭火源。必要时应立即报警。若火势太大或发生爆炸，全部人员应按紧急逃生路线尽快撤离。

（3）电线及电器设备起火时，必须先切断总电源开关，再用四氯化碳灭火器灭熄，并及时通知供电部门。不许用水或泡沫灭火器来扑灭燃烧的电线电器。

（4）人员衣服着火时，立即用毯子之类物品蒙盖在着火者身上灭火，必要时也可用水扑灭。但不宜慌张跑动，避免使气流流向燃烧的衣服，再使火焰增大。

（5）定期检查实验室配置的电源保护器、灭火器、消防水带等消防器材是否完好有效。严禁将消防器材随意移动或挪作他用。实验室出口、走廊不能堆放杂物，应保持畅通。

总之，当实验室意外事故发生时，应立即报告教师或实验室管理人员做出处置，同时要立即采取正确的应对措施加以控制，如果险情失控，情况危急时要尽快自救、逃生。

（四）一般急救方法

1. 烧伤的急救

（1）普通烧伤。第一时间用凉水持续冲 15 ~ 20 min；可擦用清凉乳剂于创伤处，并包扎好；略重的烧伤可视烧伤情况立即送医院处理；遇有休克的伤员应立即通知医院前来抢救、处理。

（2）化学烧伤。化学药品溅到皮肤而引起烧伤时，应立即用清水冲洗，切不可用手抓挠和用手搓揉眼睛，并尽快送医院治疗。如果沾上浓硫酸，切忌用水冲洗，先用棉布吸取浓硫酸，再用清水冲洗。

2. 创伤的急救

首先必须检查内有无玻璃金属等碎片，然后用硼酸水洗净，再涂擦碘伏或消毒用品，必要时用纱布包扎。若伤口较大或过深出血较多时，应迅速在伤口上部和下部扎紧血管止血，立即送医务室或医院救治。

3. 中毒急救

呼吸道中毒，应使中毒者撤离现场，转移到通风良好的地方，让患者呼吸新鲜的空气。若发生休克昏迷，可给患者吸入氧气及做人工呼吸，并迅速送医院救治。若消化道中毒或不慎水银中毒，应立即送医院急救。

4. 触电的急救

有人触电时应立即切断电源或用干棍使导线与触电人脱离，患者呼吸停止或心脏停跳时应立即进行人工呼吸或心肺复苏，并尽快拨打 120 急救。

第二章 运动解剖学实验

实验一 运动系统的一般形态结构的观察

实验目的

（1）掌握四种骨的形态及结构特点。

（2）掌握关节结构和关节分类及各类关节的形态结构特征。

（3）熟悉骨骼肌的分类，掌握其基本结构。

（4）培养学生的感恩之心、敬畏之心、责任之心、奉献精神和团队意识。

实验材料与器具

人体骨架标本、4 种形态的骨标本及其剖面标本、人体关节分类标本模型，各类关节标本，新鲜猪股骨和关节标本。手术托盘，手术刀柄，刀片，止血钳及一次性手套等。

课程思政

本次实验是运动解剖学的第一次实验课，在正式上课之先，宣布实验室纪律的同时为学生介绍“无语体师”，举行向“无语体师”鞠躬的仪式，介绍遗体捐献的有关政策和意义，教育学生培养学生的感恩之心、敬畏之心、责任之心和奉献精神。在进行小组学习及展示中，引导学生的团队合作意识，要求全体成员共同完成展示内容，在展示过程中能相互帮助，合作好的小组酌情加分。

线上自主学习

运动系统的一般形态结构的观察

一、实验内容

（1）观看骨的分类视频，熟悉骨的分类方法。根据骨的部位来分可分为长骨、短骨、扁骨和不规则骨。长骨有明显的一体两端，此类骨多分布于上肢和下肢，两端膨大的部分称为骺。短骨一般呈立方形，多群居于腕部和踝部。扁骨呈薄板状，面积大，一般分布于中轴和四肢带部，如颅顶骨、胸骨和位于胸廓后面上外侧的肩胛骨。不规则骨呈不规则形，如构成脊柱的椎骨。

（2）观看关节分类视频。了解只绕一个轴运动的是单轴关节，单轴关节按关节面形状又分为屈戌关节和车轴关节；绕两个轴运动的是双轴关节，双轴关节按关节面形状又分为椭圆关节和鞍状关节；绕三个轴运动的是多轴关节，多轴关节按关节面形状又分为球窝关节和平面关节。

（3）观看关节的结构视频。掌握关节的基本结构：关节面及关节软骨、关节腔和关节囊；关节的辅助结构：韧带、关节唇、关节内软骨、滑膜囊和滑膜襞，理解这些辅助结构的位置及作用。

（4）观看骨骼肌的结构视频。了解骨骼肌的基本结构：肌腹和肌腱；骨骼肌的辅助结构：筋膜、腱鞘、滑膜囊和籽骨。理解这些辅助结构的位置及作用。

二、要　求

（1）熟悉两种骨的分类方法。

（2）掌握关节分类依据，骨、骨连结、骨骼肌的基本结构和辅助结构特点。

线下学习

一、实验方法

（1）每 5 ~ 6 个学生一组，由组长组织组员仔细观察模型标本，根据骨、关节、骨骼肌的分类、基本结构及辅助结构特征，在标本或模型上找到该结构。

（2）进行新鲜猪股骨、骨骼肌和关节标本解剖，找到骨、关节、骨骼肌的相关基本结构及辅助结构。

（3）最后半小时为小组展示环节，根据展示情况进行组间互评和老师评分，评分情况记入过程考核成绩。

二、实验步骤

（1）根据长骨、短骨、扁骨和不规则骨的形态特征，在散骨标本中找出上述骨头各一块，分别说出这 4 类骨各自形态结构特点。结合观察 4 种形态骨剖面标本，注意 4 种形态骨的骨密质与骨松质的分布情况（图 2-1-1）。

（2）在人体骨架标本或者模型上，分别找到以下关节：屈戌关节和车轴关节；椭圆关节和鞍状关节；球窝关节和平面关节，要求说出依据，并指明属于单轴、双轴还是多轴关节。

（3）解剖新鲜猪骨，观察以下结构：

① 用解剖镊将骨体表面的骨膜撕开，观察骨外膜，由于标本制作上内外两层难以分离，故只见一层骨外膜。骨内膜紧贴着骨髓腔表面，难以分离。

② 观察剖开骨两端关节面覆盖着关节软骨，骺端内部为骨松质，骨体骨质主要是骨密质。结合观察干枯的股骨纵切标本，仔细观察骺端的骨松质骨小梁排列特点，辨认出压力线和张力线。思考压力线、张力线的功能。

③ 取动物（猪）新鲜的关节观察：可见关节囊包裹关节面周围，封闭关节腔。在关节两侧，用刀轻轻剥离关节囊，见有囊壁明显增厚的部分，这为韧带。将关节囊打开，可见关节腔内有少许滑液，关节面显得特别光滑，用手触摸关节面有滑液感，用刀片可以把表面的关节面软骨削掉。思考关节面软骨对关节有何功能。观察人膝关节标本，辨认半月板、交叉韧带、滑膜皱襞等结构（图 2-1-2）。

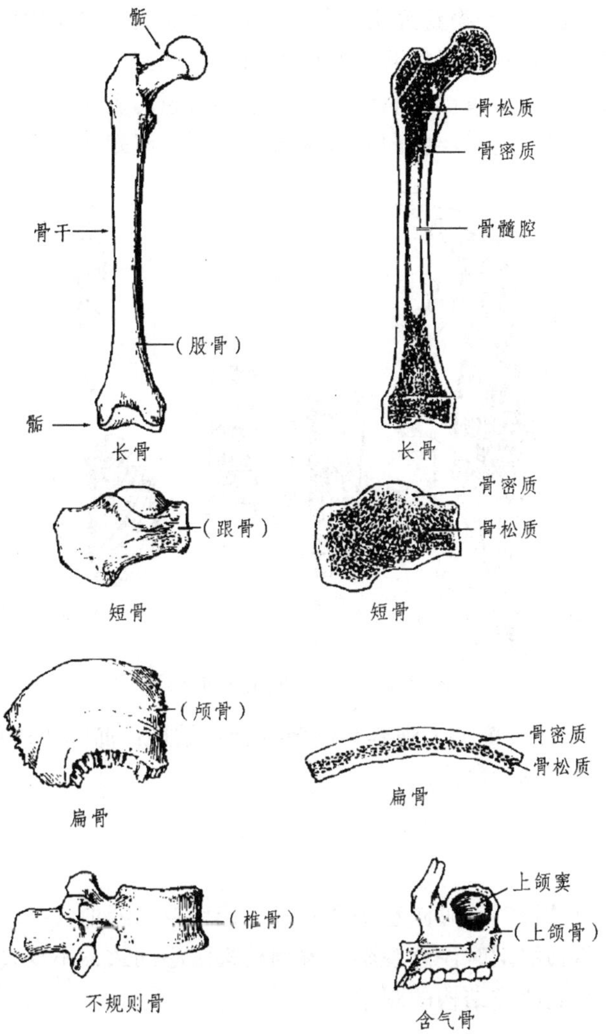

图 2-1-1 骨的类型

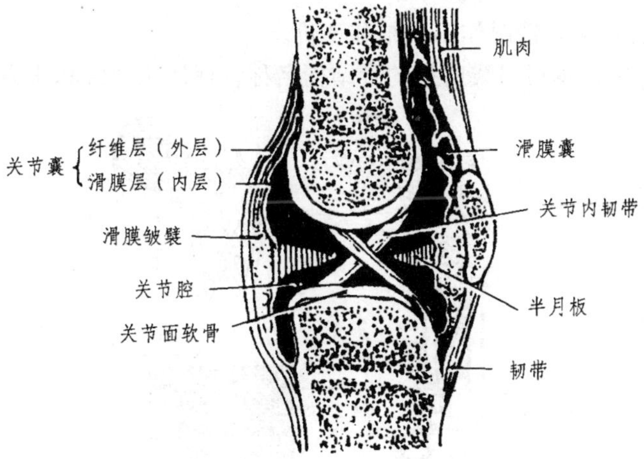

图 2-1-2　关节的基本构造

④ 取骨骼肌构造模型或动物新鲜肌肉观察：可见骨骼肌一般是由中部的肌腹和肌腹两端的肌腱两部分构成的。将肌腹横断切开，对横切面进行观察，可见肌腹是由许多肌纤维集合成为肌束；许多肌束聚合成肌腹。在肌纤维、肌束和肌腹的表面包裹着一层薄膜，分别称为肌内膜、肌束膜和肌外膜。这三层膜向肌腹两端延伸构成肌腱或扁平状的腱膜（图 2-1-3）。

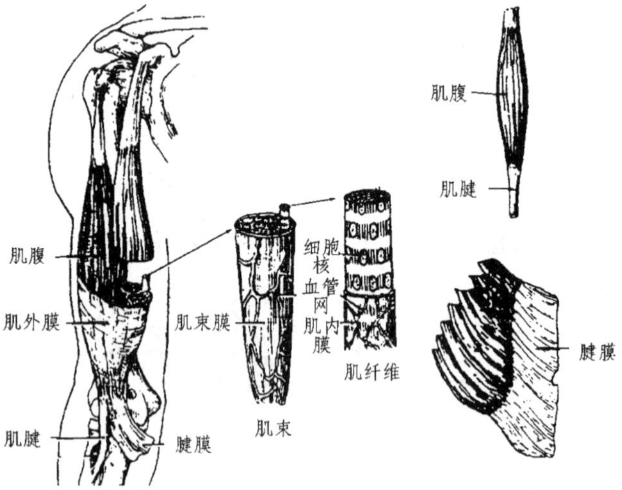

图 2-1-3　骨骼肌的基本构造

⑤ 在新鲜猪脚标本或者模型上观察骨骼肌的辅助结构：筋膜（浅层和深层），腱鞘，滑膜囊及籽骨等结构，思考其功能。

三、注意事项

（1）在使用手术刀进行解剖时注意安全，避免误伤自己或他人。

（2）在进行新鲜猪脚解剖时注意观察，解剖结构耐心细致，不要过早破坏腱鞘、韧带及关节囊等结构，以免影响此类结构的观察。

实验小结与评价

（1）请对你自己的实验情况作出小结和评价。

（2）在图 2-1-4 中，填写引线所指的骨结构名称，标注压力线和张力线。

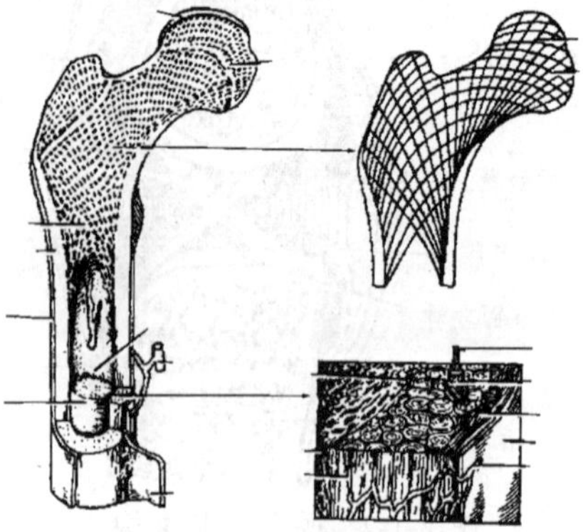

图 2-1-4　骨的构造

课后练习

（1）课后复习，掌握骨、关节、骨骼肌的分类与结构。

（2）讨论体育运动中如何利用肌肉的伸展性和弹性发挥其运动能力。

实验二　上肢骨的观察

实验目的

（1）掌握人体上肢骨的组成及各骨名称、位置。

（2）掌握常见上肢骨的形态结构及主要的骨性标志和体表标志。

（3）培养学生责任感和团队合作意识。

实验材料与器具

完整骨骼标本，上肢的散骨标本，手骨串连标本。

课程思政

举行向“无语体师”鞠躬的仪式。介绍上肢骨容易骨折的部位，作为体育教师在训练过程中如何科学训练，避免学生受伤，进行教师职业道德教育。在进行小组学习及展示中，引导学生的团队合作意识，要求全体成员共同完成展示内容，对在展示过程中能相互帮助、合作好的小组进行点评表扬，并酌情计入过程考核分数。

线上自主学习

上肢骨的观察

一、实验内容

观看骨的部位分类视频，熟悉全身骨的组成、名称及位置（图 2-2-1）。观看上肢骨的视频，了解上肢骨的组成、定位特点及常见骨性结构。

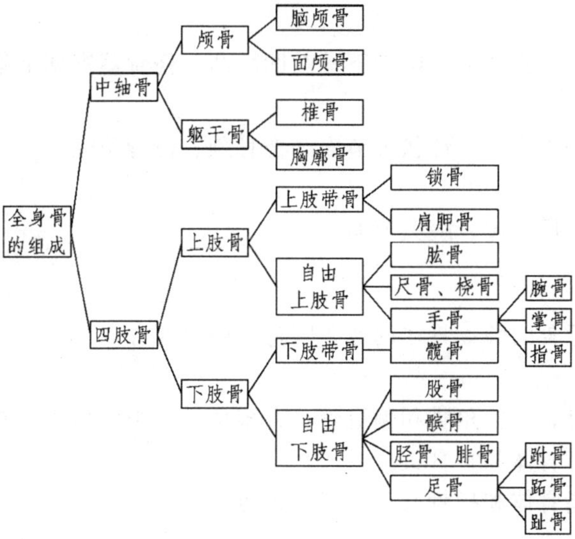

图 2-2-1　全身骨根据部位的分类及名称

1. 锁　骨

（1）定位特点：锁骨上面光滑，下面粗糙；内侧 2/3 凸向前，外侧 1/3 凸向后；内侧端粗大称胸骨端，外侧端扁平称肩峰端。

（2）骨性结构：锁骨内侧的胸骨端，胸骨关节面，外侧的肩峰端，肩峰关节面。

2. 肩胛骨

（1）定位特点：下角朝下，关节盂朝上朝外，肩胛冈朝后上。

（2）骨性结构：

三个缘：上缘（肩胛切迹、喙突）、内侧缘、外侧缘。

三个角：内侧角、下角、外侧角（关节盂、盂上结节、盂下结节）。

两个面：前面亦称肋面（肩胛下窝），后面亦称背面（肩胛冈、冈上窝、冈下窝、肩峰、肩峰关节面）。

3. 肱　骨

（1）定位特点：肱骨头朝上朝内，鹰嘴窝朝后。

（2）骨性结构：

上端：肱骨头、解剖颈、外科颈、大结节、大结节嵴、小结节、小结节嵴、结节间沟。

肱骨体：三角肌粗隆、桡神经沟。

下端：内上髁、外上髁、肱骨滑车、肱骨小头、冠突窝、桡窝、尺神经沟、鹰嘴窝。

4. 尺　骨

（1）定位特点：尺骨鹰嘴朝上，冠突朝前，骨间缘朝外。

（2）骨性结构：

上端：鹰嘴、冠突、滑车切迹、尺骨粗隆、桡切迹。

尺骨体：骨间缘。

下端：尺骨头、环状关节面、尺骨茎突。

5. 桡　骨

（1）定位特点：桡骨头朝上，桡骨下端前凹后凸，桡骨茎突朝下朝外。

（2）骨性结构：

上端：桡骨头、桡骨头凹、环状关节面、桡骨颈、桡骨粗隆。

桡骨体：骨间缘。

下端：桡骨茎突、尺切迹、腕关节面。

6. 手　骨

（1）定位特点：手骨的豌豆骨在内侧，腕穹隆朝手背方向。

（2）骨性结构：

腕骨：手舟骨、月骨、三角骨和豌豆骨；大多角骨、小多角骨、头状骨和钩骨。

掌骨：掌骨底、掌骨体和掌骨头。

指骨：指骨底、指骨体和指骨滑车，指骨粗隆。

二、要　求

1. 掌握上肢各骨的位置和名称。
2. 熟记定位特点，了解各骨的结构的识认方法。

线下学习

一、实验方法

（1）每 5～6 个学生一组，由组长组织组员仔细观察模型或标本，首先在全身骨骼模型或标本上识认全身各骨的位置及名称；然后找出上肢各散骨，根据定位特点分清上下前后左右，再根据方位找到各主要的骨性标志。

（2）在自己身上或者同学身上识认常见的体表标志。

（3）最后半小时为小组展示环节。

二、实验步骤

1.指认全身各骨的名称及位置

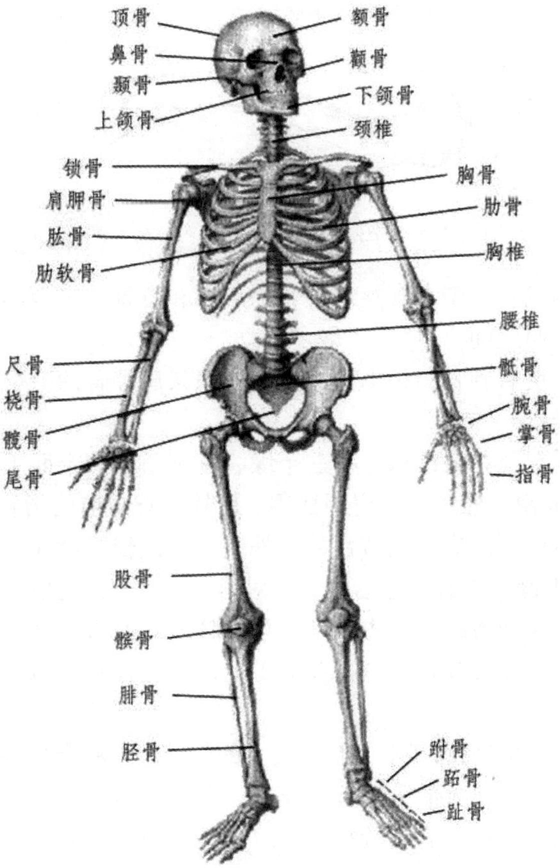

图 2-2-2　全身骨的位置和名称

成人全身共有 206 块骨，根据其存在的部位，可分为中轴骨和四肢骨（附肢骨）两部分。中轴骨包括颅骨和躯干骨；四肢骨包括上肢骨和下肢骨。颅骨可分为脑颅骨、面颅骨两部分。

躯干骨由 26 块椎骨（成人）、12 对肋和 1 块胸骨所组成。上肢骨分为上肢带骨和自由上肢骨两部分。上肢带骨包括锁骨和肩胛骨，自由上肢骨包括肱骨、尺骨、桡骨、手骨（腕骨、掌骨和指骨）。下肢骨分为下肢带骨和自由下肢骨两部分。下肢带骨即髋骨，自由下肢骨包括股骨、髌骨、胫骨、腓骨、足骨（跗骨、跖骨和趾骨）。

2. 指认锁骨和肩胛骨

（1）从散骨中找出一块锁骨，根据定位的特点识认锁骨的上下左右内外，判断这是左边的还是右边的锁骨。

（2）观察锁骨的形态及相关结构。锁骨为 S 形长骨，分为“一体两端”。上面光滑，下面粗糙。内侧 2/3 凸向前，外侧 1/3 凸向后。锁骨内侧端粗大呈圆柱状称胸骨端，其末端为胸骨关节面（图 2-2-3）；外侧端呈扁平状称肩峰端，其末端有肩峰关节面。试着找到胸骨和肩胛骨的相应位置进行比对，思考这些结构如何构成关节，构成哪一类关节。

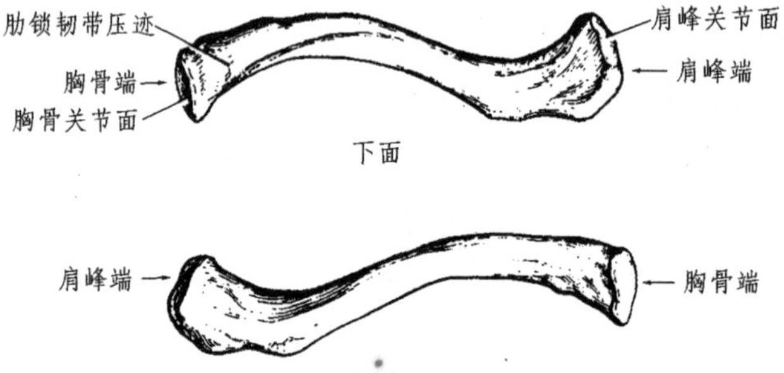

图 2-2-3　锁骨

（3）在全身骨骼标本或者模型上观察肩胛骨的形态和位置。三角形扁骨，位于胸廓的后外上方，在第 2 肋到第 7 肋之间。

（4）从散骨中找出一块肩胛骨，根据定位的特点识认肩胛骨的上下左右内外，判断这是左边的还是右边的肩胛骨。

（5）观察肩胛骨的形态及相关结构。有三个缘、三个角、两个面（图 2-2-4）。

① 三个缘：上缘短而薄，外侧部有肩胛切迹，最外侧有向前的指状突起，称喙突。远离关节盂的为内侧缘，薄而锐利。靠近关节盂的为外侧缘，比较肥厚邻近腋窝。

② 三个角：上角为上缘与脊柱缘会合处，平对第 2 肋。下角为脊柱缘与腋缘会合处，平对第 7 肋或第 7 肋间隙，为计数肋的标志。外侧角为腋缘与上缘会合处，最肥厚，朝向外侧的梨形浅窝，称关节盂，与肱骨头相关节，关节盂上、下方各有一粗糙隆起，分别称盂上结节和盂下结节。

③ 两个面：肩胛骨前面与胸廓相对，有一较大的浅窝，称肩胛下窝。后面有一横行骨嵴突起称肩胛冈，肩胛冈的上、下方的分别有一浅窝，分别称冈上窝和冈下窝。肩胛冈向外上延伸的扁平突起，称肩峰，与锁骨肩峰端相接，肩峰的内侧有一关节面成肩峰关节面，与锁骨的肩峰关节面构成肩锁关节。

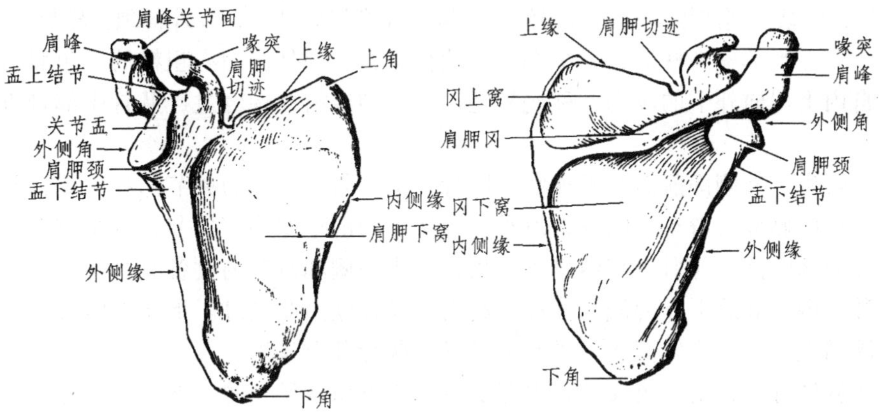

图 2-2-4　肩胛骨

3. 指认肱骨、尺骨、桡骨、腕骨、掌骨、指骨并观察其位置及形态

（1）从散骨中找出一块肱骨，根据定位的特点识认肱骨的上下左右内外，判断这是左边的还是右边的肱骨。

（2）观察肱骨的形态，属于长骨，分为一体两端。（图 2-2-5）

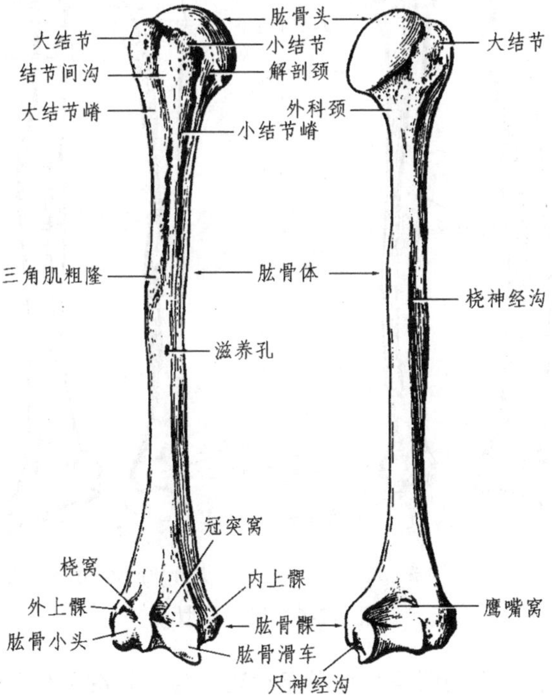

图 2-2-5　肱骨

上端：有朝向上后内侧呈半球形的肱骨头，与肩胛骨的关节盂相关节，头周围的环状浅沟，称解剖颈，肱骨头的外侧和前方有隆起的大结节和小结节，大、小结节向下分别延伸为大结节嵴

和小结节嵴，两结节间的纵沟称结节间沟。上端与体交界处稍细，称外科颈，较易发生骨折。

肱骨体：上半部呈圆柱形，下半部呈三棱柱形，中部外侧面有粗糙的三角肌粗隆，后面中部有一自内上斜向外下的浅沟，称桡神经沟，桡神经沿此沟经过，肱骨中部骨折可能伤及桡神经。

下端：较扁，外侧部前面有半球状的肱骨小头，与桡骨头的关节凹相关节，肱骨小头前上方为桡窝；内侧部有滑车状的肱骨滑车，与尺骨的滑车切迹相关节，滑车前上方可见冠突窝，后上方为鹰嘴窝，伸肘时容纳尺骨鹰嘴；小头外侧和滑车内侧各有一突起，分别称外上髁和内上髁。内上髁后下方的浅沟称尺神经沟，尺神经由此经过。下端与体交界处，即肱骨内、外上髁稍上方，骨质较薄弱，受暴力可发生肱骨髁上骨折。

（3）在从散骨中找出一块尺骨，根据定位的特点识认尺骨的上下左右内外，判断这是左边的还是右边的尺骨。

（4）观察尺骨的形态，属于长骨，分为一体两端（图 2-2-6）。按照标准解剖学姿势将尺骨位置摆正，观察上端、体、下端的结构。

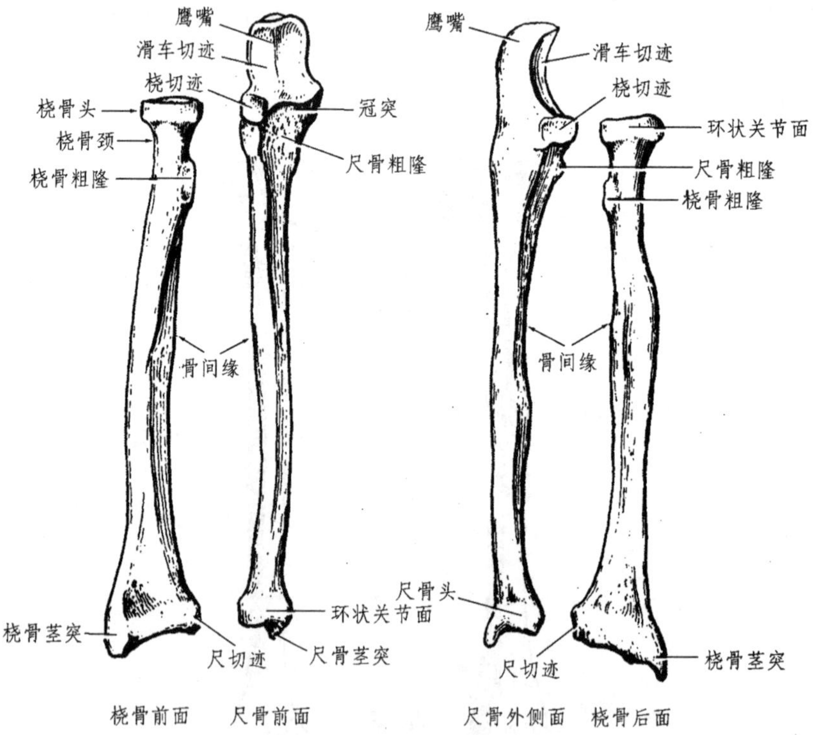

图 2-2-6　尺、桡骨

上端：粗大，前面有一大的凹陷，称滑车切迹，与肱骨滑车相关节，切迹后上方的突起为鹰嘴，前下方的突起为冠突。冠突外侧面有桡切迹，与桡骨头的环状关节面相关节，冠突下方的粗糙隆起，称尺骨粗隆。

尺骨体：上段粗、下段细，外侧缘锐利，为骨间缘，与桡骨的骨间缘相对。

下端：为尺骨头，其前、外、后有环状关节面与桡骨的尺切迹相关节，下面光滑，借三角形的关节盘与腕骨分隔。尺骨头后内侧向下突出，称尺骨茎突。

（5）从散骨中找出一块桡骨，根据定位的特点识认桡骨的上下左右内外，判断这是左边的还是右边的桡骨。

（6）观察桡骨的形态，位于前臂外侧，属于长骨，分为一体两端（图 2-2-6）。

上端：膨大称桡骨头，头上面的关节凹与肱骨小头相关节；其周围的环状关节面与尺骨的桡切迹相关节；头下方略细，称桡骨颈，颈的内下方有突起的桡骨粗隆。

桡骨体：呈三棱柱形，内侧缘为薄锐的骨间缘，与尺骨的骨间缘相对。

下端：前凹后凸，外侧向下突出，称桡骨茎突，下端内侧面有关节面，称尺切迹，与尺骨头相关节，下面有腕关节面与腕骨相关节。

（7）从散骨中找出手骨，根据定位的特点识认手骨的上下左右内外，判断这是左边的还是右边的手骨。定位特点：手骨的豌豆骨在内侧，腕穹隆朝手背方向。

（8）手骨（图 2-2-7）。腕骨 8 块，排成两列，每列 4 块，近侧列由外侧向内侧依次为手舟骨、月骨、三角骨和豌豆骨；远侧列由外侧向内侧依次为大多角骨、小多角骨、头状骨和钩骨。掌骨 5 块，由外侧向内侧依次为第一至第五掌骨，每块掌骨分为掌骨底、掌骨体和掌骨头。指骨，共 14 块，除拇指是 2 块外，余皆为 3 块，分为近节（基节）指骨、中节指骨（拇指无中节指骨）和远节（末节）指骨，近节指骨和中节指骨分为指骨底、指骨体和指骨滑车，远节指骨的远端为指骨粗隆。

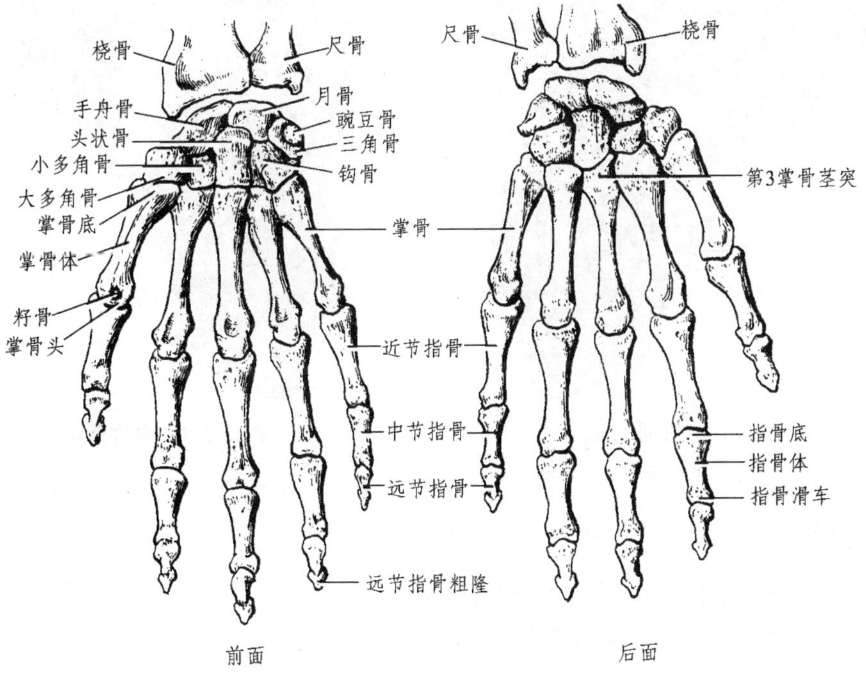

图 2-2-7　手骨

4. 上肢骨主要体表标志的观察与触扪

上肢骨主要体表标志的观察与触扪，在自己身上或者全身骨骼标本上识认以下结构。

（1）锁骨，位于皮下，呈 S 形，可触扪到全长。

（2）肩胛骨，可触扪到肩峰、肩胛冈、下角、内侧缘。

（3）肱骨，可触扪到大结节、内上髁和外上髁。

（4）尺骨，可触扪到尺骨体、鹰嘴、尺骨头和尺骨茎突。

（5）桡骨，可触扪到桡骨茎突。

（6）手骨，可触扪到大多角骨、豌豆骨，掌骨、指骨的背面。

三、注意事项

（1）在观察标本的时候注意轻拿轻放。

（2）骨性结构的命名是根据方位术语来进行命名的，观察骨性结构一定要结合骨的方位术语来进行识记。

实验小结与评价

（1）请对你自己的实验情况作出小结和评价。

（2）在图 2-2-8、图 2-2-9 中，填写肩胛骨引线所指的骨结构名称。

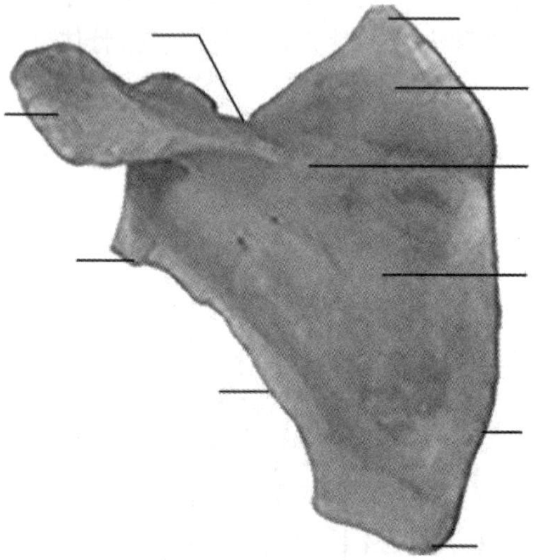

图 2-2-8　肩胛骨后面

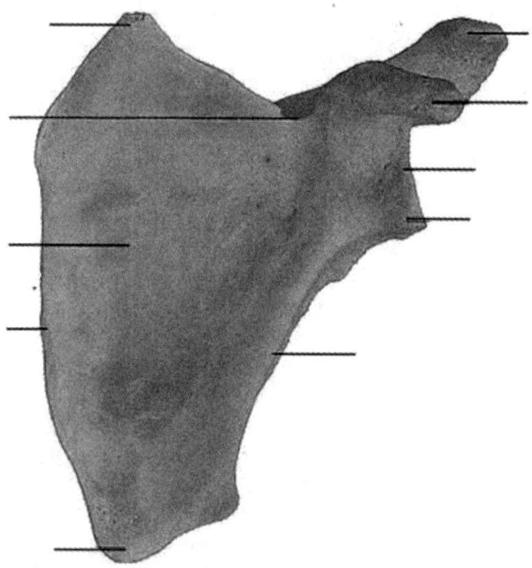

图 2-2-9　肩胛骨前面

课后练习

（1）课后复习，掌握各骨的主要骨性结构。

（2）课后与同学相互进行常见体表标志的定位直至熟练。

实验三　下肢骨的观察

实验目的

（1）掌握人体下肢骨的组成及各骨名称、位置。

（2）掌握常见下肢骨的形态结构及主要的骨性标志和体表标志。

（3）培养学生责任感和团队合作意识。

实验材料与器具

完整骨骼标本，下肢的散骨标本，足骨串连标本。

课程思政

举行向“无语体师”鞠躬的仪式。介绍下肢骨容易骨折的部位，作为体育教师在训练过程中如何科学训练，避免学生受伤，进行教师职业道德教育。在进行小组学习及展示中，引导学生的团队合作意识，要求全体成员共同完成展示内容，对在展示过程中能相互帮助、合作好的小组进行点评表扬，并酌情计入过程考核分数。

线上自主学习

下肢骨的观察

一、实验内容

1. 髋骨的位置及常见的骨性结构

观看下肢带骨的视频，了解髋骨的位置及常见骨性结构。成年人的髋骨由髂骨、坐骨、耻骨三部分组成。

（1）定位特点：闭孔位于前下方，耳状面位于后上方，髋臼朝外。

（2）骨性结构：

髂骨：髂骨体、髂骨翼、髂嵴、髂前上棘、髂前下棘、髂后上棘、髂后下棘、髂窝、耳状面、弓状线。

耻骨：耻骨体、耻骨上支、耻骨下支、耻骨结节、耻骨联合面。

坐骨：坐骨体、坐骨支、坐骨结节、坐骨棘、坐骨大切迹、坐骨小切迹。

2. 自由下肢骨的组成、定位特点及常见骨性结构

观察自由下肢骨的视频，了解自由下肢骨的组成、定位特点及常见骨性结构。

（1）股骨。

① 定位特点：股骨头朝上朝内，粗线朝后。

② 骨性结构：

上端：股骨头、股骨头凹、股骨颈、大转子、小转子、转子间线、转子间嵴

股骨体：粗线、臀肌粗隆。

下端：内侧髁、外侧髁、腘面、髌面、髁间窝、内上髁、外上髁。

（2）髌骨。

① 定位特点：髌骨尖朝下，光滑的关节面朝后，内侧关节面较小和外侧关节面较大。

② 骨性结构：髌骨底、髌骨尖、前面粗糙，后面有光滑的关节面。

（3）胫骨。

① 定位特点：内踝朝下朝内，胫骨粗隆朝前。

② 骨性结构：
上端：内侧髁、外侧髁、上关节面、髁间隆起、腓关节面、胫骨粗隆。
胫骨体：骨间缘、比目鱼肌线、前缘、内侧面。
下端：内踝、内踝关节面、下关节面、腓切迹。
（4）腓骨。
① 定位特点：外踝关节面朝下朝内朝前。
② 骨性结构：
上端：腓骨头、腓骨颈、腓骨头关节面。
腓骨体：骨间缘。
下端：外踝、外踝关节面。
（5）观察足骨。
① 定位特点：距骨朝上朝内，跟骨朝下朝后。
② 骨性结构：
足骨：由跗骨、跖骨和趾骨组成。

跗骨：有7块，分别为距骨、跟骨、足舟骨、内侧楔骨、中间楔骨、外侧楔骨和骰骨。跟骨结节、距骨滑车。

跖骨：有5块，分为跖骨底、跖骨体、跖骨头。

趾骨。有14块，分为近节趾骨、中节趾骨和远节趾骨，趾骨底、趾骨体、趾骨滑车，趾骨粗隆。

二、要　求

（1）掌握下肢各骨的位置和名称。
（2）熟记定位特点，熟悉各骨的结构的识认方法。

线下学习

一、实验方法

（1）每5～6个学生一组，由组长组织组员仔细观察模型或标本，首先在全身骨骼模型或标本上识认下肢骨的位置及名称；然后找出下肢各散骨，根据定位特点分清上下前后左右，再根据方位找到各主要的骨性标志。
（2）在自己身上或者同学身上识认常见的体表标志。
（3）最后半小时为小组展示环节。

二、实验步骤

1. 认识下肢带骨及髋骨的位置及形态

在全身骨骼标本或者模型上指认下肢带骨及髋骨的位置及形态。髋骨为不规则骨，上部扁阔，中部窄厚，位于躯干下端的两侧。

髋骨由上方的髂骨、后下方的坐骨和前下方的耻骨组成，三者之间儿童时期为软骨结合，16 岁左右完全骨化融合。外侧面有一深窝，称髋臼，前下部有一大孔，称闭孔。

（1）从散骨中找出一块髋骨，根据定位的特点识辨髋骨的上下左右内外，判断这是左边的还是右边的髋骨。

（2）观察髋骨的形态及相关结构。（图 2-3-1）按照标准解剖学姿势的方位将髋骨摆好，观察其结构。

① 髂骨：构成髋骨的后上部，分为肥厚的髂骨体和扁阔的髂骨翼，髂骨翼上缘肥厚，形成弓形的髂嵴。髂嵴前端为髂前上棘，后端为髂后上棘，在髂前、后上棘的下方各有一薄锐突起，分别称髂前下棘和髂后下棘。髂骨翼内面的浅窝，称髂窝，髂窝下界有圆钝骨嵴，称弓状线。髂窝的后方有耳状面。耳状面后上方有髂粗隆与骶骨借韧带相连。髂骨翼外面称为臀面，有臀肌附着。

② 坐骨：构成髋骨后下部，分为坐骨体和坐骨支。后缘有突起的坐骨棘，下方为坐骨小切迹，坐骨棘与髂后下棘之间为坐骨大切迹。坐骨体下后部向前、上、内侧延伸为较细的坐骨支，其末端与耻骨下支结合。坐骨体与坐骨支移行处的后部粗糙的隆起，为坐骨结节，是坐位时体重的承受点，为坐骨最低部，可在体表扪及。

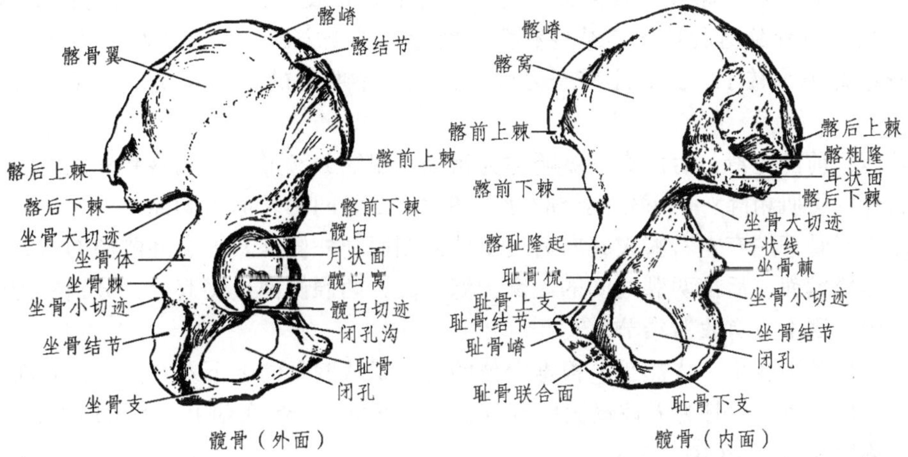

图 2-3-1　髋骨

③ 耻骨：构成髋骨前下部，分为耻骨体和上、下支。向前内伸出耻骨上支，其末端急转向下，成为耻骨下支。耻骨上支上面的锐嵴称耻骨梳，向后移行于弓状线，向前终于耻骨结节。耻骨上、下支相互移行处内侧的椭圆形粗糙面，称耻骨联合面。两侧耻骨联合面借纤维软骨相接，构成耻骨联合。耻骨下支伸向后下外侧，与坐骨支结合。

2. 认识股骨、髌骨、胫骨、腓骨、跗骨、跖骨、趾骨的位置及形态

在全身骨骼标本或者模型上指认股骨、髌骨、胫骨、腓骨、跗骨、跖骨、趾骨，观察其位置及形态。

（1）从散骨中找出一块股骨，根据定位的特点识认股骨的上下左右内外，判断这是左边的还是右边的股骨。股骨是人体最粗大的骨头，约占人身高的 1/4。

（2）观察股骨的形态，属于长骨，分为一体两端。（图 2-3-2）

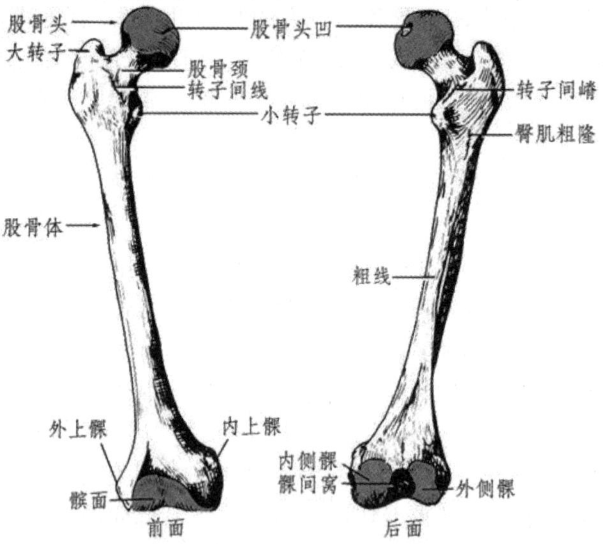

图 2-3-2　股骨

上端：内上方有一球形的股骨头，头中央稍下方有股骨头凹，头下方外侧变细的部分，称为股骨颈。股骨颈与股骨体连结处有两个突起，外上方的突起较大称为大转子；内下方的突起较小称为小转子。大、小转子之间，前面有不明显的转子间线，后面有明显的转子间嵴。

股骨体：前面光滑，后面有一纵嵴称为粗线。粗线分叉形成内侧唇和外侧唇，其向上外延续于粗糙的臀肌粗隆；向下延续至股骨下端时，二线间的骨面为腘面。

下端：股骨下端有左右膨大并向后突出的内侧髁和外侧髁。内、外侧髁的前方关节面彼此相连，形成髌面，后部两髁之间的深窝为髁间窝，两髁侧面最突起处，分别称为内上髁和外上髁。内上髁上方有收肌结节。

（3）从散骨中找出一块髌骨，根据定位的特点识认髌骨的上下左右内外，判断这是左边的还是右边的髌骨。髌骨为人体最大的籽骨，呈倒三角形，髌底朝上，髌尖向下，前面粗糙，后面光滑称髌关节面。（图 2-3-3）

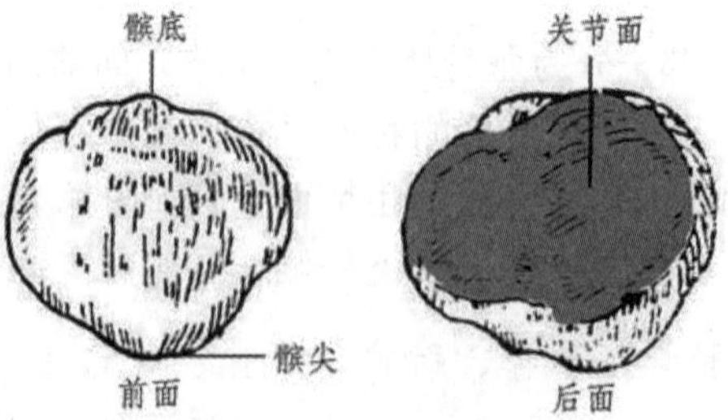

图 2-3-3　髌骨

（4）从散骨中找出一块胫骨，根据定位的特点识认胫骨的上下左右内外，判断这是左边的还是右边的胫骨。胫骨为三棱柱状粗大长骨。根据方位辨认其结构。（图 2-3-4）

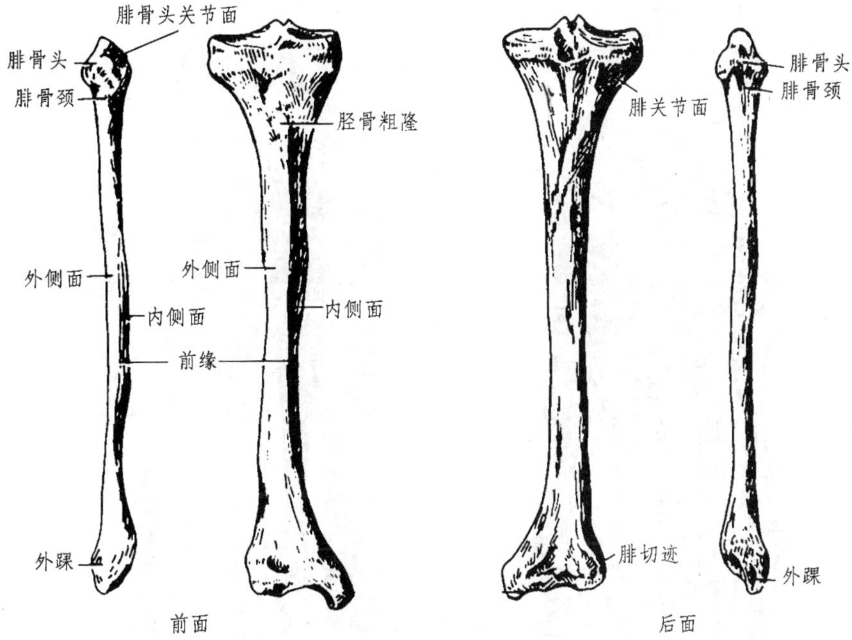

图 2-3-4　胫骨和腓骨

上端：向内、外两侧突出形成内侧髁和外侧髁。两髁之间有髁间隆起，两髁上面各有光滑的上关节面。外侧髁后下方有一腓关节面，与腓骨头相关节。上端前面的粗糙隆起称为胫骨粗隆。

胫骨体：外侧缘粗糙，形成较锐的骨间缘，后上方有斜向内下的比目鱼肌线。

下端：内侧的突起称为内踝，其外侧的关节面称为内踝关节面，外侧有一三角形切迹，称为腓切迹；下端下面有下关节面，与距骨相关节。

（5）从散骨中找出一块腓骨，根据定位的特点识认腓骨的上下左右内外，判断这是左边的还是右边的腓骨。腓骨为三棱柱状粗大长骨。根据方位辨认其结构。(图 2-3-4)

上端：圆钝稍膨大，称为腓骨头，内上方有腓骨头关节面，上方有腓骨头尖，腓骨头下方是腓骨头颈。

腓骨体：呈三棱柱状，内侧缘锐利，称为骨间缘。

下端：呈三角形膨大，称为外踝，其内侧有外踝关节面，与距骨相关节。

（6）从散骨中找出足骨，根据定位的特点识认足骨的上下左右内外，判断这是左边的还是右边的足骨。足骨由跗骨、跖骨和趾骨组成。(图 2-3-5)

跗骨：有 7 块，分别为距骨、跟骨、足舟骨、内侧楔骨、中间楔骨、外侧楔骨和骰骨。辨认跟骨结节、距骨滑车。

跖骨：有 5 块，由内侧向外侧依次为第一至第五跖骨，分为跖骨底、跖骨体、跖骨头。

趾骨：有 14 块，除拇趾为 2 节外，余皆为 3 节，分别为近节趾骨、中节趾骨和远节趾骨，近节趾骨和中节趾骨分为趾骨底、趾骨体、趾骨滑车，远节趾骨的远端为趾骨粗隆。

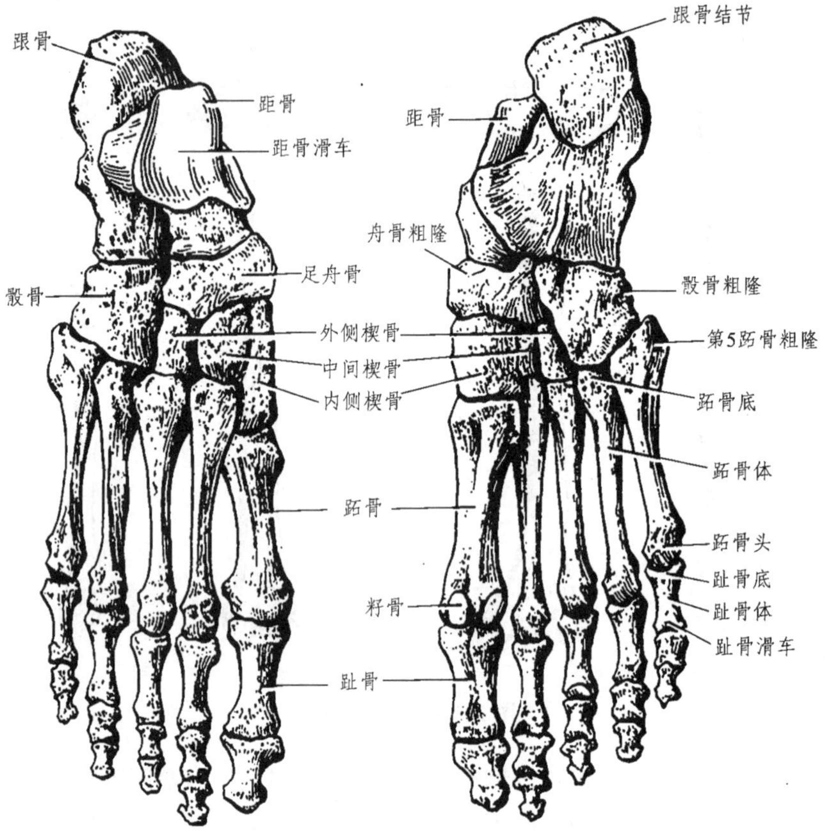

图 2-3-5　足骨

3. 下肢骨主要体表标志的触扪

（1）髋骨：可触扪到髂嵴、髂前上棘、髂后上棘、耻骨结节和坐骨结节。

（2）股骨：可触扪到大转子、外侧髁和内侧髁。

（3）髌骨：位于皮下可触扪到前面。

（4）胫骨：可触扪到内侧髁、外侧髁、胫骨粗隆、胫骨前缘、胫骨内侧面和内踝。

（5）腓骨：可触扪到腓骨头和外踝。

（6）足骨：可触扪到跟骨结节，以及除距骨以外的全面足骨的背面。

三、注意事项

（1）在观察标本的时候注意轻拿轻放，切勿用力敲击、拉拽和扭动人体骨架上的各骨。

（2）骨性结构的命名是根据方位术语来进行命名的，观察骨性结构一定要结合骨的方位术语来进行识记。

实验小结与评价

（1）请对你自己的实验情况作出小结和评价。

（2）在下图中，填写股骨引线所指的骨结构名称。

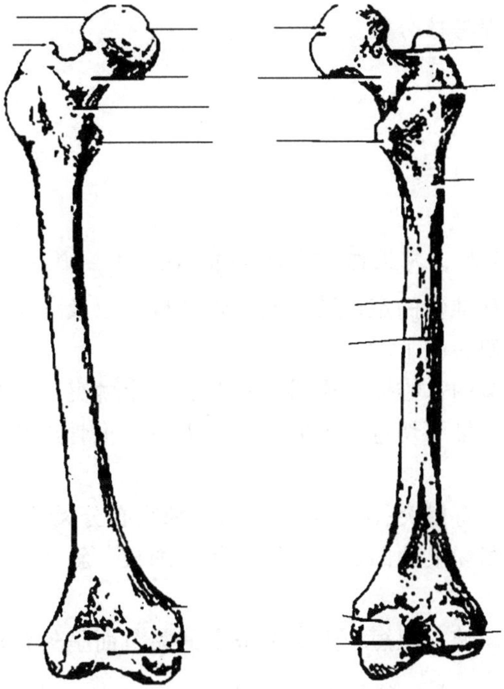

图 2-3-6　股骨

课后练习

（1）课后复习，掌握各骨的主要骨性结构。

（2）课后与同学相互进行常见体表标志的定位直至熟练。

实验四　中轴骨的观察

实验目的

（1）掌握人体中轴骨的组成及各骨名称、位置。

（2）掌握常见中轴骨的形态结构及主要的骨性标志和体表标志。

（3）培养学生的责任感、职业道德和团队合作意识。

实验材料与器具

完整骨骼标本，中轴的散骨标本。完整颅骨及其分离标本。

课程思政

介绍中轴骨容易受伤的部位，引导学生思考为什么在进行体育比赛时要注意比赛礼仪和规则，违反比赛规则可能造成什么样的后果。在进行小组学习及展示中，引导学生的团队合作意识，要求全体成员共同完成展示内容，对在展示过程中能相互帮助、合作好的小组进行点评表扬，并酌情计入过程考核分数。

线上自主学习

中轴骨的观察

一、实验内容

1. 了解椎骨的定位特点、骨性结构及各类椎骨的特点

观看椎骨的视频，了解椎骨的定位特点及骨性结构，以及各类椎骨的特点。

（1）定位特点：棘突朝后朝下。

（2）一般椎骨的骨性结构：椎体、椎弓、椎孔、一个棘突、一对横突、一对上关节突、一对下关节突、椎上切迹、椎下切迹、椎间孔以及上下位椎骨连结所形成的椎管。

（3）三类椎骨的特点。

颈椎特点：椎体较小，有横突孔，第 2 ~ 6 颈椎棘突有分叉。

胸椎特点：有横突肋凹和上肋凹、下肋凹，棘突细长、斜向后下，上下关节突的关节面呈冠状位。

腰椎特点：椎体较大，棘突粗短，上下关节突的关节面呈矢状位。

2. 了解胸廓骨的组成，定位特点及骨性结构

观察胸廓骨的视频，了解胸廓骨的组成、定位特点及常见骨性结构。

（1）胸骨。

① 定位特点：胸骨柄朝上，胸骨角朝前，剑突朝下。

② 骨性结构：

分胸骨柄、胸骨体和剑突 3 部分。颈静脉切迹、锁切迹、胸骨角、第 1 到第 7 肋切迹。

（2）肋骨。

① 定位特点：肋头朝后，肋沟朝下。

② 骨性结构：肋骨体、肋头、肋结节、肋角、肋弓、肋沟。

3. 了解颅骨的构成

观察颅骨的视频，颅骨以眶上缘和外耳门上缘为分界线，把颅骨分为脑颅骨和面颅骨。了解脑颅骨和面颅骨由哪些骨组成。脑颅骨：额骨、枕骨、一对顶骨、一对颞骨、蝶骨、筛骨。面颅骨：下颌骨、犁骨、舌骨、一对上颌骨、一对颧骨、一对鼻骨、一对泪骨、一对下鼻甲骨、一对腭骨。

二、要　求

（1）掌握中轴各骨的位置和名称。

（2）熟记各骨的定位特点，熟悉各骨的结构及识认方法。

线下学习

一、实验方法

（1）每 5 ~ 6 个学生一组，由组长组织组员仔细观察模型或标本，首先在全身骨骼模型或标本上识认中轴各骨的位置及名称；然后找出中轴各散骨，根据定位特点分清上下前后左右，再根据方位找到各主要的骨性标志。

（2）在自己身上或者同学身上识认常见的体表标志。

（3）最后半小时为小组展示环节。

二、实验步骤

1. 椎　骨

（1）在全身骨骼标本或者模型上辨认椎骨的位置及形态。幼年时为 32 或 33 块，分为颈椎 7 块、胸椎 12 块、腰椎 5 块、骶椎 5 块、尾椎 3 ~ 4 块，成年后 5 块骶椎融合成 1 块骶骨，3 ~ 4 块尾椎融合成 1 块尾骨。

（2）从散骨中找出一块普通椎骨，根据定位的特点辨认椎骨的上下前后。辨认由前方短圆柱形的椎体和后方呈弓形板状的椎弓组成。椎体与椎弓围成椎孔。各椎孔上下贯通，构成容纳脊髓的椎管。椎弓前端与椎体连接的部分较细，称椎弓根，椎弓根的上、下缘各有一切迹，分别称椎上、下切迹，上位椎骨的椎下切迹和下位椎骨的椎上切迹围成椎间孔，主要有脊神经通过。椎弓根向后内扩展为较宽阔的骨板，称椎弓板。由椎弓发出 7 个突起：棘突 1 个，由椎弓后面正中伸向后方或后下方，尖端可在体表扪及；横突 1 对，伸向两侧；关节突 2 对，在椎弓根与椎弓板结合处分别向上、下方突起，即上关节突和下关节突，相邻关节突构成关节突关节。

（3）从散骨中找出颈椎，观察颈椎的结构。可根据颈椎上有横突孔这一特点找到颈椎，观察颈椎的结构，椎体较小，横断面呈椭圆形。上、下关节突的关节面几乎呈水平位。横突有孔称横突孔，有椎动脉和椎静脉通过。第 2 ~ 6 颈椎的棘突较短，末端分叉。

从散骨中找出寰椎（图 2-4-1），又称第 1 颈椎。寰椎为一个特殊的环形椎体，无椎体和

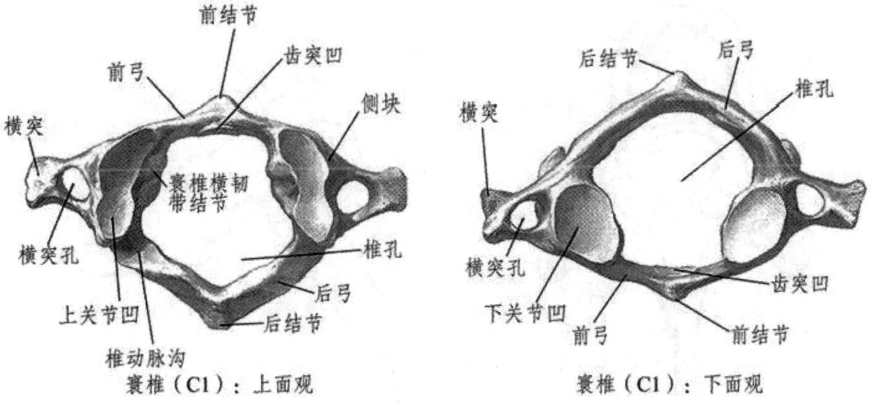

图 2-4-1　寰椎的上面和下面

棘突。由前弓、后弓和侧块组成。上面各有一椭圆形关节凹面称上关节凹，与枕髁相关节。下面有较平的圆形关节面称下关节面，与枢椎上关节面相关节。前弓的内侧面有一浅凹称齿突凹，与枢椎的齿突相关节。

从散骨中找出枢椎即第 2 颈椎，观察向上突出的齿突，思考枢椎齿突与寰椎齿突凹是如何构成关节的。（图 2-4-2）

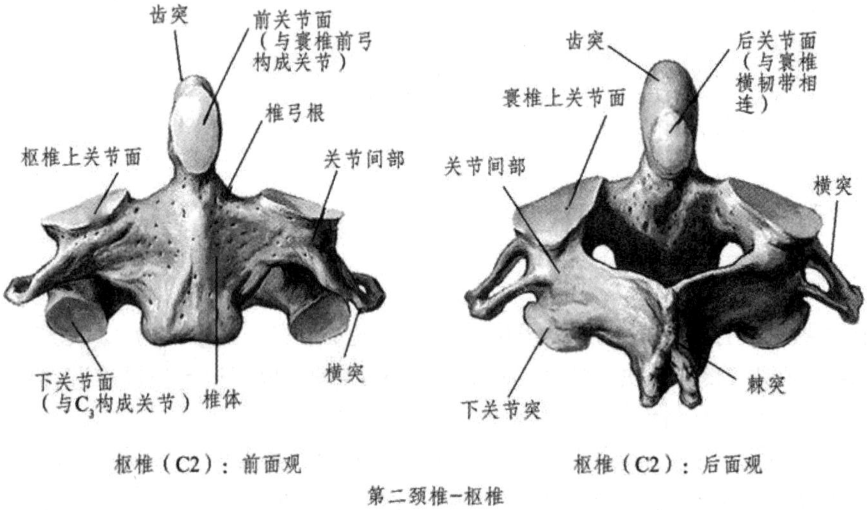

图 2-4-2　枢椎的前面和后面

从散骨中找出隆椎即第 7 颈椎，棘突长而无分叉，在低头的时候在体表易于触及，常作为计数椎骨序数的标志。

（4）从散骨中找出胸椎（图 2-4-3），可根据胸椎上有横突肋凹和上下肋凹的特点找到胸椎，在椎体两侧面后部的上缘和下缘处，有呈半圆形的浅凹，分别称上、下肋凹，与肋头相关节。在横突末端前面有半圆形的浅凹称之为横突肋凹，有横突肋凹与肋结节相关节。胸椎有十二个，椎体自上向下逐渐增大，横断面呈心形。关节突的关节面几乎呈冠状面，上关节突关节面朝向后，下关节突的关节面朝向前。棘突细长，向后下方倾斜，呈叠瓦状排列。

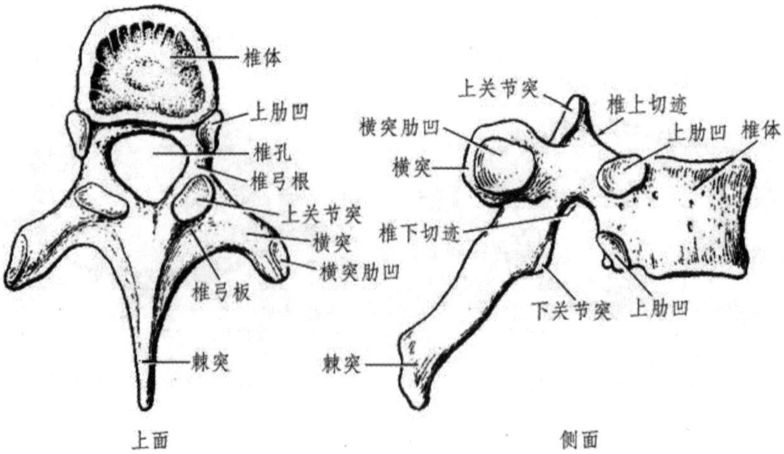

图 2-4-3　胸椎的上面和侧面

（5）从散骨中找出腰椎（图 2-4-4），可根据腰椎粗大无肋凹的特点找到腰椎，椎体粗壮，椎孔呈卵圆形或三角形；上、下关节突粗大，关节面几乎呈矢状面；棘突扁而短，呈板状，水平伸向后方，各棘突之间的间隙较宽。

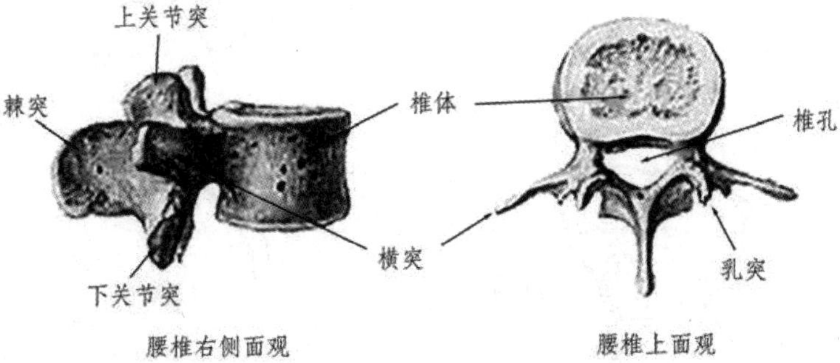

图 2-4-4　腰椎的上面和侧面

（6）从散骨中找出骶骨（图 2-4-5），骶骨由 5 块骶椎融合而成，呈三角形，底向上，尖向下，前面凹陷，上缘中部向前隆凸，称岬，前面中部有 4 条横线，是椎体融合的痕迹，横线两端有 4 对骶前孔。背面粗糙隆凸，正中线上有骶正中嵴，嵴外侧有 4 对骶后孔。骶前、后孔均与骶管相通，有骶神经前、后支通过。骶管向上连通椎管，下端的开口称骶管裂孔，裂孔两侧有向下突出的骶角。骶骨外侧部上宽下窄，上部有耳状面与髂骨的耳状面构成骶髂关节，耳状面后方骨面凹凸不平，称骶粗隆。骶骨参与形成骨盆的后壁，上连第 5 腰椎，下接尾骨。

（7）尾骨：在整体骨架标本上观察尾骨，由 3～4 块尾椎融合而成。上接骶骨，下端游离为尾骨尖。跌倒或撞击可能导致尾骨骨折。

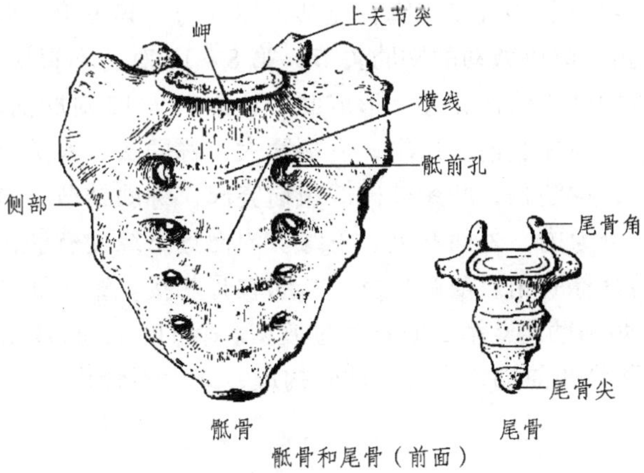

图 2-4-5　骶、尾骨

2. 胸廓骨

（1）从散骨中找出胸骨，为长方形扁骨，位于胸前壁正中，前凸后凹，自上而下可分为胸骨柄、胸骨体和剑突 3 部分。胸骨柄上宽下窄，上缘中部为颈静脉切迹，两侧有锁切迹与锁骨相连接。胸骨柄外侧缘上部接第 1 肋软骨。柄与体连接处微向前突，称胸骨角，可在体表触及，两侧平对第 2 肋，是计数肋的重要标志。胸骨体呈长方形，外侧缘接第 2～7 肋软骨。剑突扁而薄，形状变化较大，下端游离。

（2）在整体骨架标本上观察肋（图 2-4-6），肋由肋骨和肋软骨组成，共 12 对。

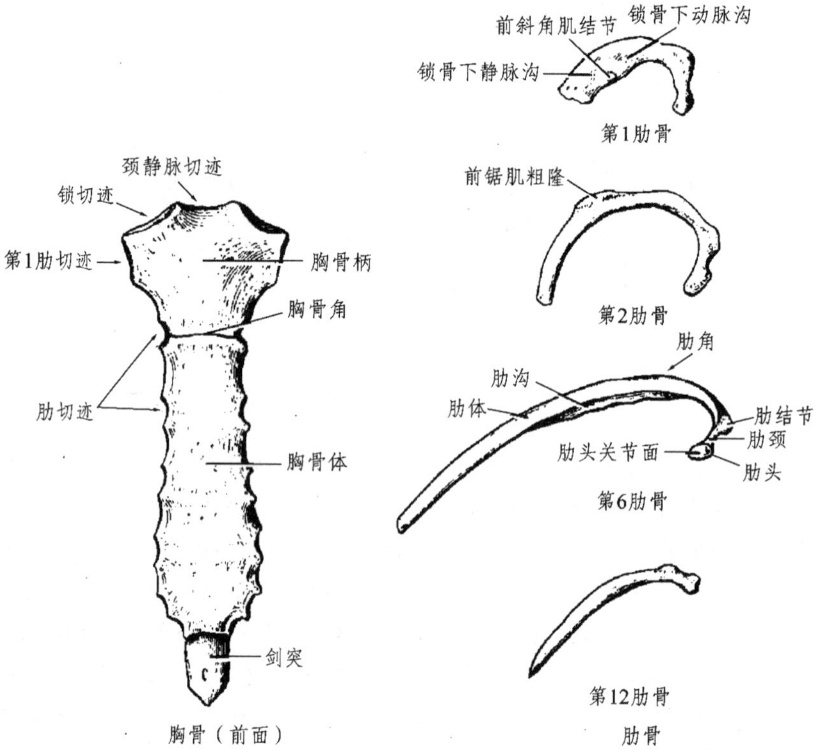

图 2-4-6　胸廓骨

① 肋骨：第 1～7 对肋前端直接与胸骨连结，称真肋，其中第 1 对肋与胸骨柄间为软骨结合，第 2～7 对肋与胸骨构成微动的胸肋关节；第 8～10 对肋不直接与胸骨相连，称假肋，肋前端借肋软骨与上位肋软骨依次相连，形成肋弓；第 11、12 对肋前端游离于腹壁肌层中，称浮肋。肋骨属扁骨，分为体和前、后端，后端膨大，称肋头，有关节面与胸椎上、下肋凹相关节。肋头外侧稍细，称肋颈，肋颈外侧的粗糙突起，称肋结节，与相应的胸椎横突肋凹相关节。肋体长而扁，分为内、外面和上、下缘。内面近下缘处有肋沟，肋间神经和血管走行其中。体的后部急转处称肋角。前端稍宽，与肋软骨相接。第 1 肋骨扁宽而短，分为上、下面和内、外缘，无肋角和肋沟。第 2 肋骨为过渡型。第 11、12 肋骨无肋结节、肋颈、肋角。

② 肋软骨位于各肋骨的前端，由透明软骨构成，终生不骨化。

3. 颅骨

取颅骨整体及分离标本，观察颅骨的组成及各块颅骨的形态特点。以眶上缘、颧弓上缘、外耳门上缘至乳突的连线为界，将颅骨分为后上部的脑颅骨和前下部的面颅骨。颅骨除了 6 块位于前庭蜗器里的听小骨外共 23 块。

（1）颅骨的整体观：除下颌骨和舌骨外，颅骨借骨缝和软骨牢固结合成一整体（图 2-4-7、图 2-4-8）。

① 从顶面观察，颅顶呈卵圆形，前窄后宽，光滑隆凸。辨认矢状缝、冠状缝和人字缝。额骨与两侧顶骨连接构成冠状缝，两侧顶骨连接为矢状缝，两侧顶骨与枕骨连接成人字缝。

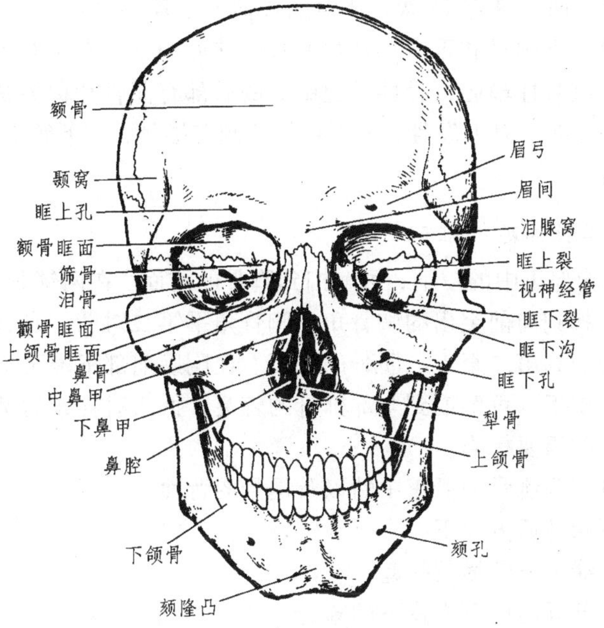

图 2-4-7　颅骨的正面观

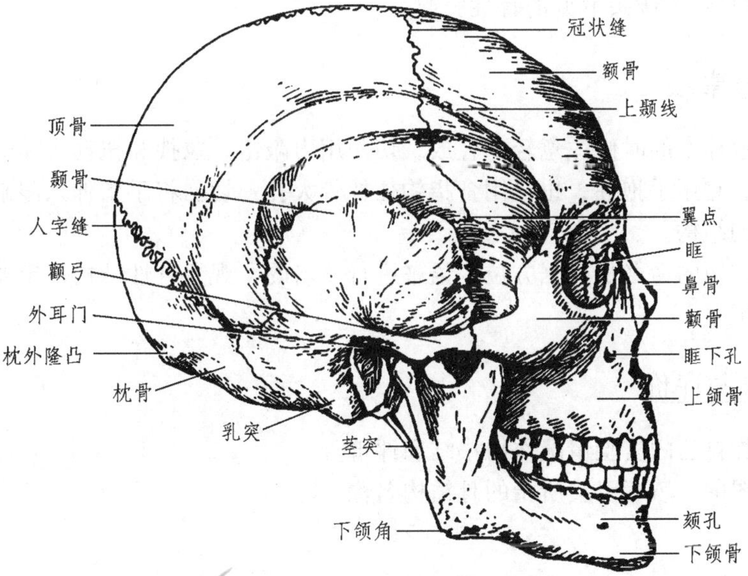

图 2-4-8　颅骨的侧面观

② 从颅骨后面观可见人字缝。颅骨后面中央最突出的部位为枕外隆凸，隆凸向两侧的弓形骨嵴称上项线。

③ 从颅底外侧面观察，可见前方有一对腭骨，其后有鼻后孔，鼻后孔中间有犁骨，后方有枕骨大孔、枕髁。

（2）观察脑颅骨：脑颅骨由 8 块骨组成。其中不成对的有：前方的额骨，后方的枕骨。位于颅腔底部的中央有蝶骨，蝶骨的前面有筛骨，成对的有：颅顶的顶骨和两侧的颞骨。

（3）观察面颅骨：面颅骨有 15 块。成对的包括上颌骨、腭骨、颧骨、鼻骨、泪骨和下鼻甲，不成对的有犁骨、下颌骨和舌骨。观察颅骨的前面的上方有 1 对眼眶，眼眶的内侧壁有一对泪骨，下方中央有骨性鼻腔，骨性鼻腔中央的后部有薄骨片称为犁骨，骨性鼻腔的外上方的有鼻骨 1 对，下方有一对上颌骨，上颌骨的外侧有颧骨，和下颌骨。从颅底外侧面观察，可见前方有一对腭骨。

4. 中轴骨主要体表标志的触扪

（1）胸骨：位于胸部正中的皮下，可触扪到胸骨的前面。在两锁骨之间找到颈静脉切迹，沿着胸骨往下移动，找到向前突出的胸骨角，胸骨角平第二对肋，是数肋骨的标志。

（2）肋骨：可触扪到第二至十二肋骨的外面。在胸廓前部下端可扪触到肋弓。

（3）椎骨：位于皮下，可触扪到全部椎骨的棘突，低头时在颈后部最长的棘突为第七颈椎，是确定各个椎骨的重要标志。

（4）骶骨。可触扪到骶骨的骶正中嵴以及尾骨的背面。

（5）颧弓：眶下缘外后方皮下。

（6）眉弓：眶上缘上方的横行隆起。

（7）颞骨乳突：外耳门后下方皮下的隆起。

（8）枕外隆突：枕部正中皮下。

（9）下颌头：位于外耳门前的皮下。

（10）下颌角：下颌头下方的骨性突起。

三、注意事项

（1）在观察标本的时候注意轻拿轻放，切勿用力敲击、拉拽和扭动人体骨架上的各骨。拿取颅标本时，宜用手抱握，也可用食指钩住枕骨大孔，切勿将手指伸入眼眶或梨状孔内，以免损坏其中的结构。

（2）骨性结构的命名是根据方位术语来进行命名的，观察骨性结构一定要结合骨的方位术语来进行识记。

实验小结与评价

（1）请对你自己的实验情况作出小结和评价。

（2）在下图中，填写引线所指的骨结构名称。

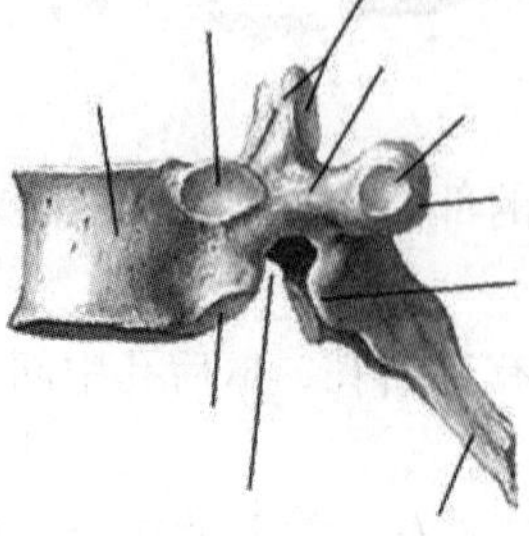

图 2-4-9　胸椎的侧面观

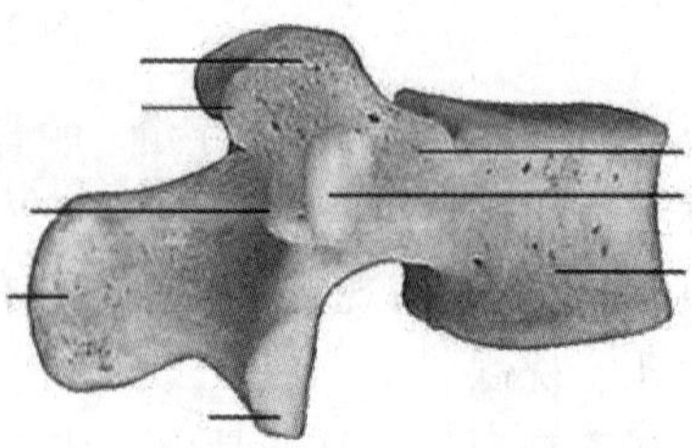

图 2-4-10　腰椎的侧面观

课后练习

（1）课后复习，掌握各骨的主要骨性结构。
（2）课后与同学相互进行常见体表标志的定位直至熟练。

实验五　上肢骨连结和运动上肢的主要肌群观察

实验目的

（1）掌握上肢主要关节的基本结构、辅助结构及关节的运动。
（2）掌握常见骨骼肌的位置、起止点、功能、主要的肌性与腱性标志。
（3）培养学生不怕困难、耐心细致的科研精神，提高团队合作能力。

实验材料与器具

人体骨架标本、上肢骨标本；胸锁关节、肩关节、肘关节和桡腕关节的标本；人体模型；肩关节模型；肘关节模型；全身肌肉模型。

课程思政

本实验知识点比较多，学生学习起来普遍有畏难情绪，鼓励学生不怕困难，积极掌握关节肌肉的学习方法，主动去实验室进行自主学习，通过努力一定可以把该实验的知识点掌握。通过前几次实验的各小组表现，点评和表扬团队合作表现突出的小组，告知学生应该在哪些方面可以做得更好，形成良性竞争的局面。

线上自主学习

上肢骨连结和运动上肢的主要肌群观察

一、实验内容

1. 观看上肢的关节视频

（1）上肢带关节包括胸锁关节和肩锁关节。整个上肢带关节运动以肩胛骨运动表示。肩胛骨的运动：上提、下降、前伸、后缩、上回旋、下回旋。

（2）肩关节：

组成：由肩胛骨的关节盂和肱骨的肱骨头组成。

辅助结构：喙肱韧带、喙肩韧带、盂肱韧带、关节盂唇。

肩关节的运动：屈伸运动；外展、内收运动；旋内、旋外运动；水平屈伸和环转运动。

（3）肘关节：

组成：肱尺关节、肱桡关节、桡尺近侧关节。

辅助结构：尺侧副韧带、桡侧副韧带和桡骨环状韧带。
运动：屈伸运动；旋前、旋后运动。
（4）腕关节：
组成：腕关节面与手舟骨、月骨、三角骨共同组成。
辅助结构：腕桡侧副韧带、腕尺侧副韧带、桡腕掌侧韧带、桡腕背侧韧带。
运动：屈、伸运动，外展、内收运动，环转运动。

2. 观看作用上肢的骨骼肌视频

（1）作用上肢带关节的主要骨骼肌：
上提的肌肉：斜方肌、菱形肌。
下降的肌肉：胸小肌、前锯肌。
前伸的肌肉：胸小肌、前锯肌。
后缩的肌肉：斜方肌、菱形肌。
上回旋的肌肉：斜方肌、前锯肌。
下回旋的肌肉：菱形肌、胸小肌。
（2）作用肩关节的主要骨骼肌：
使肩关节屈的肌肉：胸大肌、喙肱肌、肱二头肌。
使肩关节伸的肌肉：背阔肌、冈下肌、小圆肌、大圆肌、肱三头肌。
使肩关节旋前的肌肉：胸大肌、背阔肌、大圆肌。
使肩关节旋后的肌肉：冈下肌、小圆肌。
使肩关节内收的肌肉：胸大肌、背阔肌、冈下肌、小圆肌、大圆肌。
使肩关节外展的肌肉：三角肌、冈上肌。
（3）作用肘关节的主要骨骼肌：
屈的肌肉：肱二头肌、肱肌、肱桡肌、旋前圆肌。
伸的肌肉：肱三头肌、肘肌。
旋前的肌肉：旋前圆肌、旋前方肌。
旋后的肌肉：肱二头肌、旋后肌。
（4）作用腕关节的主要骨骼肌：
使桡腕关节屈的肌肉：桡侧腕屈肌、掌长肌、尺侧腕屈肌、指浅屈肌、指深屈肌。
使桡腕关节伸的肌肉：桡侧腕长伸肌、桡侧腕短伸肌、指伸肌、尺侧腕伸肌。
使桡腕内收的肌肉：尺侧腕屈肌、尺侧腕伸肌。
使桡腕外展的肌肉：桡侧腕屈肌、桡侧腕长伸肌、桡侧腕短伸肌。

二、要　求

（1）掌握上肢主要关节的基本结构、辅助结构的位置及命名规律，能够熟练掌握各关节运动方式。

（2）熟悉作用上肢各关节的主要骨骼肌所在位置，了解如何根据一块骨骼肌的肌拉力线和关节的位置关系分析该骨骼肌的功能。

线下学习

一、实验方法

（1）每 5～6 个学生一组进行自学，由组长组织组员仔细观察模型或标本，并相互提问，掌握上肢主要关节的组成、辅助结构、运动及各作用该关节的主要骨骼肌。

（2）在自己身上或者同学身上识辨上肢常见的皮肤、肌性和腱性标志。

（3）最后半小时为小组展示环节。

二、实验步骤

（一）上肢带关节

（1）在骨架上观察和辨认上肢带关节包括的胸锁关节和肩锁关节。思考胸锁关节在整个上肢与躯干连结的作用。

（2）胸锁关节的观察。

① 取锁骨与胸骨标本，将锁骨的胸关节面与胸骨的锁切迹相连结，了解该关节的组成及关节面的形状，思考其具备几个运动轴。

② 肩锁关节的观察：取锁骨和肩胛骨，将二骨的肩峰关节面相连结，了解该关节面的形状。

思考：胸锁关节位置的重要性以及整个上肢带关节运动为什么要以肩胛骨运动表示，此运动主要围绕何关节进行。

③ 掌握肩胛骨的运动。

上提、下降运动：让学生左手于背侧触摸右侧肩胛骨下角，做耸肩运动，向上耸肩运动时肩胛骨上提，还原时肩胛骨下降。

前伸、后缩运动：左手触摸右侧肩胛骨内侧缘，做含胸动作时，肩胛骨做前伸运动，扩胸时则后缩。

上回旋、下回旋运动：左手触摸右侧肩胛骨下角，做右臂外展，肩胛骨做上回旋运动，做右臂由外展位至内收运动时肩胛骨做下回旋运动。

（二）自由上肢关节

1. 肩关节的观察

取肩胛骨和肱骨，将肩胛骨关节盂和肱骨的肱骨头相连结，了解该关节的组成；取有关节囊的肩关节标本或模型，观察关节囊较松而薄，辨认加强关节囊前上方的喙肱韧带和前方的盂肱韧带。同时观察喙肩韧带。取肩关节冠状切标本，观察肱二头肌长头腱的走向，思考其作用。取去肱骨头的肩关节标本，辨认关节盂唇。思考关节盂唇的作用。

2. 肩关节的运动实践

屈、伸运动：让学生站立做臂前、后摆动，前摆为屈，后摆为伸，体会屈伸运动。

外展、内收运动：让学生由正常解剖学位置做两臂向侧举至上举位，即上臂绕肩关节外展运动，还原动作则为内收运动。

旋内、旋外运动，让学生做两臂向前向内旋动（或乒乓球正手拉弧圈球），即上臂绕肩关节旋内运动：臂向后向外旋动（或乒乓球反手拉弧圈球），则为旋外运动。

水平屈伸运动：令学生做两臂由侧平举至前平举，即上臂绕肩关节水平屈，由前平举至侧平举的扩胸动作，则为水平伸。

环转运动：让学生做直臂绕环运动，即上臂绕肩关节环转。

3. 肘关节的观察

取肱骨、尺骨和桡骨标本，将肱骨滑车和肱骨小头分别与尺骨的滑车切迹、桡骨头凹相连结，并将尺骨的桡切迹与桡骨头环状关节面相连结，了解构成肘关节的 3 个关节（肱尺、肱桡和桡尺近侧关节）的组成。

取去关节囊的肘关节标本，辨认尺侧副韧带、桡侧副韧带和环状韧带。

取去关节囊的肘关节标本，观察由尺骨的桡切迹与环状韧带共同构成的关节窝，其将桡骨头包绕，可防止桡骨头脱位。

4. 肘关节的运动实践

屈伸运动：让学生手持物体做弯举动作，即肘关节屈运动，还原动作则为伸。

旋内、旋外运动：让学生屈肘 90°（以右侧为例）做逆时针（即松螺丝）旋转时，即前臂旋前，顺时针（即紧螺丝）旋转时，则为旋后。

思考：肘关节为什么不能做外展、内收运动，为什么前臂的旋前、旋后运动必须是桡尺近侧关节和远侧关节的联合运动。

5. 桡腕关节的观察

取桡骨和手骨标本或模型，将桡骨的腕关节面与近侧列腕骨的手舟骨、月骨、三角骨共同构成的椭圆形凸起相连结。了解手关节包括 7 个关节的组成。

取腕部冠状切的手关节标本，观察桡腕关节的组成，着重观察桡骨腕关节面与三角软骨盘共同构成的椭圆形关节窝。

6. 桡腕关节的运动实践

屈伸运动：让学生手持笔做屈腕和翻腕，屈腕即为手绕桡腕关节屈，翻腕则为伸。

外展内收运动：做立掌动作时，即为外展，劈掌则为内收。手做绕环运动（或跳绳时的摇绳动作）时，即为环转。

（三）运动上肢带肌肉的观察

（1）在全身肌肉模型上观察斜方肌、菱形肌和肩胛提肌，均位于胸部背侧。

① 斜方肌位于项部和背上部，为三角形的阔肌，两侧相合为斜方形。辨认其起、止点，注意该肌上、中、下 3 部肌纤维的方向，确定该肌收缩时的肌拉力方向，并分析其功能。

② 将斜方肌拿开，可见菱形肌在其深面、脊柱与肩胛骨内侧缘之间。辨认其起、止点，注意肌纤维方向，确定其收缩时肌拉力方向及其功能。

③ 肩胛提肌位于颈部两侧，肌肉的上部位于胸锁乳突肌的深层，下部位于斜方肌的深层，将斜方肌拿开便可观察到，辨认其起、止点，确定其肌拉力方向及其功能。

（2）胸小肌、前锯肌两块肌肉位于胸部前外侧面，将胸大肌拿开便可观察到。

① 胸小肌位于胸廓上部的前外侧，辨认其起、止点及肌纤维方向，确定其收缩时肌拉力方向及其功能。

② 前锯肌位于胸廓外侧面，为一宽大的扁肌，与胸廓侧面的弯曲一致，其前上部被胸大肌所遮盖。辨认其起点处的肌齿及肌纤维在肋骨与肩胛骨之间走行，止于肩胛骨脊柱缘。确定该肌收缩时肌拉力方向及其功能。

（四）运动肩关节肌肉的观察

（1）胸大肌位于胸廓的前上部皮下，为扇形扁肌，注意观察此肌三部分的起点及肌纤维在止点处的交叉的情况。思考肌纤维交叉与肩关节运动幅度有何关系，确定收缩时肌拉力方向及其与肩关节运动轴的关系，并分析其功能。

（2）喙肱肌位于肱二头肌内侧面，以短的扁腱与肱二头肌短头合并，同起自肩胛骨的喙突。观察此肌起、止点，思考该肌肌拉力方向与肩关节运动轴的关系，确定其功能。

（3）三角肌位于肩部皮下，为三角形的多羽状肌。注意观察此肌前、中、后 3 部的起点及肌纤维方向，确定该肌收缩时肌拉力方向及其与肩关节运动轴的关系，分析其功能。

（4）冈上肌位于肩胛骨的冈上窝内，斜方肌上部的深面，观察该肌的位置和起、止点，确定该肌的功能。

（5）背阔肌位于腰背部和胸部的后外侧皮下，为三角形扁肌。注意观察该肌肌纤维在胸廓侧面与肱骨之间穿行而止于肱骨小结节嵴，在止点处，上、下肌纤维交叉。思考肌纤维交叉与肩关节运动幅度有何关系，确定该肌收缩时肌拉力方向及其与肩关节运动轴关系，分析该肌功能。

（6）大圆肌位于背阔肌上方，其下缘被背阔肌遮盖，注意观察该肌肌纤维走向与背阔肌相同。故该肌近固定时的功能与背阔肌相同。

（7）冈下肌和小圆肌。冈下肌位于肩胛骨冈下窝内，大部被三角肌和斜方肌遮盖；小圆肌位于大圆肌上方，部分被三角肌后部所遮盖。将三角肌向上翻开，即可观察到此二肌肌纤维从肩关节后方斜上走行于止点，思考其功能与背阔肌、大圆肌的异同。

（8）肩胛下肌位于肩胛骨的肩胛下窝内，为多羽肌，观察该肌纤维方向，起、止点，确定其收缩时肌拉力方向及其与肩关节运动轴关系，思考其功能。

（五）运动肘关节肌肉的观察

运动肘关节的肌肉配布于肘关节前、后面和前臂前面，在上肢肌肉标本（或全身肌肉模型）上，可观察到上述各群肌肉。

（1）肱二头肌位于上臂前面皮下，在上肢肌肉标本上，将三角肌向上翻开并将胸大肌止点处翻开即可看到长、短头的起点。根据其位置，起、止点，思考其功能。

（2）肱肌位于上臂前面下半部，肱二头肌深面。观察其起、止点，确定其功能。

（3）肱三头肌位于上臂后面皮下，有长头、内侧头和外侧头。注意观察此肌 3 个头的起点及 3 个头合成一个肌腱的止点，并确定其功能。

（4）肘肌位于肘关节后面的皮下，为三角形的小肌。了解其位置，确定其功能。

（5）旋后肌位于前臂近侧端背面深层，在肌肉标本中不易观察清楚，可在骨架上找出其起、止点位置，分析其功能。

在上肢肌肉标本的前臂处，还可观察到肱桡肌和旋前圆肌。它们均从肘关节前方跨过，故有屈肘关节作用。注意观察旋前圆肌肌纤维方向，思考其功能。

（六）运动手关节肌肉的观察

运动手关节的肌肉位于前臂。前臂肌多为具有长腱的长肌，肌腹多在前臂的上半部。

前臂肌可分为前、后两群，每群又分为浅、深两层，它们的起点多在肱骨内、外上髁和前臂中、上段，并跨过两个以上关节。取上肢肌肉标本（或全身肌肉模型）可观察到前臂前群肌和后群肌。

（1）观察位于前臂的前面及内侧肌肉，主要为屈腕和屈指肌。前群浅层肌从桡侧向尺侧依次排列有桡侧腕屈肌、掌长肌、指浅屈肌和尺侧腕屈肌。深层肌有位于桡骨前面的拇长屈肌。

（2）位于前臂的后面及外侧，主要为伸腕、伸指肌肉。后群浅层肌从桡侧向尺侧依次排列有桡侧腕长伸肌、桡侧腕短伸肌、指伸肌、小指伸肌。深层肌由上外侧往下内侧依次为拇长展肌、拇短伸肌、拇长伸肌和示指伸肌。

（七）活体表面上肢肌性标志、腱性标志和皮肤的触扪与观察

（1）观察斜方肌和背阔肌，让学生脱下上衣，两臂维持用力扩胸动作，可在其颈背部观察到一侧斜方肌的三角形形状，两侧为斜方形。在斜方肌的下外侧可以扪触到背阔肌的紧张的肌腹。

（2）观察三角肌，令学生一臂做外展，另一手触扪外展手臂肩部外侧紧张的肌肉，此则是肩关节上部的三角肌。

（3）观察胸大肌，令学生上臂紧贴躯于侧面，用力内收，此时可在胸廓前外上方触扪到胸大肌紧张。当手臂伸直放在桌面上（手掌向下贴桌面），用力下压动作，此时可触扪到胸大肌的腹部肌纤维紧张。反之，由桌下向上用力时，则可触扪到胸大肌的锁骨部肌肉紧张。

（4）观察肱二头肌和肱三头肌时，令学生用力屈肘，可在上臂前面观察并触扪到鼓起紧张的肱二头肌。用力伸肘时，则可在上臂后面观察并触扪到肱三头肌隆起并紧张的长头、外侧头和内侧头的肌腹。

（5）观察肘窝横纹和腕掌侧横纹。屈肘关节时，在肘窝处可见一横行皮肤纹路，称之为肘窝横纹，屈腕关节时，在手腕掌侧可见 3～4 条横行皮肤纹路，称之为腕掌侧横纹。

（6）抗阻力屈肘时，可在肘关节外侧下方观察并触扪到肱桡肌腹。

（7）握拳用力屈腕时，可在腕关节掌侧正中观察并触扪到位于桡侧的桡侧腕屈肌肌腱，位于中央偏尺侧细长的掌长肌肌腱、紧贴掌长肌肌腱尺侧的指浅屈肌肌腱和尺侧的尺侧腕屈肌肌腱。

（8）用力跷起拇指时，可在腕关节外侧背面至拇腕掌关节后面观察并触扪到外侧的拇短伸肌肌腱及内侧的拇长伸肌肌腱，在两根肌腱之间可以看到一浅窝称之为鼻咽窝。

（9）用力伸腕伸指，可观察并触扪到指伸肌肌腱，该肌肌腱自腕部向手指端分成 4 个肌腱分别至示指、中指、环指和小指。

三、注意事项

（1）在观察标本或模型时注意轻拿轻放。

（2）关节辅助结构的命名与骨的结构相联系，一定要结合方位术语及骨性结构的名称去

辨认及记忆，功能与其位于关节的何种位置有关，结合位置去思考其功能。

（3）骨骼肌的功能是根据其在关节的位置及肌拉力线的方向决定的，同学们在进行实验时一定结合骨骼肌与关节的位置关系及肌拉力线的方向去理解和分析，切记死记硬背。

实验小结与评价

（1）请对你自己的实验情况作出小结和评价。

（2）在下图中，填写引线所指的骨结构名称。

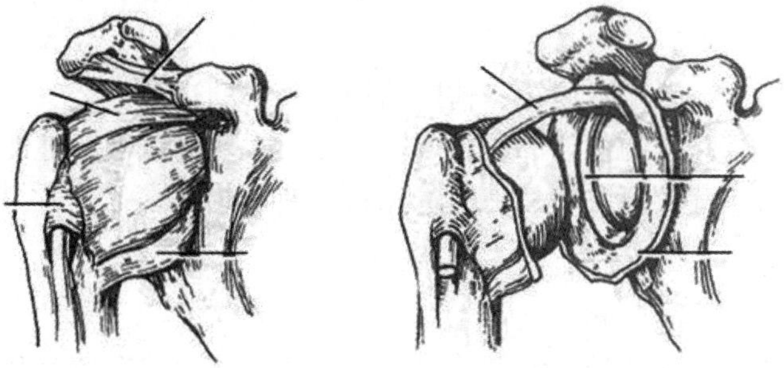

图 2-5-1　肩关节

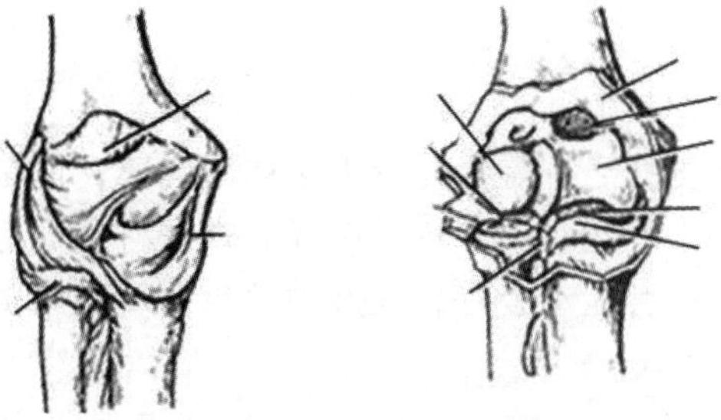

图 2-5-2　肘关节

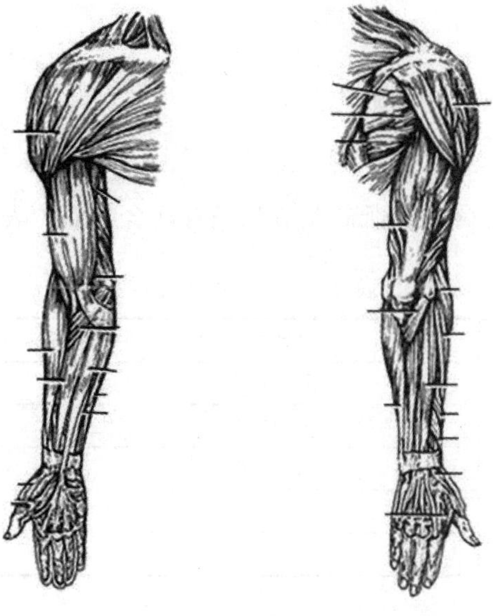

图 2-5-3　上肢的肌肉

课后练习

（1）课后复习，掌握常见关节的构成、辅助结构及其运动，以及使之运动的常见骨骼肌。
（2）课后与同学相互进行常见骨骼肌、肌性、腱性标志的定位练习直至熟练。

实验六　下肢骨连结和运动下肢的主要肌群观察

实验目的

（1）掌握下肢主要关节的基本结构、辅助结构及关节的运动。
（2）掌握下肢常见骨骼肌的位置、起止点、功能、主要的肌性与腱性标志。
（3）增加学生作为体育教师或者教练的责任感和使命感。

实验材料与器具

人体骨架标本或模型、下肢骨标本；骨盆、髋关节、膝关节和腕关节的标本；髋关节模型；膝关节模型；足关节模型；全身肌肉模型。

课程思政

作为体育工作者，主要责任之一是提升青少年体质健康，但是近年来中学生普遍体质下降，缺少运动，鼓励同学们学好运动人体科学课程，掌握科学训练方法，以后成为合格的体育工作者，为培养中学生的体育运动爱好，提升中学生体质健康贡献自己的力量。

线上自主学习

下肢骨连结和运动下肢的主要肌群观察

一、实验内容

（一）观看下肢的关节视频

1. 骨盆

由左右髋骨、骶骨、尾骨通过骶髂关节和耻骨联合组成（表 2-6-1）。

表 2-6-1　男女骨盆区别

	男性	女性
骨盆全貌	高而狭窄	低而宽阔
髂骨翼	较垂直	较外翻
骨盆入口	呈杏形	呈椭圆形
耻骨联合	窄而长	宽而短
耻骨角	锐角	钝角

骨盆的运动：前倾、后倾、左右侧倾、回旋和环转。

2. 髋关节

组成：股骨头和髋臼组成。

辅助结构：髋臼唇、股骨头韧带、髂股韧带、耻股韧带和坐股韧带。

运动：屈、伸运动；外展、内收运动；旋外、旋内运动；环转和水平屈伸运动。

3. 膝关节

组成：由股髌关节、股胫关节构成。

辅助结构：胫侧副韧带，腓侧副韧带，髌韧带，前、后交叉韧带，内、外侧半月板、髌上囊、髌下深囊、翼状襞。

运动：屈伸运动；旋前、旋后运动。

4. 踝关节

组成：胫骨的内踝关节面、下关节面、腓骨的外踝关节面和距骨滑车构成。

辅助结构：内侧韧带，外侧韧带（距腓前韧带、跟腓韧带、距腓后韧带）。

运动：屈、伸运动。

（二）观看作用下肢的骨骼肌视频

1. 作用髋关节的主要骨骼肌

使髋关节屈的肌肉：髂腰肌、股直肌、缝匠肌、阔筋膜张肌、耻骨肌。

使髋关节伸的肌肉：臀大肌、股二头肌、半膜肌、半腱肌。

使髋关节内收的肌肉：耻骨肌、大收肌、长收肌、短收肌、股薄肌。

使髋关节外展的肌肉：阔筋膜张肌、臀中肌、臀小肌。

使髋关节旋内的肌肉：臀中肌、臀小肌的前部肌束。

使髋关节旋外的肌肉：臀大肌、髂腰肌、臀中肌、臀小肌的后部肌束。

2. 作用膝关节的主要骨骼肌

使膝关节屈的肌肉：股二头肌、半膜肌、半腱肌、腓肠肌。

使膝关节伸的肌肉：股四头肌。

使膝关节旋前的肌肉：缝匠肌、半膜肌、半腱肌。

使膝关节旋后的肌肉：股二头肌。

3. 作用踝关节的主要骨骼肌

使踝关节屈的肌肉：小腿三头肌、胫骨后肌、趾长屈肌、𧿹长屈肌、腓骨长肌、腓骨短肌。

使踝关节伸的肌肉：胫骨前肌、第三腓骨肌、𧿹长伸肌、趾长伸肌。

二、要　求

（1）掌握下肢主要关节的基本结构、辅助结构的位置及命名规律，能够熟练掌握各关节运动方式。

（2）熟悉作用下肢各关节的主要骨骼肌所在位置，了解如何根据一块骨骼肌的肌拉力线和关节的位置关系分析该骨骼肌的功能。

线下学习

一、实验方法

（1）每5~6个学生一组进行自学，由组长组织组员仔细观察模型或标本，并相互提问，掌握下肢主要关节的组成、辅助结构、运动及各作用该关节的主要骨骼肌。

（2）在自己身上或者同学身上识辨下肢常见的皮肤、肌性和腱性标志。

（3）最后半小时为小组展示环节。

二、实验步骤

（一）观察下肢带关节

（1）取骶骨与两侧髋骨，并将两骨的耳状面相连结，了解下肢带关节的骶髂关节的组成和耻骨联合的连结。

（2）取骨盆标本或模型，上面观可见骨盆由左右髋骨、骶骨、尾骨借关节、软骨和韧带连结而成。注意观察大、小骨盆的分界线及其拱形结构，并思考其功能。分辨男、女骨盆的上口，耻骨角、耻骨联合等形态上的差异。

（二）观察自由下肢关节

1. 观察髋关节的结构

取股骨和髋骨，将股骨头和髋骨髋臼相联结了解髋关节的组成；取髋关节去囊标本，观察髋臼唇加深关节窝，并观察附于股骨头凹的股骨头韧带；取髋关节标本，观察关节囊坚韧情况及前方的髂股韧带、内侧的耻股韧带和后上方的坐股韧带。根据上述3条韧带位置，思考其对髋关节运动方向及幅度的限制情况。

2. 观察膝关节的结构

取股骨、胫骨和髌骨，了解膝关节的组成；取有关节囊的膝关节标本，观察该关节囊宽阔而松弛；取膝关节矢状切标本，观察滑膜襞；取去关节囊的膝关节标本，观察内侧的胫侧副韧带、外侧的腓侧副韧带、前方的髌韧带及关节腔内的前后交叉韧带。观察内、外侧半月板的形态（在去股骨的膝关节标本上观察更为清楚），胫侧副韧带与关节囊、内侧半月板相附着。

3. 观察踝关节的结构

取胫骨、腓骨和足骨标本，了解距小腿关节（踝关节）的组成；取踝关节标本，观察内侧的三角韧带，外侧的距腓前韧带、跟腓韧带、距腓后韧带。比较内、外侧韧带的强弱。比较内、外踝高低。思考为什么踝关节扭伤多伤及外踝。在足骨和踝关节标本上，观察足的内、外侧纵弓和横弓的组成，思考足弓的作用。

（三）下肢各关节运动的实践

1. 骨盆的运动实践

前倾、后倾运动：学生站立位，做体前屈、后伸动作，前屈即骨盆前倾，后伸即骨盆后倾。

左右侧倾：学生站立位，做左、右体侧屈动作，即为骨盆左、右侧倾。

左右旋转运动：学生站立位，做体转动作，即为骨盆左、右转动。

环转运动：学生站立位，做腰绕环动作，即为骨盆的环转运动。

2. 髋关节的运动实践

屈伸运动：让学生做前、后摆腿动作，即为大腿绕髋关节屈、伸运动。

外展内收运动：让学生做向侧摆腿动作，即为髋关节外展，还原动作为内收。

旋内旋外运动：学生从解剖学标准姿势站立转为“立正”姿势，然后恢复解剖学标准姿势，前者为旋外，后者为旋内运动。

环转运动：令学生做武术的里合腿动作，此为大腿绕髋关节做环转运动。

3. 膝关节的运动实践

屈伸运动：让学生做正足背踢球的预摆和踢球动作，预摆小腿绕膝关节屈，踢球小腿绕膝关节伸。

旋内旋外运动：让学生分别做外足背踢球和内足背踢球，前者为膝关节屈位的旋内，后者则为旋外。

4. 足的运动实践

屈伸运动：让学生做绷脚尖动作，为足屈（跖屈），勾脚动作，为足伸（背屈）。

内翻、外翻运动：学生做内、外侧足背踢球姿势，前者为足外翻，后者为足内翻。

内收、外展运动：让学生在足绷紧脚尖时，足可以轻微做外展、内收动作。

（四）运动髋关节肌肉的观察

运动髋关节的肌肉分布于髋关节前面、后面、外侧和内侧，观察下肢肌肉标本（或全身肌肉模型）。

1. 髋关节前面肌肉群

髋关节前面肌肉群包括髂腰肌、缝匠肌、股直肌和阔筋膜张肌等。

（1）髂腰肌位于髂窝内的髂肌和位于腰部脊柱的两侧的腰大肌。观察其起、止点，确定该肌收缩时肌拉力方向，分析其功能。

（2）缝匠肌是人体中最长的肌肉之一，位于大腿前面，上端起于髋部前方，向下延续至内侧，跨过并止膝关节后方。根据该肌位置、起、止点，以及肌纤维走向与髋关节和膝关节的位置关系，思考其功能。

（3）阔筋膜张肌起于大腿前外侧，向下移行于大腿外侧的髂胫束。

（4）股直肌为股四头肌的一个头，见运动膝关节的肌肉。

2. 髋关节后面肌肉群

髋关节后面肌肉群包括臀大肌、臀中肌、臀小肌、半腱肌、半膜肌、股二头肌以及深层的梨状肌等。

（1）臀大肌、臀中肌和臀小肌。臀大肌位于骨盆后外侧面臀部皮下，为四方形强厚的扁肌臀中肌位于臀大肌深面，将臀大肌肌腹翻开便可观察到。臀小肌位于臀中肌深面，将臀中肌翻开便可观察到。观察上述肌肉的位置，起、止点，注意它们肌纤维方向，确定肌肉收缩时肌拉力方向及其与髋关节运动轴的关系，并思考其功能。

（2）半腱肌、半膜肌和股二头肌 3 块肌肉共同起于坐骨结节（股二头肌短头起于股骨粗线）。半腱肌、半膜肌的肌腱经膝关节后面转至内侧止于胫骨粗隆的内侧。股二头肌则经膝关节后面转至外侧止于腓骨头。根据上述肌肉所跨过膝关节方位，起、止点，思考其对膝关节运动功能的异同。

3. 髋关节内侧肌肉群

髋关节内侧肌肉群在下肢肌肉标本上，自髋关节前内侧，由上向下进行观察，依次为耻骨肌、长收肌（浅层）、短收肌（在长收肌深面，大部被长收肌遮盖）、大收肌（短收肌深层）和股薄肌（大腿内侧）。辨认每块肌肉，并思考其功能。

（五）运动膝关节肌肉的观察

运动膝关节的肌肉，在膝关节前面，后面并从内、外侧跨过。在下肢肌肉标本或全身肌肉模型上，观察上述各肌肉群。

（1）股四头肌位于大腿前面及外侧的皮下。股直肌起点在标本（或模型）上可直接找到，股外侧肌的起点须沿其肌纤维向后查寻方可观察到，股内侧肌的起点，也须沿其肌纤维向后寻找方可观察到。观察时注意该肌 4 个头合并成的肌腱及所形成的髌韧带，确定其功能。

（2）半腱肌、半膜肌、股二头肌、缝匠肌和股薄肌已在运动髋关节肌肉中观察。

（3）腓肠肌见运动足关节肌肉。

（六）运动足关节肌肉的观察

主要包括小腿后群肌、小腿前群肌和小腿外侧群肌。在下肢肌标本或全身肌肉模型上观察上述各肌肉群。

1. 小腿后面肌肉群

小腿后面肌肉群包括小腿三头肌、踇长屈肌、胫骨后肌和趾长屈肌。

（1）小腿三头肌位于小腿后面，包括浅层的腓肠肌及深面的比目鱼肌。在下肢肌肉标本中，找出其起、止点，注意观察腓肠肌与比目鱼肌在小腿中部合并移行为强大的跟腱而止于跟骨结节，思考其功能。

（2）踇长屈肌、胫骨后肌和趾长屈肌，这些肌肉位于小腿三头肌深面，将小腿三头肌向上翻开便可观察到。踇长屈肌位于腓侧，中间为胫骨后肌，胫侧为趾长屈肌。三块肌肉均为羽状肌，其肌腱均从距小腿关节和距跟关节后内侧跨过并转向足底。注意观察这些肌肉的位置、形态，肌腱走向，并思考其功能。

2. 小腿前面肌肉群

小腿前面肌肉群包括胫骨前肌，踇长伸肌和趾长伸肌。在下肢肌肉标本的小腿前外侧可观察到。胫侧为胫骨前肌，腓侧为趾长伸肌，踇长伸肌位于两肌之间。注意观察这些肌肉的肌腱方向，思考其功能。

3. 小腿外侧肌肉群

小腿外侧肌肉群包括腓骨长肌、腓骨短肌和第三腓骨肌。在下肢肌肉标本的小腿外侧可观察到，腓骨长肌位于最外侧，其深面为腓骨短肌，腓骨短肌的前面内侧为第三腓骨肌。注意观察这些肌肉的肌腱方向及位置关系，思考其功能。

（七）足肌

足肌分为足背肌和足底肌。足背肌较弱小，包括𧿹短伸肌和趾短伸肌。取足肌模型，可见足底肌与手掌肌相似，也分为内侧群、中间群和外侧群，每群肌肉均有浅层、中间层和深层。在足肌标本或模型上可观察到上述肌肉。

（八）下肢的皮肤、肌性标志及腱性标志的触扪与观察

（1）阔筋膜张肌，可保持高抬腿姿势，此时髋关节屈，可在髋关节前外侧上方触扪到鼓起的阔筋膜张肌的肌腹。站立位，膝关节用力伸直，可在大腿外侧触扪到由阔筋膜张肌收缩被拉紧的髂胫束。

（2）股四头肌，可保持伸膝屈髋姿势，此时在大腿前面触扪到内侧的股内肌、外侧的股外肌以及前面正中膨隆的股直肌。

（3）臀大肌，可采取向后摆腿，然后制动，保持髋关节伸位，此时可在臀部触扪到紧张的臀大肌。

（4）股后肌群的肌腱扪触，可取单腿站立，非支撑腿屈小腿，此时可在腘窝的内侧后面触扪到外侧的股二头肌肌腱和内侧的半腱肌、半膜肌的肌腱。

（5）小腿三头肌在提踵时，可在小腿后面观察并触扪到腓肠肌的内、外侧头肌腹。另外在踝关节后方可观察并扪到强大的跟腱。

（6）胫骨前肌在用力勾脚尖时，可在小腿前面、胫骨外侧观察并扪到胫骨前肌的肌腹，在脚背位置可以观察并扪触到胫骨前肌的肌腱。

（7）臀股沟和腘窝横纹。身体直立时，在臀部和大腿之间一条皮肤纹路称之为臀股沟，膝关节向后屈曲时，在腘窝出现的横行的皮肤纹路称之为腘窝横纹。

三、注意事项

（1）在观察标本或模型时注意轻拿轻放。

（2）关节辅助结构的命名与骨的结构相联系，一定要结合方位术语及骨性结构的名称去辨认及记忆，功能与其位于关节的何种位置有关，结合位置去思考其功能。

（3）骨骼肌的功能是根据其在关节的位置及肌拉力线的方向决定的，同学们在进行实验时一定结合骨骼肌与关节的位置关系及肌拉力线的方向去理解和分析，切记死记硬背。

实验小结与评价

（1）请对你自己的实验情况作出小结和评价。

（2）在下图中，填写引线所指各结构的名称。

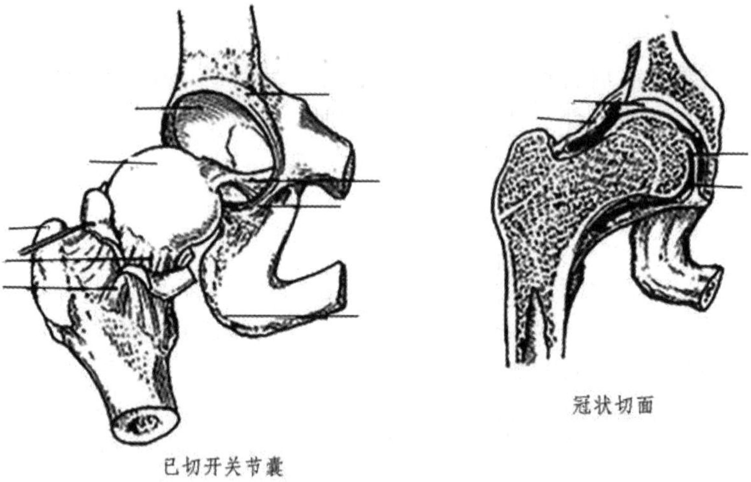

图 2-6-1　髋关节

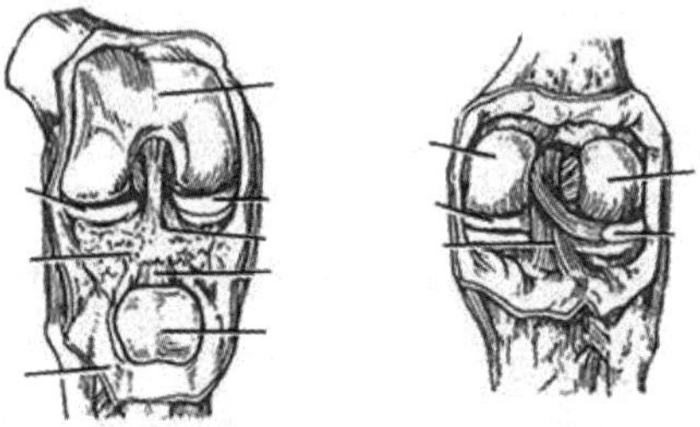

图 2-6-2　膝关节

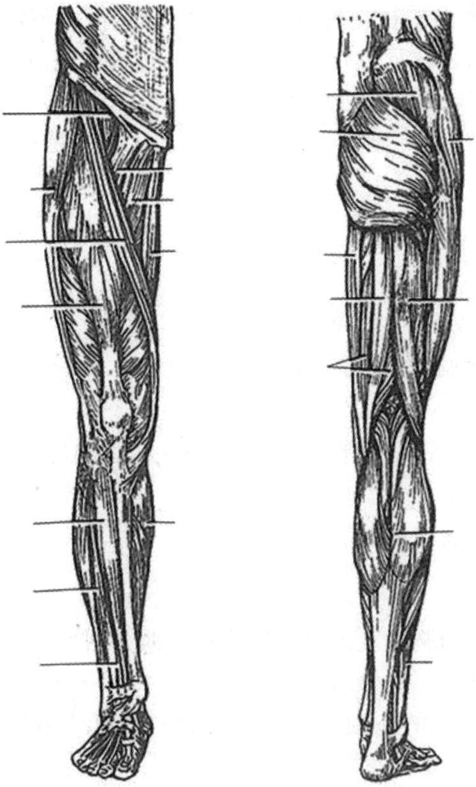

图 2-6-3　下肢的骨骼肌

课后练习

（1）课后复习，掌握常见关节的构成、辅助结构及其运动，以及使之运动的常见骨骼肌。

（2）课后与同学相互进行常见骨骼肌、肌性、腱性标志的定位练习直至熟练。

实验七　中轴骨连结和作用中轴的主要肌群观察

实验目的

（1）掌握中轴主要骨连结的基本结构、辅助结构及关节的运动。

（2）掌握作用脊柱和胸廓常见骨骼肌的位置、起止点、功能和主要的皮肤、肌性、腱性标志。

实验材料与器具

人体骨架标本或模型、中轴骨标本；脊柱和胸廓的标本或模型；全身肌肉模型。

课程思政

根据目前过度使用手机导致颈椎病年轻化以及青少年因为缺少体育运动导致上交叉综合

征、下交叉综合征等疾病增多的社会现象引入“体医融合”“健康中国”等国家政策，让同学们明白体育运动对国民增强体质、促进健康的重要意义，鼓励学生学好扎实本领，为实现中华民族伟大复兴奉献出自己的一份力量。

线上自主学习

中轴骨连结和作用中轴的主要肌群观察

一、实验内容

1. 脊柱的组成、辅助结构及运动

脊柱由 7 块颈椎、12 块胸椎、5 块腰椎、1 块骶骨、1 块尾骨通过关节、软骨及韧带连接而成的整体结构。

椎体的连结：前纵韧带、后纵韧带、椎间盘。椎弓的连结：上下关节突关节、弓间韧带、横突间韧带、棘间韧带、棘上韧带。

脊柱的运动：屈伸、侧屈、回旋和环转。

2. 脊柱的骨骼肌

屈脊柱的骨骼肌：两侧的胸锁乳突肌、腹直肌、腹外斜肌、腹内斜肌。

伸脊柱的骨骼肌：斜方肌、竖脊肌。

侧屈脊柱的骨骼肌：一侧的胸锁乳突肌、腹直肌、腹外斜肌、腹内斜肌、斜方肌、竖脊肌。

回旋脊柱的骨骼肌：同侧腹内斜肌和对侧腹外斜肌。

3. 胸廓的组成、辅助结构及运动

胸廓由 12 块胸椎、12 对肋和 1 块胸骨及骨连结共同形成。胸廓的主要关节有肋椎关节和胸肋关节。

（1）肋椎关节为肋后端与胸椎之间构成的关节，包括肋头关节和肋横突关节。

① 肋头关节：由肋头的关节面与相邻胸椎体的下、上肋凹构成，关节囊附于关节面周围，并由囊前方的肋头辐状韧带加强，属于平面关节，能做轻微运动。

② 肋横突关节：由肋结节关节面与胸椎横突肋凹构成，属于微动关节。

（2）胸肋关节：由第 2 ~ 7 肋软骨与胸骨相应的肋切迹构成，属微动关节。

第 1 肋与胸骨柄之间是软骨结合；第 8 ~ 10 肋软骨的前端不直接与胸骨相连，而依次与上位肋软骨形成软骨连结，构成左、右肋弓；第 11、12 肋前端游离于腹壁肌层中，不与胸骨相连结。

（3）胸廓的运动：吸气时，肋骨上提，胸腔容积变大；呼气时，肋骨下降，胸腔容积减小。

4. 胸廓的骨骼肌

（1）肋间外肌：提肋助吸气。

（2）肋间内肌：降肋助呼气。

（3）膈肌：收缩时膈穹隆下降，胸腔容积扩大，助吸气；松弛时膈穹隆上升，胸腔容积减小，助呼气。

二、要　求

（1）掌握中轴主要骨连结的基本结构、辅助结构的位置及命名规律，能够熟练掌握脊柱和胸廓的运动方式。

（2）熟悉作用脊柱和胸廓的主要骨骼肌所在位置，了解如何根据骨骼肌的肌拉力线和关节的位置关系分析该骨骼肌的功能。

线下学习

一、实验方法

（1）每 5 ~ 6 个学生一组进行自学，由组长组织组员仔细观察模型或标本，并相互提问，掌握中轴主要骨连结的组成、辅助结构、运动及作用脊柱和胸廓的主要骨骼肌。

（2）在自己身上或者同学身上识辨中轴常见的皮肤、肌性和腱性标志。

（3）最后半小时为小组展示环节。

二、实验步骤

（一）观察颅骨的连结

取颅骨标本，观察颅骨除一对颞下颌关节外，均以缝连结。在头颅骨标本的上面观，辨认矢状缝、冠状缝和人字缝，侧面观辨认“H”状缝和颞下颌关节。

（二）观察椎骨的连结

1. 观察椎骨连接的方式

（1）取椎骨连结的纵切和横切标本，观察位于上、下两椎体间的椎间盘，辨认其周围部分的纤维软骨环和中央部分的髓核；辨认椎体前面的前纵韧带和后面的后纵韧带。

（2）取椎骨连结完整标本和矢状切标本，辨认椎弓板间的黄韧带、上下横突之间的横突间韧带、上下棘突之间的棘间韧带和位于棘突尖的棘上韧带。

（3）取相邻上、下位椎骨，并将其连结，观其上位椎骨的下关节面与下位椎骨上关节面相连结构成椎间关节。

2. 观察脊柱的组成及其形态

（1）在脊柱标本上可观察到脊柱由 7 块颈椎、12 块胸椎、5 块腰椎、1 块骶骨和 1 块尾骨及 23 个椎间盘借助韧带、关节连结而成。前面观，椎体自第二颈椎至第二骶椎，椎体逐渐增大，第三骶椎向下逐渐窄小；椎间盘胸段最薄，腰段最厚。侧面观，可见到 23 对椎间孔。上面观，全部椎骨的椎孔串联构成椎管，内容纳脊髓。

（2）在骨架上，从前、后面观察，脊柱全长为一直线，侧面观，则全长有 4 个弯，即颈、腰段凸向前（分别为颈弯和腰弯），胸、骶段凸向后（分别为胸弯和骶弯）。

（三）观察胸廓的形态

（1）取人体骨架，观察胸廓由 12 个胸椎、12 对肋骨、肋软骨及 1 块胸骨连结而成。注意观察上位 7 对肋骨借助软骨连于胸骨，为真肋；8～10 对肋骨不与胸骨直接连结，为假肋，第 11 对、第 12 对肋骨前端游离，为浮肋。同时观察肋骨后端与胸椎形成关节，并思考胸廓扩大时肋骨的上提、下降活动情况。

（2）观察胸廓的形态，可见呈前后稍扁的锥体，上口小、下口大，并由膈肌所封闭。这个形态形成了胸廓的前后径小于横径。

（四）脊柱的运动实践

令学生做广播体操的腹背运动，伸展动作脊柱做伸运动，体前屈动作则为屈运动；体侧运动时，脊柱为左、右侧屈运动；体转运动时，脊柱为左、右回旋。平时的腰绕环，脊柱参与做环转运动。

（五）运动头颈肌肉的观察

运动头颈的肌肉多位于头颈部腹侧、背侧和左右两侧。在此，着重观察胸锁乳突肌。

胸锁乳突肌在躯干肌标本的颈部，可见该肌斜列于颈部两侧的浅层。观察其起、止点和肌纤维方向，思考其功能。

（六）运动脊柱肌肉的观察

1. 腹肌

腹肌通常指位于躯干腹腔前壁和侧壁的肌肉，包括腹直肌、腹外斜肌、腹内斜肌和腹横肌。除腹横肌外，均可使脊柱运动。

（1）腹直肌在躯干腹侧，可见位于腹前壁正中线的两侧，被腹直肌鞘包裹。将腹直肌鞘翻开，可观察到此肌的全长有 3～4 个横行腱划。观察其起、止点和肌纤维方向，思考其功能。上固定，两侧同时收缩，使骨盆后倾一侧收缩，使骨盆侧倾；下固定时，一侧收缩，使脊柱向同侧屈，两侧同时收缩，使脊柱前屈，并可降肋助呼气。

（2）腹外斜肌位于腹前外侧部浅层，为宽阔扁肌。注意观察上部起点与前锯肌的肌齿相交情况及肌纤维排列方向，思考其功能。上固定：两侧同时收缩，使骨盆后倾或呈水平位（如直角支撑）；一侧收缩，使骨盆向同侧回旋；下固定：单侧收缩使脊柱向同侧屈和向对侧回旋。两侧同时收缩，可下拉胸廓，使脊柱前屈。

（3）腹内斜肌位于腹外斜肌深面。观察其起、止点和肌纤维排列方向，思考其功能。下固定：一侧收缩时脊柱向同侧屈和转动（这时，它与对侧的腹外斜肌共同完成向同侧的转体运动）；两侧同时收缩，可下拉胸廓，使脊柱前屈；上固定：一侧收缩时骨盆向对侧转动，两侧同时收缩，使骨盆后倾。

2. 背部伸肌

背部伸肌包括竖脊肌和斜方肌，斜方肌。

竖脊肌位于躯干背面深层，在已切除斜方肌、菱形肌和背阔肌的躯干肌肉标本上，便可观察到 3 条纵向平行排列的肌肉，从外侧向内依次是髂肋肌、最长肌和棘肌。观察其起、止点和肌纤维方向，思考其功能。下固定（骶部固定）两侧收缩使脊柱后伸和仰头，一侧收缩使脊柱向同侧侧屈；上固定：使骨盆前倾。

（七）呼吸运动肌肉的观察

1. 隔肌

膈肌在胸腹腔和膈肌的标本中，可见到位于胸廓下口，分隔胸腔与腹腔，向上膨隆呈圆顶形宽薄的膈肌。观察此肌的形态特点：周围为肌束，各部肌束均止于中央的中心腱，注意其分布、肌纤维排列方向，辨认出此肌的 3 个裂孔（主动脉裂孔、食管裂孔和腔静脉孔）。思考该肌收缩与松弛时，与呼吸运动的关系。收缩时，膈穹窿下降，胸腔容积扩大，以助吸气；松弛时膈穹窿上升恢复原位，胸腔容积减少，以助呼气。

2. 肋间内、外肌

观察肋间外肌和肋间内肌位置，肋间外肌位于肋间隙内，居于浅层。肋间内肌位于肋间外肌深面。注意观察两肌的肌纤维方向，思考其功能。肋间外肌提肋助吸气。肋间内肌降肋助呼气。

（八）常见的躯干和头颅的皮肤、肌性标志和腱性标志的触扪与观察

通过对躯干和头颅常见的皮肤、肌性标志和腱性标志的触扪与观察，进一步确认这些皮肤、肌性标志和腱性标志在人体中的位置及其作用。

（1）人中：在上唇外中线上有一纵行浅沟，称人中。

（2）鼻唇沟：在脸颊和上唇的分界处有一斜行浅沟，称鼻唇沟。

（3）咬肌：咬紧牙关时，在下颌角的前上方、颧弓下方可摸到强硬的条状肌肉。

（4）颞肌：咬紧牙关时，在颧弓上方的颞窝内可摸到坚硬的肌肉隆起。

（5）胸锁乳突肌：在颈前外侧，可看到呈长条状的肌肉隆起，当转头向对侧时更为明显。

（6）腹直肌：腹前正中线两侧的长形肌性隆起，肌肉发达者可见两排腹直肌上有三条横沟，此为腹直肌腱划，腱划上下有发达的肌腹，一般可见 8 块肌腹。

（7）竖脊肌：在脊柱的两旁，呈纵向肌性隆起。

三、注意事项

（1）在观察标本或模型时注意轻拿轻放。

（2）骨连结的辅助结构的命名与骨的结构相联系，一定要结合方位术语及骨性结构的名称去辨认及记忆，功能与其位于骨连结的何种位置及与之相连的骨结构有关，要结合其所在位置去思考其命名及功能。

（3）骨骼肌的功能是根据其在关节的位置及肌拉力线的方向决定的，同学们在进行实验时一定结合骨骼肌与关节的位置关系及肌拉力线的方向去理解和分析，切记死记硬背。

实验小结与评价

（1）请对你自己的实验情况作出小结和评价。

（2）在图 2-7-1 至 2-7-3 中，填写引线所指各结构的名称。

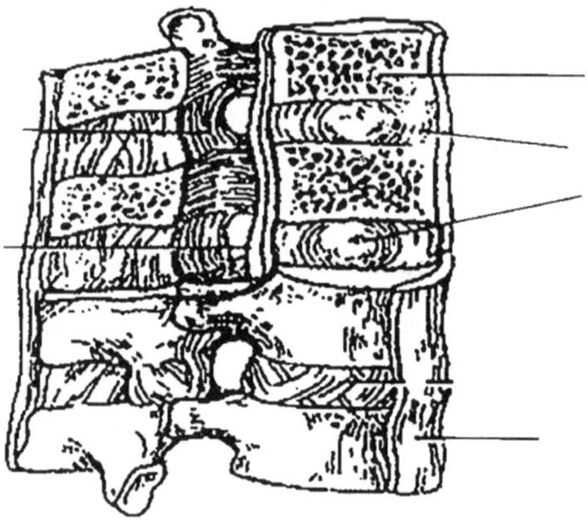

图 2-7-1　椎骨连结

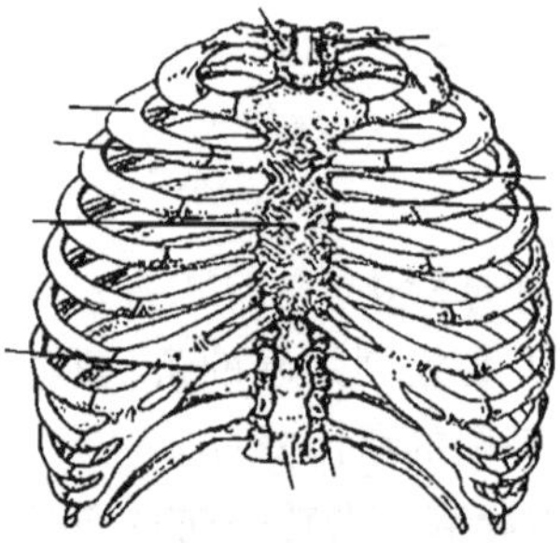

图 2-7-2　胸廓的连结

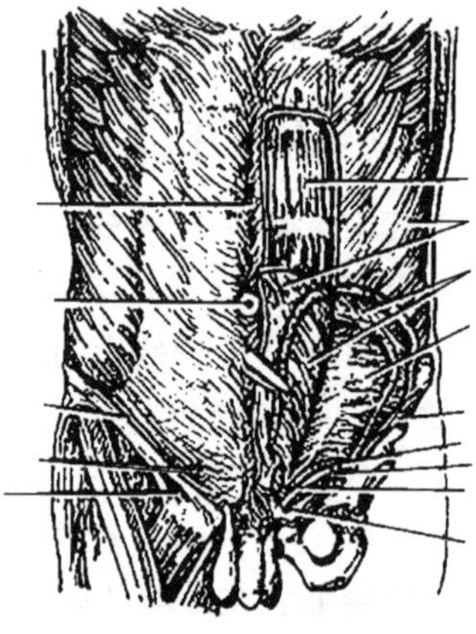

图 2-7-3　腹部的骨骼肌

课后练习

（1）课后复习，掌握脊柱的连结及其运动，以及使之运动的常见骨骼肌。
（2）课后与同学相互进行常见骨骼肌、肌性、腱性标志的定位练习直至熟练。

实验八　消化、呼吸、泌尿系统的观察

实验目的

（1）掌握消化系统的组成及其各主要器官的位置、形态、结构。
（2）掌握呼吸系统各器官的位置、形态和大体结构。
（3）熟悉泌尿系统的组成及其各主要器官的位置、形态、结构。
（4）培养科学观察的能力和乐于奉献的精神。

实验材料与器具

消化系统全标本、模型，人体半身模型，胃壁、小肠纵切面和肝小叶的模型，呼吸系统全标本、模型或挂图，头部正中矢状切标本或模型，喉腔、气管连肺标本，左右肺标本或模型，支气管树、肺小叶和肺泡壁的模型或挂图，泌尿系统的模型。

课程思政

介绍肝、肾等器官捐献和移植的重大意义和相关政策与知识拓展，结合有关大学生捐献器官的真实案例，培养学生敬畏生命、珍爱生命、乐于奉献的精神。

线上自主学习

消化、呼吸、泌尿系统的观察

一、实验内容

1. 观看消化系统的视频

消化系统包括消化管和消化腺。消化腺包括唾液腺、肝、胰。消化管自上而下依次为：口腔、咽、食管、胃、小肠（十二指肠、空肠、回肠）和大肠（盲肠、结肠、直肠、肛管）。

2. 观看呼吸系统的视频

呼吸系统由呼吸道和肺组成，呼吸道由鼻、咽、喉、气管和支气管组成。喉由甲状软骨、环状软骨、会厌软骨、杓状软骨组成。喉腔侧壁有前庭襞和声（或声门）襞，将喉腔分为喉前庭、喉中间腔、声门下腔。

肺的位置：胸腔之内、膈肌之上、左右各一。包括一尖、一底、三面、三缘。肺尖、肺底、外侧面、内侧面、下面、前缘、后缘、下缘。左肺两叶，右肺三叶。

3. 观看泌尿系统的视频

泌尿系统组成：包括肾、输尿管、膀胱和尿道。肾位于脊柱两侧，腹腔后壁，左右各一，左肾上端平齐第 11 胸椎下缘水平，下端平齐第 2 腰椎下缘水平，右肾比左肾约低半个椎体。肾是蚕豆型，有上下两端、前后两面和内外两缘。内侧中央的凹陷处有肾门，有肾盂、血管、神经和淋巴出入。肾的皮质、髓质、肾柱、肾椎体、肾乳头、肾小盏、肾大盏、肾盂。

二、要　求

（1）熟悉三大系统的组成，掌握重要器官的位置及形态。

（2）熟悉重要器官的结构特点。

线下学习

一、实验方法

（1）每 5~6 个学生一组进行自学，由组长组织组员仔细观察模型或标本，并相互提问，观察消化系统、呼吸系统和泌尿系统的各器官组成、重要器官的位置及形态、结构特点。

（2）最后半小时为小组展示环节。

二、实验步骤

（一）观察消化系统（图 2-8-1）

1. 观察消化系统的组成及主要器官的位置、大体形态和结构

取消化系统全标本或模型，观察消化系统由消化管（口腔、咽、食管、胃、小肠、大肠）和消化腺（3 对唾液腺、肝和胰等）组成（图 2-8-1）。观察可见食管上接口咽，向下穿过膈，延续于胃的贲门；胃的幽门连结“C”形的十二指肠；向下的空肠和回肠在腹腔迂回成袢状，在右髂窝处移行为盲肠；盲肠的后下方细长的盲管为阑尾；结肠呈“门”字形环绕在小肠周围，在左髂窝处呈“乙”字形入小骨盆接直肠，最后开口于肛管。

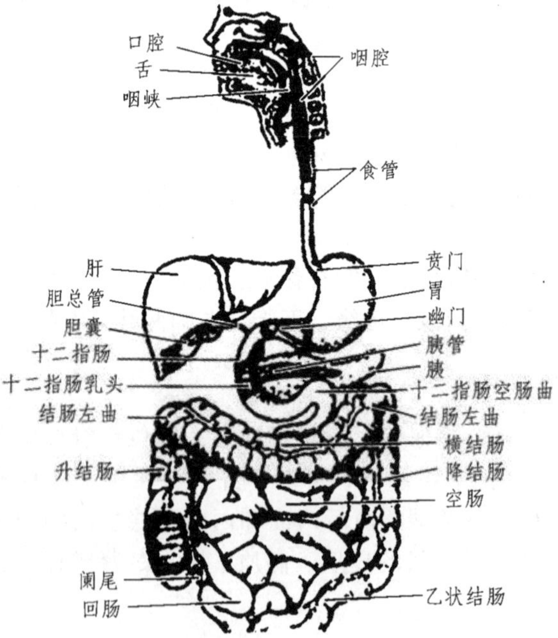

图 2-8-1　消化系统

取人体半身模型，观察可见开口于口腔的 3 对唾液腺，腮腺、舌下腺和下颌下腺；观察肝和胰，分别有胆总管和胰腺管开口于十二指肠大乳头。

2. 观察胃的位置、形态、大体结构（图 2-8-2）

取消化系统全标本或模型，可见胃大部分位于腹腔的左季肋区，小部分位于腹上区。取

胃的标本或模型，观察胃的四分部，近贲门的贲门部、自贲门向左上方膨出的胃底部、中部的胃体部和近幽门的幽门部。胃的入口称贲门，与食管相接。出口称幽门，与小肠相接。胃有前后壁，左侧向外凸起的称为胃大弯，右侧向内凹陷的称为胃小弯。

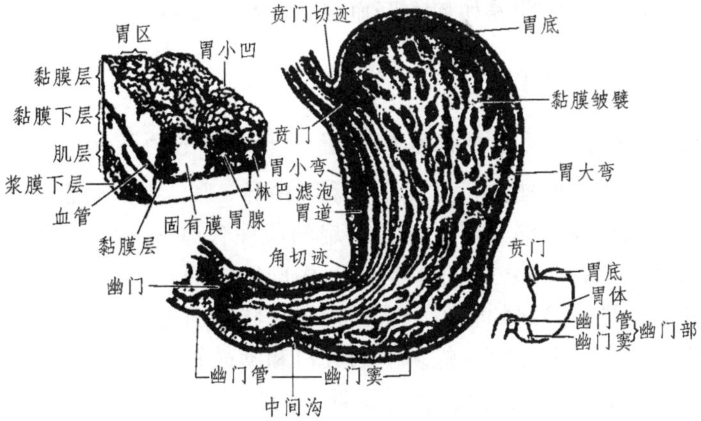

图 2-8-2　胃的结构

将胃模型打开成前后两半或取胃冠状切标本，可见胃壁由内向外分黏膜层、黏膜下层、肌织膜和外膜四层。黏膜层可见许多黏膜皱襞，在胃小弯处形成几条纵行皱襞。在去除外膜的胃模型上观察肌织膜的三层结构——外层纵行肌、中层环形肌、内层斜形肌，注意观察环形肌在幽门处增厚形成幽门括约肌。

思考并讨论上述结构如何与胃的生理功能相适应。

3. 观察小肠的形态、大体结构和小肠黏膜的微细结构

取小肠的纵切面模型，观察可见小肠黏膜凸向肠腔形成环形皱襞，皱襞表面有密集的小肠绒毛。在显微镜下观察小肠绒毛的组织切片或使用多媒体观看切片图片，可见绒毛表面的单层柱状上皮，杯状细胞散布其间，绒毛中有中央乳糜管，周围可见较多的毛细血管。

思考并讨论上述结构如何与小肠强大的消化吸收功能相适应。

4. 观察肝的位置、形态、结构。（图 2-8-3）

取人体半身模型，观察可见肝大部分位于右季肋区，小部分位于腹上区及左季肋区。

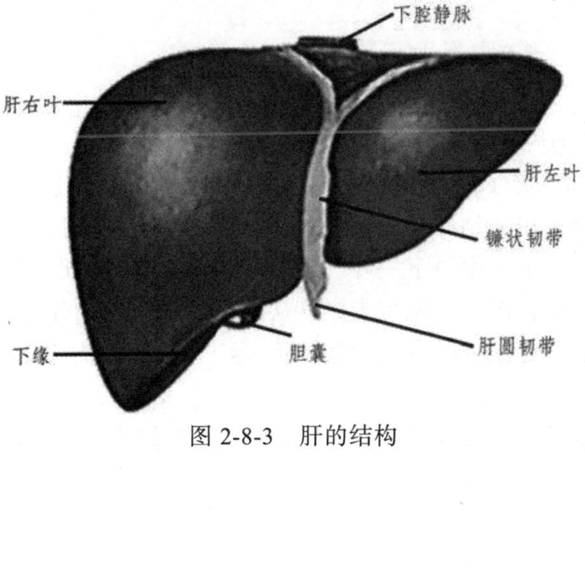

图 2-8-3　肝的结构

取肝模型，观察可见肝呈楔形，右端粗大而圆钝，左端细小，分上、下两面，前、后两缘。肝上面被矢状方向的镰状韧带分为左、右两叶，下面有“H”形的三条沟，横沟称肝门，有肝动脉、门静脉、肝管、淋巴管和神经进出。右侧前缘有一胆囊窝，容纳胆囊。

思考并讨论经食物吸收的营养如何在肝血窦完成物质交换。

（二）观察呼吸系统（图 2-8-4）

1. 观察呼吸系统的组成及主要器官的位置、大体形态和结构

取呼吸系统全标本或模型挂图，观察呼吸系统由鼻、咽、喉、气管、支气管和肺的组成。上呼吸道始于鼻腔，向后通一漏斗形、前后略扁的肌性管道——咽，咽向前下通于喉，喉向下与气管相通。肺分左、右两肺，位于胸腔内，中间以纵膈相隔，是进行气体交换的实质性器官。注意观察并分辨进出肺门的管道。从头正中矢状切面标本或模型辨识固有鼻腔侧壁上四对鼻旁窦（额窦、筛窦、上颌窦、蝶窦）的开口和咽鼓管咽口。在活体上触摸喉结（甲状软骨），在喉腔模型上辨识环状软骨、会厌软骨、杓状软骨以及前庭襞、声襞和声门裂。取气管连肺标本或模型，可见成人气管在胸骨角（第二肋软骨）水平分为左、右支气管入肺。注意观察和总结左、右主支气管的形态差别及纵膈的位置和其中的主要器官。

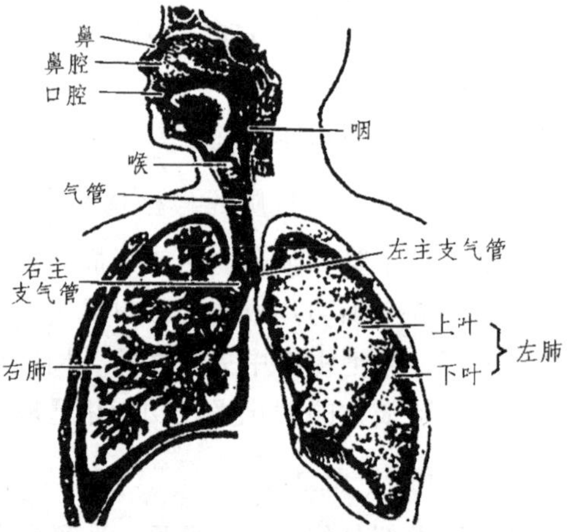

图 2-8-4　呼吸系统

2. 观察肺的位置、形态、结构

在人体半身模型上，可见肺位于胸腔内，左右各一，分居于纵膈两侧。观察左、右肺标本或模型，可见肺的形状呈圆锥形，分一尖（肺尖）、一底（膈面）、两面（外侧面又称肋面、内侧面又称纵隔面）和三缘（前、后、下缘），内侧面中间凹陷处为肺门，有肺的血管、主支气管、淋巴管和神经进出，结缔组织包绕出入肺门的结构构成肺根。左肺较狭长，分上、下两叶，右肺较粗钝，分上、中、下三叶。左肺前缘下半有一弧形凹陷，称心切迹。

观察支气管树模型或挂图，可见主支气管从肺门入肺后反复分支，达细支气管后再分支为终末细支气管，随分支而管径渐小，管壁渐薄。这一段结构只输送气体而无气体交换作用，故称为肺的导气部。

观察肺小叶模型或挂图，辨认肺的呼吸部，即呼吸性细支气管、肺泡管、肺泡囊、肺泡。

对照肺泡壁的模型或挂图，辨认气血屏障的构成——肺泡上皮、上皮基膜、毛细血管内皮基膜和内皮细胞。

思考并讨论肺小叶和肺泡壁的结构与其功能的关系。

（三）观察泌尿系统（图 2-8-5）

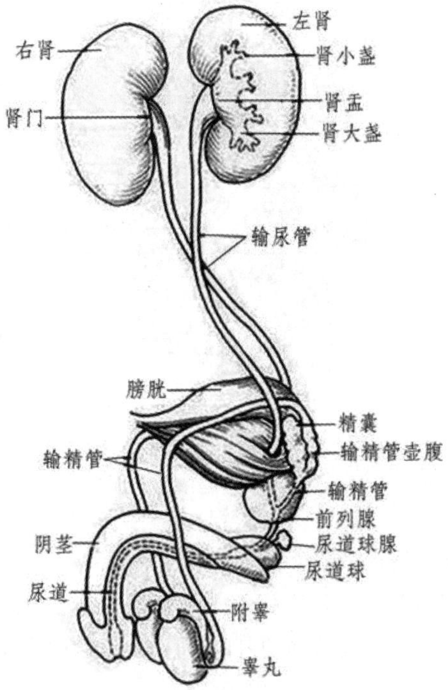

图 2-8-5　泌尿系统的组成

1. 观察泌尿系统组成及各主要器官的位置、形态和大体结构

取泌尿系统全标本或模型，观察可见该系统由肾、输尿管、膀胱和尿道组成。在人体半身模型上可见左、右两肾位于腹腔后上部、脊柱的两侧，紧贴腹后壁，两肾上端稍靠近，下端稍远离。左肾上端平 11 胸椎下缘，下端平第 2 腰椎下缘，右肾比左肾约低半个腰椎体，其上端平 12 胸椎，下端平第 3 腰椎。肾的内缘中部凹陷，该处即肾门，从前到后依次有肾静脉、肾动脉和肾盂出入。输尿管为长约 30 cm 的扁圆柱形肌性管道，两侧沿腰大肌前面下降进入盆腔内的膀胱。仔细观察标本全长，可发现输尿管的 3 个狭窄处分别位于起始部、跨过髂总动脉处和进入膀胱处，这三处狭窄是泌尿系统结石易滞留的部位。膀胱是位于盆腔内的肌性囊，其形状和大小随尿液的充盈程度不同而变。成人膀胱空虚状态下呈锥体形，尖指向前上方，前为耻骨联合，后方在男性有精囊腺、输精管和直肠，在女性有子宫和阴道。尿道位于膀胱底部的下方，为长约 3 ~ 4 cm 的肌性管道，男性尿道细而长，女性尿道宽而短。

2. 观察肾的大体结构（图 2-8-6）

取新鲜猪肾，观察可见肾形似蚕豆，外缘凸起，内缘中部凹陷（即肾门）。把肾从冠状面切开，观察肾包括白色的肾窦部和红色的肾实质部。肾窦为肾门向肾内延续的一个较大的腔隙，内含肾动脉的主要分支、肾静脉的主要属支以及肾小盏和肾大盏。实质部包括颜色较浅的皮质部和颜色较深的髓质部，皮质深入髓质的部分称肾柱；髓质被肾柱的分隔成 15～20 个呈锥形的肾锥体，其尖钝圆伸向肾窦称肾乳头。仔细观察可见，每 2～3 个肾乳头被一个肾小盏包绕，每 2～3 个肾小盏集合成一个肾大盏，每个肾有 2～3 个肾大盏，由肾大盏汇合成漏斗状的肾盂，出肾门后移行为输尿管。

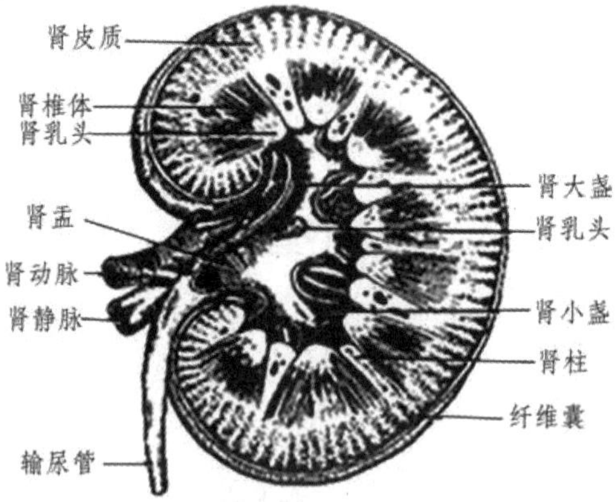

图 2-8-6　肾的大体结构

三、注意事项

（1）在观察标本或模型时注意轻拿轻放。

（2）在使用手术刀进行解剖时注意安全，避免误伤自己或他人。

（3）在进行新鲜猪肾解剖时从冠状面切开时，注意从正中间切开，以免影响解剖结构的观察。

实验小结与评价

（1）请对你自己的实验情况作出小结和评价。

（2）在图 2-8-7 和图 2-8-8 中，填写引线所指各结构的名称。

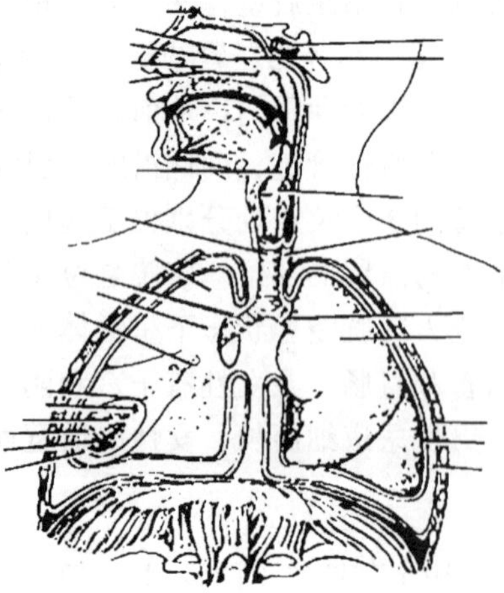

图 2-8-7　呼吸系统的结构

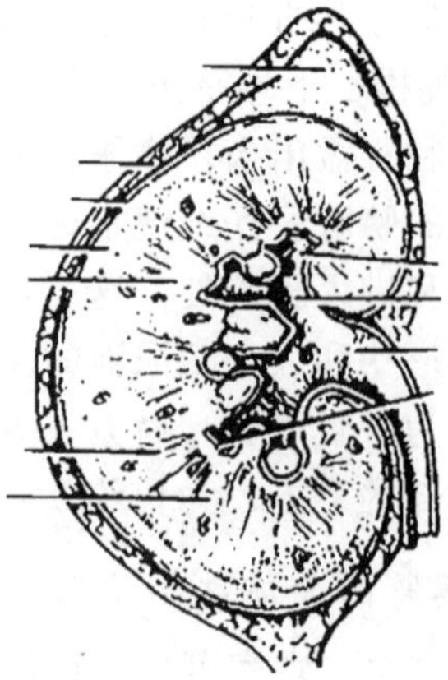

图 2-8-8　肾的结构

课后练习

课后复习，掌握三大系统的构成、主要器官的位置、结构及其特点。

实验九　心血管系统的观察

实验目的

（1）熟悉心脏的位置、形态与表面结构，掌握心的内部结构。

（2）掌握血液循环主要途径，根据肺循环和体循环的途径，熟悉心房、心室的瓣膜开合与血液在心腔中流动方向。

（3）掌握主动脉的位置及其分支，熟悉心的传导系。

（4）培养学生正确的职业道德观。

实验材料与器具

胸腔解剖标本或模型，心的解剖标本或模型，循环系统动态演示模型，新鲜猪心标本，全身血管分布模型，解剖盘，解剖刀、剪刀、镊子等。

课程思政

介绍国家发布的《健康中国 2030》规划纲要和《健康中国行动（2019—2030 年）》等文件，其中提出的公民需掌握的 66 条健康知识和理念、健康生活方式与行为、以及健康基本技能，并将居民健康素养水平纳入健康中国建设的主要指标。结合目前生活方式疾病的患病现状，告知同学们，培养学生的终身体育意识，促进健康是体育工作者的使命和责任，同学们必须学习好专业知识，才能成为合格的体育工作者。

线上自主学习

心血管系统的观察

一、实验内容

（1）观看心的位置及大体形态的视频，了解心的位置，大体形态与心脏相连的大血管。

心脏的位置：心脏位于胸腔之内、膈肌之上，左、右两肺之间，整个心的 1/3 位于正中线的右侧，2/3 居正中线的左侧。

大体形态：包括一尖、一底、两面、三缘；心底、心尖、前面、下面、左缘、右缘、下缘。冠状沟，前室间沟和后室间沟。

与心脏相连的大血管：主动脉、肺动脉、上腔静脉、下腔静脉和肺静脉。

（2）观看心的结构的视频，了解每个心腔的结构。

心血管系统的组成：心、动脉、静脉、毛细血管。

右心房的结构：上腔静脉口、下腔静脉口、冠状窦口、右房室口、房间膈和卵圆窝。

右心室的入口：右房室口，有三尖瓣，出口是肺动脉口，有肺动脉瓣。

左心房的结构：四个肺静脉口、左房室口。

左心室的入口：左房室口，有二尖瓣。出口是主动脉口，有主动脉瓣。

（3）观看心的传导系及肺循环和体循环的途径视频，了解心的传导系及肺循环和体循环的途径。

心壁内有由特殊心肌纤维组成的传导系统称之为心传导系统，其主要功能是产生冲动并传导到心的各部，使心房肌和心室肌按照一定的节律收缩。心的传导系统包括窦房结、结间束、房间束、房室结、房室束、左右束支和浦肯野纤维网等。

心脏正常跳动的起搏点是窦房结。

窦房结产生的兴奋传导途径如下：

窦房结——房间束——心房肌兴奋和收缩

→结间束——房室结——房室束——左、右束支——心室肌兴奋和收缩

肺循环：由右心室——肺动脉——各级肺动脉分支——肺泡毛细血管——各级肺静脉分支——肺静脉——左心房

体循环：左心室——主动脉——各级动脉——各处毛细血管——各级静脉——上、下腔静脉——右心房

二、要　求

（1）熟悉心血管系统的组成，掌握心脏的定位特点及大体形态结构。

（2）熟悉血液循环途径及心的传导系的名称。

线下学习

一、实验方法

（1）每 5 ~ 6 个学生一组，由组长组织组员仔细观察模型或标本，并相互提问，掌握脉管系统的组成，心的位置、形态，进行新鲜猪心的解剖，掌握其内部结构。

（2）观察全身血管分布模型，掌握体循环主要动脉的分支与分布，确定主要大血管的位置及主要止血点，相互在同学身上找到这些主要止血点的位置并熟悉。

（3）实验前半小时进行实验抽查考试。

二、实验步骤

（一）心的形态观察（图 2-9-1）

取心的解剖标本或模型，从外表面观察，心的外形近似前后略扁的倒置圆锥体。心的外形可分为心底、心尖和心体。心底大部分由左心房构成，小部分由右心房的后部构成。上、下腔静脉从上、下方分别注入右心房，左、右肺静脉共四条分别从两侧注入左心房。心底及心尖部有左右心室构成，主动脉和肺动脉分别发自左心室和右心室，心尖朝向左前下方，是左心室的一部分。

心的外表面可观察到四个面，即胸肋面（又称前面、前壁，由右心房大部分、左心耳小部分和右心室前壁大部分及左心室小部分构成）、膈面（又称下面，朝向后下方，贴于膈肌，由左心室大部分和右心室小部分构成）、左侧面（朝向左上方，由左心室大部分和左心房小部分构成）和右侧面（由右心房构成，上下分别续于上腔静脉和下腔静脉）。

心的外表面可观察到几条明显的浅沟，即冠状沟又称房室沟，近心底处呈横位环绕心脏，是分隔心房和心室的标志，冠状沟前部被肺动脉和主动脉隔断。沿冠状沟左行称为左冠状动脉，沿冠状沟右行称为右冠状动脉。冠状动脉逐级分支进入心肌层形成毛细血管网。与心动脉伴行的是心静脉，主要有心大静脉、心中静脉和心小静脉最后汇集于冠状窦，开口于右心房。前室间沟和后室间沟位于心的前、后面，自冠状沟向下达心尖右侧相汇合（此处又称心尖切迹），是左、右心室在心表面的分界标志。界沟是心脏右侧面与胸肋面之间的浅沟，沿此沟向上、下延伸到达上、下腔静脉的前缘，不易分辨。

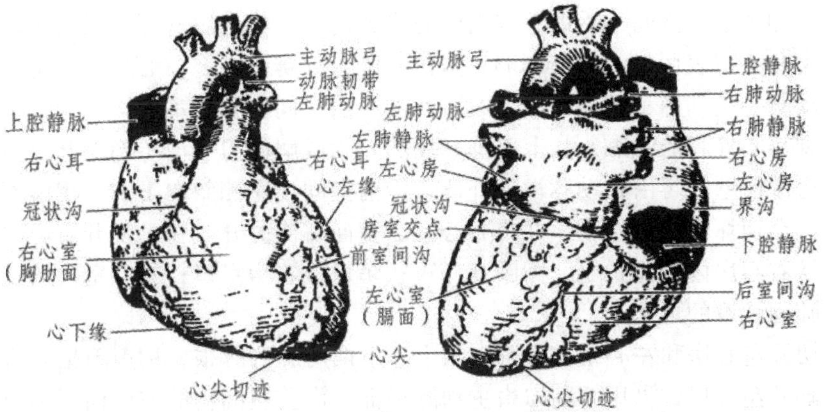

图 2-9-1　心的前面观和后面观

（二）心的位置观察

取胸腔解剖标本或模型，可见心位于胸腔之内、两肺之间，坐于膈肌之上、纵隔偏左，约 2/3 位于正中线左侧，1/3 位于正中线右侧。心尖指向左前下方，出入心底的大血管朝向右后上方，沿心底取中点与心尖作一条连线，即为心轴。因而贯穿心底至心尖的心轴自右后上方向左前下方倾斜，与正中矢状切面成 45°夹角，心轴方向大致如右手执笔方向。心在发育过程中沿心轴发生自右向左的轻度旋转，所以心的左、右结构并不对称排列。

（三）观察心传导系

在心传导系的电动模型上观察心传导系，可见位于上腔静脉与右心房交界处心内膜深面的窦房结，以及与心房肌联络较细的纤维和较粗的结间束与房室结联系。房室结位于房间隔下部，下端延续于房室束，房室束进入室间隔内分为左、右两束支。在左、右束支的幻灯片上可见右束支较粗，左、右束支在心壁内一再分支为普肯野氏纤维。思考心脏自律跳动的兴奋何处产生，如何传导。

（四）观察心的血管

1. 观察冠状动脉

取心脏放大模型，观察、辨认发自主动脉起始部，行于冠状沟和前、后室间沟的左、右冠状动脉。仔细观察左冠状动脉较右侧的稍大，发自主动脉起始部后分为两支，即前室间支（降支），沿前室间沟下降；旋支，在左心耳的下后方沿冠状沟转到心脏后面。

2. 观察心的静脉

心的静脉主要汇成几条较细的静脉支，在心脏放大模型的膈面观察、辨认心小静脉、心中静脉和心大静脉，以及心的静脉最后汇集于冠状窦，注意冠状窦开口于右心房。

（五）离体新鲜猪心的解剖与观察

（1）取离体新鲜猪心，仔细地用解剖刀和镊子切除与心脏相连的血管周围的结缔组织，用剪刀从肺动脉和主动脉之间，沿前室间沟朝心尖方向将心的外膜剪开，然后用镊子和解剖刀沿左、右心房和心室表面将心外膜剥离，露出心脏。分辨出左、右心房和心室，辨认上、下腔静脉、肺动脉、主动脉、肺静脉，左右冠状沟、前室间沟和后室间沟。

（2）将已剥离心外膜的心脏，从上腔静脉用剪刀（或解剖刀）剪（剖）开，直至右房室口；翻开右心房的前壁，再由肺动脉根部外侧，沿前室间沟左侧斜向下方，用解剖刀将右心室剖开，这样不会切坏右心房室瓣，并将右心室前壁向右侧翻开。在已切开右心房、右心室的标本上，辨认右心房内的梳状肌、卵圆窝、冠状窦口、右房室口；右心室内的三尖瓣、腱索、乳头肌、肺动脉瓣的形态。

（3）将已切开左心房和左心室的心脏，从上、下两对肺静脉根，用剪刀把心房剪开，直至左房室口，翻开左心房；再用解剖刀由主动脉根部，沿前室间沟的左侧向下剖至心尖，这样不会切坏主动脉瓣，续由心尖向左将左心室翻开。在已切开的左心房和左心室的标本上，辨认左心房内的梳状肌、左房室口；左心室内的二尖瓣、腱索、乳头肌、主动脉瓣的形态。

（4）在已剖开心房、心室的标本上，用肉眼观察，并用手触摸，比较心房和心室肌的厚薄、左心室和右心室肌的厚薄。

（5）将上述已剖开的心脏，用解剖刀在左、右心房室口、肺动脉口和主动脉口处横切心脏，仔细观察其横切面，辨认左、右房室口纤维环、肺动脉口纤维环和主动脉口纤维环。再仔细观察，可发现心房肌和心室肌不相连，从中理解纤维环的作用。

（六）观察体循环主要动脉的分支与分布（图 2-9-2）

取全身动脉分布模型观察，可见主动脉连于左心室，起始部发出左、右冠状动脉，向上为主动脉升部和主动脉弓。在主动脉弓上，从右至左依次发出头臂干动脉、左颈总动脉和左锁骨下动脉 3 大分支。主动脉下行通过的一段称为主动脉胸部，通过腹腔的一段称为主动脉腹部，继续下行平第 4 腰椎高度，分为左、右髂总动脉。

在全身动脉分布模型上观察上肢的动脉，可见该动脉发出 2 个分支：一支向颈部和头部延伸称为颈总动脉，左、右颈总动脉向上延伸至甲状软骨上缘处分为颈外动脉和颈内动脉。在颈内动脉起始处，其内腔有膨大的颈动脉窦存在。在颈内、外动脉分叉处的后壁内有一麦粒状的颈动脉体。颞浅动脉在外耳门前方可摸到其搏动。另一支向上肢延伸称为锁骨下动脉。

观察左、右锁骨下动脉，可见该动脉在穿越锁骨下方直接续为腋动脉，穿过腋窝向下移行为肱动脉，再达肘窝中点处分支为桡动脉和尺动脉。在活体上，肘窝的肱二头肌腱内侧可摸到肱动脉的搏动，是测量血压时的听诊部位。在桡骨下端近腕横纹桡侧腕屈肌的外侧，可摸到桡动脉的搏动，是常用的切脉部位。

在全身动脉分布模型上观察下肢的动脉，可见下肢动脉主干续于髂外动脉，下行至股骨前部移行为股动脉，在腹股沟处可摸到股动脉的搏动。股动脉再下行至腘窝处移行为腘动脉，腘动脉继续向下分支为胫前动脉和胫后动脉，继续分支分布于小腿和足。

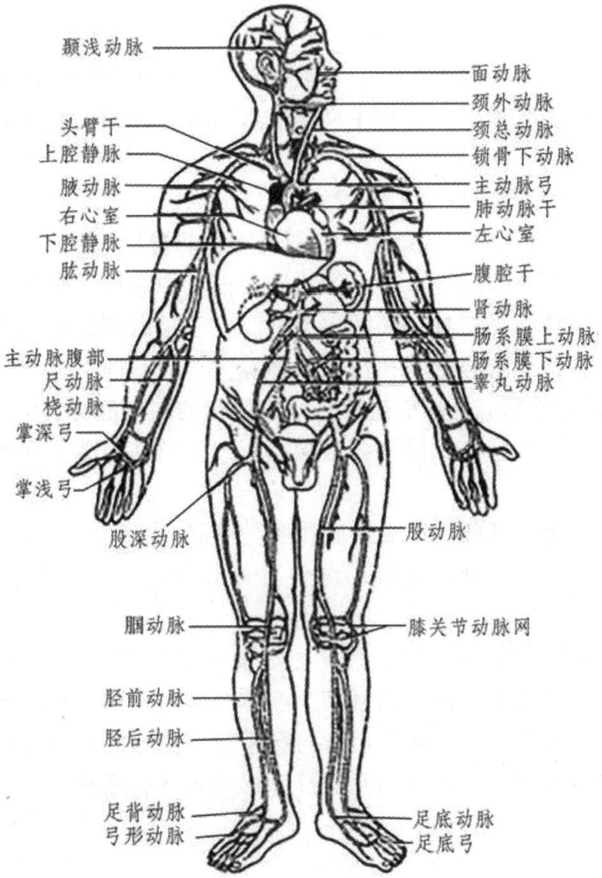

图 2-9-2　全身动脉血

（七）观察体循环主要静脉的分支与分布（图 2-9-2）

在整体血管标本或者模型上观察全身主要静脉主干走行。

1. 观察上腔静脉系

上腔静脉系由上腔静脉及其属支组成。上腔静脉为一条短而粗的静脉干，由左、右头臂静脉汇合而成，沿升主动脉右侧垂直下降，注入右心房。头臂静脉是由同侧颈内静脉和锁骨下静脉，在胸锁关节后汇合而成，其汇合处形成的夹角称静脉角。

（1）观察头颈部的静脉：头颈部的静脉血汇聚成颈内静脉沿颈内动脉和颈总动脉外侧下

行，与锁骨下静脉汇合成头臂静脉。

（2）上肢的静脉有深、浅两种，浅静脉居皮下，深静脉与动脉伴行。

① 浅静脉手背皮下的浅静脉形成手背静脉网，由此网汇集成头静脉与贵要静脉。头静脉起自手背静脉网的桡侧，沿前臂桡侧和肱二头肌外侧沟上行，至三角肌和胸大肌之间注入腋静脉或锁骨下静脉。贵要静脉起自手背静脉网的尺侧，沿前臂尺侧和肱二头肌内侧沟上行，注入肱静脉或腋静脉。肘正中静脉位于肘窝内，是连接头静脉与贵要静脉的一条短干。

② 深静脉与同名动脉伴行，在前臂一般有 2 条静脉与同名动脉伴行。

2. 观察下腔静脉系

下腔静脉系由下腔静脉及其属支组成。下腔静脉是一条粗大的静脉干，约在第 5 腰椎体右侧，由左、右髂总静脉汇合而成，沿腹主动脉右侧上升，穿膈的腔静脉孔入胸腔，注入右心房。

（1）下肢的静脉可分浅静脉和深静脉两类。

① 浅静脉在足背皮下组织内构成静脉网，找到足背静脉网。在足内侧找到小隐静脉，在足外侧起自足背静脉弓，经外踝后方上升，沿小腿后面正中线行至腘窝，注入腘静脉。在足外侧找到大隐静脉，大隐静脉是全身最长的皮下静脉，于足内侧起自足背静脉弓，经内踝前方沿小腿和大腿内侧上行，至隐静脉裂孔注入股静脉。

② 深静脉与同名动脉伴行，观察小腿动脉旁边伴行的同名静脉，在腘窝处合成一条腘静脉，然后延续为股静脉，股静脉经腹股沟韧带深面延续为髂外静脉，和髂内静脉汇合成髂总静脉。

（2）腹部的静脉可分为腹壁的静脉和腹腔内脏的静脉。

① 成对脏器的静脉：肾静脉，与肾动脉伴行，成直角注入下腔静脉，睾丸静脉和卵巢静脉。

② 不成对脏器的静脉：不成对脏器的静脉血汇聚成以下血管，肠系膜上静脉沿同名动脉上行，收集同名动脉分布区的静脉血；肠系膜下静脉与同名动脉伴行，通常注入脾静脉；脾静脉起自脾门，沿同名动脉右行，至胰头后方与肠系膜上静脉汇合成肝门静脉。不成对脏器的静脉先汇集成肝门静脉入肝，经肝血窦及肝静脉再注入下腔静脉。

三、注意事项

（1）在观察标本或模型时注意轻拿轻放。

（2）在使用手术刀进行解剖时注意安全，避免误伤自己或他人。

（3）在进行新鲜猪肾解剖时从冠状面切开时，注意从正中间切开，以免影响解剖结构的观察。

实验小结与评价

（1）请对你自己的实验情况作出小结和评价。

（2）完成下列填图作业（图 2-9-3）。

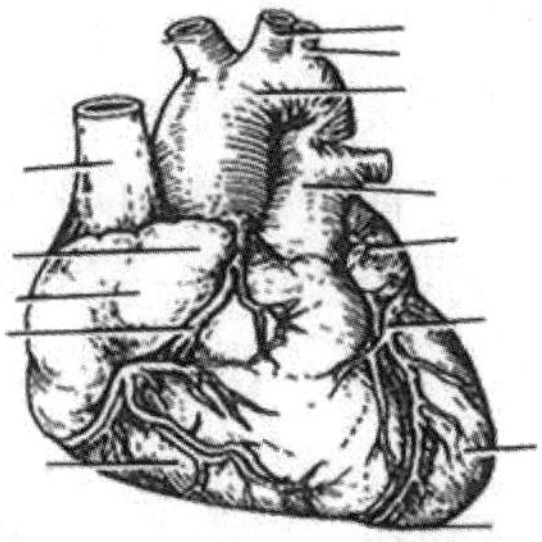

图 2-9-3　心的前面观

课后练习

课后复习，并与同学相互进行主要大血管的止血点的定位练习直至熟练。

实验十　观察中枢神经系统

实验目的

（1）了解脊髓的外形及相关的结构。
（2）掌握脊髓内部主要结构。
（3）掌握脑干的位置、形态、组成，了解与脑干相连的脑神经及其功能。
（4）掌握端脑的组成及了解间脑、小脑、大脑的位置、分部、外形及内部结构。
（5）培养科学观察和思维的能力。培养学生的责任心，提高学生的职业素养。

实验材料与器具

脑标本或模型，中枢神经系统标本或模型，脊髓横断面标本和模型，脊髓节段模型，脑干电动模型，脑干放大模型。

课程思政

本实验内容比较枯燥，专有名词多而生涩难懂，鼓励同学们迎难而上，仔细观察中枢神经各器官的结构的位置，思考其命名规律，帮助识记神经系统的结构名称；小脑是运动协调中枢，引导学生思考在运动实践中协调能力的培养，讨论在教授技术动作时，发现协调性很差的孩子如何提高。

线上自主学习

观察中枢神经系统

一、实验内容

（一）脊髓的位置、外形及结构

观看脊髓的视频，了解脊髓的位置、外形及结构。

（1）位置：位于椎管之内，上端在枕骨大孔处与延髓相连，成人的下端平第一腰椎下缘脊髓呈扁圆柱形，在颈部和腰部有两个膨大颈膨大和腰骶膨大。

（2）外形：脊髓表面有六条沟和裂，前正中裂，前外侧沟，后正中沟、后外侧沟。

脊髓具有明显的节段性，每一对脊神经所连的一段脊髓，称为一个脊髓节段，脊神经有31对，相对应的脊髓节段有31个，8个颈节，12个胸节，5个腰节，5个骶节和1个尾节。分别和31对脊神经相连。

（3）内部结构：横断面可见灰质、白质、中间带。其中央有一小孔是脊髓中央管的横断面。灰质的外侧前端扩大的部分比较粗大为前角，向后突出的部分比较细长称为后角。前、后角之间的移行部分称中间带。白质位于灰质外周，分成前索、后索、外侧索3部分。

（二）脑的组成及结构

观看脑的视频，了解脑的组成及结构。

（1）组成：脑位于颅腔内，分为端脑、间脑、小脑、中脑、脑桥和延髓6个部分。

（2）脑的结构：上方有2个半球形隆起即大脑半球，2个大脑半球组成端脑。大脑半球的后下方为小脑。小脑的前方，呈柄状的部分即为脑干，包括延髓、脑桥和中脑，脑干与端脑之间为间脑。

① 延髓：脊髓表面的诸纵行沟裂向上延续到延髓。前面有：锥体，橄榄。后面有薄束结节和楔束结节。

② 脑桥：基底部。

③ 中脑：前面有大脑脚，脚间窝；背侧面：上丘，下丘。

④ 小脑：分为两侧的小脑半球和中间小脑蚓部，是运动调节中枢，主要功能有协调躯体运动、调节肌紧张、维持身体平衡。

⑤ 间脑：位于脑干与两侧大脑半球之间，主要有背侧丘脑和下丘脑，背侧丘脑是除嗅觉外一切感觉冲动传向大脑皮层的转换站；下丘脑是神经内分泌中心，通过与垂体联系，融合神经调节和体液调节，调节机体的内分泌活动。

⑥ 大脑：分左右大脑半球。大脑皮质常见的中枢有感觉中枢在中央后回和中央旁小叶的后部，运动中枢在中央前回和中央旁小叶的前部，视觉中枢在枕叶距状沟的两侧，听觉中枢在颞横回。

二、要　求

（1）熟悉中枢神经系统的组成，各器官的位置。

（2）了解脑和脊髓的结构及功能。

线下学习

一、实验方法

（1）每5~6个学生一组进行自学，由组长组织组员仔细观察模型或标本，并相互提问，掌握中枢神经系统的组成和主要结构。

（2）最后半小时为小组展示环节。

二、实验步骤

（一）观察脊髓的外形

观察中枢神经系统整体标本或模型，可见脊髓呈前后稍扁的圆柱体，上部有颈膨大、下部有腰骶膨大，向下渐渐缩小成脊髓圆锥，再向下延伸为一根细长的终丝。

（二）观察脊髓表面的沟及脊髓相关的结构

（1）脊髓表面的沟，在脊髓解剖模型上，腹侧面可见正中较深的前正中裂及其两侧一对较浅的前外侧沟；背侧面可见正中较浅的后正中沟及其两侧一对较浅的后外侧沟。

（2）与脊髓相关的结构，在脊髓节段解剖模型上可见自脊髓前外侧沟走出的前根；自后外侧沟进入的后根；同一节段的前根和后根在椎间孔处汇合成脊神经（共有 31 对）。后根在与前根汇合之前，于椎间孔处有膨大的脊神经节。

（3）脊髓节段，与每对脊神经的前、后根相连的脊髓节段为脊髓节（共有 31 节）。注意观察从脊髓各节段发出的脊神经根在椎管内不是平行地穿出相应的椎间孔，其中颈上段为横行，颈下段和胸段为斜下行，然后走向相应的椎间孔，而腰、骶、尾部的脊神经根在出相应椎间孔之前，先在椎管内向下行，围绕终丝集聚成马尾。

（三）观察脊髓的内部结构

（1）在脊髓横断面标本或模型上观察，可见位于中央颜色较深，呈蝶形的灰质，它纵贯脊髓全长，中央有中央管。辨认每侧灰质前端膨大部分的前角、后端较窄细部分的后角和在脊髓胸段灰质的前后角之间有一个向外突出的侧角。思考前角、后角和侧角内有何性质的神经元。

（2）在脊髓横断面标本或模型上，可见位于灰质周围、颜色较浅的白质，包括前正中裂与前外侧沟之间的前索、后正中沟与后外侧沟之间的后索和前、后外侧沟之间部分的侧索。在前索和外侧索中辨认出皮质脊髓前束和侧束，脊髓小脑前束和后束，脊髓丘脑前束和侧束；在后索中辨认出薄束和楔束；辨认出紧贴灰质表面的固有束等。思考上述各束属何性质的纤维束。

（四）观察辨认脑干、间脑和小脑的位置

取脑模型将左、右两半分开，从内侧面观察。可见脑干呈柱状，上方为间脑，大部被大脑半球覆盖，下方连脊髓，脑干的背侧、大脑后下方为小脑。脑干自下而上依次为延髓、脑桥、中脑。

（五）观察辨认脑干的形态与结构

观察、辨认脑干外部形态及主要结构，分 3 个步骤。

（1）取脑干放大模型观察延髓段。腹侧面可见延髓上部正中裂两侧，有一对纵行隆起为锥体，其下方可见锥体交叉。锥体外侧一对卵圆形隆起为橄榄，背面可见与脊髓相连的后正中沟两侧，有两对隆起，近中线的一对为薄束结节，外上方一对为楔束结节。还可观察到楔

束结节外上方的小脑下脚，以及延髓与脑桥背侧面的菱形窝，即第四脑室底。

（2）取脑干放大模型观察脑桥段。腹侧面可见隆起的基底部，有横行粗大的纤维束，中央纵行的基底沟，下方为延髓与脑桥的界沟。背侧面可见菱形窝上半部以及小脑中脚。

（3）在脑干放大模型观察中脑段。腹侧面可见两条纵行的大脑脚，背面观可见小脑中脚内侧上方的小脑上脚，还可见两对圆形隆起，上方一对为上丘，下方一对为下丘。

（六）观察、辨认间脑的分部与结构

（1）间脑分为 5 部分，在脑干放大模型的上后隆凸部，辨认上丘脑和背侧丘脑，在背侧丘脑后下方辨认后丘脑的内侧膝状体和外侧膝状体。在脑干放大型的腹侧，中脑的大脑脚上方辨认下丘脑的乳头体、灰结节、漏斗。丘脑底部在模型上不易观察到。

（2）在透明脑干电动模型上，可观察到背侧丘脑内部有一对较大的卵圆形灰质块，此即丘脑核。模型上有不同染色，可辨认出其前核、内侧核和外侧核。同时可观察到内、外侧膝状体内部有相应的神经核。

（七）观察、辨认小脑的形态和内部结构

（1）取小脑模型，辨认小脑两半球、中间的蚓部以及表面许多排列有序的沟回。

（2）取小脑切面模型，可见小脑内部的表层染色较深的灰质，即小脑皮质，深部色淡的白质，以及白质中有 4 对染色较深的小脑中央核。

（八）观察大脑的位置与外形、大脑切面标本、透明脑干电动模型

（1）将人体半身模型的一侧头部取下，可见大脑位于颅脑内，其下方有间脑与脑干相连，后下方为小脑。

（2）在脑标本和模型上可观察到大脑由正中的大脑纵裂分为左、右两半球。沿大脑纵裂将大脑模型分成两半球，取一侧半球模型可见有 3 个面，即背外侧面，较为隆凸的面；内侧面是两半球相对较平坦的面；底面向下，为凹凸不平的面。内侧面可见呈弓形的胼胝体，它由连接两半球的横行纤维束构成。

（九）观察大脑半球表面的主要结构及中枢部位

（1）取一侧大脑半球模型观察大脑半球的主要沟裂，辨认位于背外侧面，从前下向后上行的外侧沟；位于背外侧面，半球上缘中点稍后方向前下斜行的中央沟；位于内侧面后部，从前下向后上行，并略转至背外侧面的顶枕沟。

（2）在模型上观察大脑半球的 5 个分叶，辨认位于中央沟之前，外侧沟之上的额叶；位于中央沟之后，外侧沟之上，顶枕沟之前的顶叶；位于顶枕沟之后的枕叶；位于外侧沟之下的颞叶；位于外侧沟深部的岛叶。

（3）在模型上观察大脑皮质重要功能中枢部位。

（十）观察大脑的内部结构

取大脑冠状切面标本，可见其表层染色较深的灰质，深部色淡的白质。白质中可见回与回之间走向的，即为联络纤维；位于两半球之前弧形走向的为连合纤维，也即构成胼胝体的

纤维；从各回向下行走至脑干的纤维为投射纤维。在白质中接近脑底部可见有灰质，此即基底核。在透明脑干电动模型上辨认尾状核、豆状核、杏仁核等。

三、注意事项

（1）在观察标本或模型时注意轻拿轻放。

（2）脑和脊髓的结构名称比较生涩难懂，一定要仔细观察各个器官的结构及特点，思考其命名规律，结合中枢神经系统的整体功能去思考其命名，注意理解和分析，切记死记硬背。

实验小结与评价

（1）请对你自己的实验情况作出小结和评价。

（2）完成下列填图作业（图 2-10-1）。

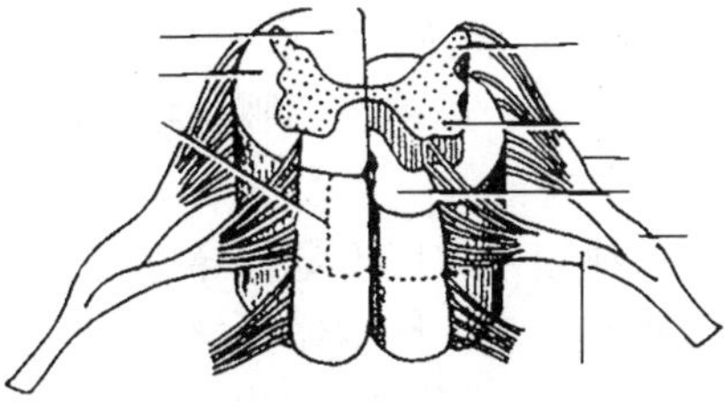

图 2-10-1　脊髓的结构

课后练习

课后复习，掌握中枢神经系统的组成和主要结构。

实验十一　观察周围神经系统和传导通路

实验目的

（1）熟悉第Ⅰ至第Ⅻ对脑神经进出脑的部位，了解其分布概况。

（2）了解脊神经的分布及四大神经丛的组成、位置和主要分支概况。

（3）掌握视觉传导通路、听觉传导通路、运动传导通路，熟悉躯干和四肢的一般感觉传导路、意识性本体传导路。

（4）培养学生的团结协作精神和科学思维能力。

实验材料与器具

脑和脑干模型，脑干电动模型，全身主要神经分布模型，传导通路电动模型。

课程思政

神经传导通路就像是很多级神经元细胞的接力赛跑，必须各级神经元精准配合，才能完成神经信号的快速传导，任何一级神经元出现问题，都会出现神经传导障碍，出现相应的问题。鼓励学生思考，相应的神经元出问题，会导致怎样的传导障碍。引导学生思考及讨论灵敏素质的训练。

线上自主学习

观察周围神经系统和传导通路

一、实验内容

（1）观看脑神经视频，了解十二对脑神经进出脑的位置、分类。

脑神经进出脑的部位：3、4 对脑神经在中脑；5 ~ 8 对脑神经在脑桥；9 ~ 12 对脑神经在延髓，唯一一对从背部出入的是滑车神经。

脑神经的分类：感觉性脑神经、运动性脑神经、混合性脑神经。

（2）观看脊神经视频，了解脊神经的分布及四大神经丛的组成、位置和主要分支概况。

脊神经有 31 对，前支分为四个神经丛，颈丛、臂丛、腰丛、骶丛。颈丛主要的分支是膈神经；臂丛主要有正中神经、桡神经、尺神经、腋神经、肌皮神经，腰丛最大的神经是股神经、骶丛有人体最粗大的神经坐骨神经。

（3）观看常见的传导通路的视频，掌握视觉传导通路、听觉传导通路、运动传导通路，熟悉躯干和四肢的一般感觉传导路、意识性本体传导路。

① 躯干、四肢意识性本体感觉传导通路：肌肉、肌腱关节等处的本体感受器→脊神经节→脊髓的薄束、楔束→延髓的薄束核、楔束核→内侧丘系→背侧丘脑→丘脑皮质束→中央后回、中央旁小叶后部。

② 躯干、四肢皮肤感觉传导路：躯干、四肢的皮肤感受器→脊神经节→ 脊髓灰质后角→脊髓丘脑束→背侧丘脑→丘脑皮质束→中央后回、中央旁小叶后部。

③ 视觉传导通路：视锥、视杆细胞 →双极细胞节细胞→视神经 →视交叉→视束→外侧膝状体核→视辐射→枕叶距状沟两侧。

④ 听觉传导通路：螺旋器→蜗神经节→蜗神经→蜗神经核→外侧丘系→下丘核→内侧膝状体核→听辐射→颞横回。

⑤ 运动传导通路：中央前回、中央旁小叶前部→皮质脊髓束→脊髓灰质前角→脊神经→有关肌肉→引起运动。

二、要　求

（1）熟悉十二对脑神经进出脑的位置，四大脊神经丛的位置和主要分支概况。

（2）掌握常见神经传导通路的主要结构及位置。

线下学习

一、实验方法

（1）每 5 ~ 6 个学生一组进行自学，由组长组织组员仔细观察模型或标本，并在模型上指认十二对脑神经进出脑的位置、四大脊神经丛的位置和主要分支、常见神经传导通路的结构。

（2）最后半小时为小组展示环节。

二、实验步骤

（一）观察脑神经

附有脑神经的脑和脑干模型，观察、辨认第Ⅰ至第Ⅻ对脑神经的位置，观察、辨认脑神经的分布概况。

（1）嗅神经自鼻黏膜处上行穿过筛孔，在额叶底面终于嗅球。思考其属何类性质的神经。

（2）视神经自眼球的视网膜穿过视神经孔经视交叉、视束，终于外侧膝状体核。思考其属何类性质的神经。

（3）动眼神经由中脑的大脑脚内侧出脑至眼眶，分布于眼肌。思考其属何类性质的神经。

（4）滑车神经起于中脑背面，下丘上方，分布于眼外肌。思考其属何类性质的神经。

（5）三叉神经位于脑桥腹侧小脑中脚跟部，分布于咀嚼肌和面部皮肤。思考其属何类性质的神经。

（6）展神经位于延髓脑桥界沟内最内侧的一对，分布于眼肌。思考其属何类性质的神经。

（7）面神经位于延髓脑桥界沟内，展神经外侧，分布于面部表情肌及舌黏膜等。思考其属何类性质的神经。

（8）前庭蜗神经位于延髓脑桥界沟内，面神经外侧，分布于内耳。思考其属何类性质的神经。

（9）舌咽神经位于延髓腹侧面橄榄后方的纵沟内，为纵沟内最上一对脑神经，分布于咽部和黏膜、舌后黏膜、颈动脉窦和颈动脉球。思考其属何类性质的神经。

（10）迷走神经位于舌咽神经下方的纵沟内，分布于颈、胸、腹部的脏器。思考其属何类性质的神经。

（11）副神经位于迷走神经下方的纵沟内，分布于胸锁乳突肌和斜方肌。思考其属何类性质的神经。

（12）舌下神经位于延髓锥体外侧，橄榄和舌咽神经内侧，分布于舌肌。思考其属何类性质的神经。

（二）观察脊神经

（1）取附有脊神经的脊髓模型观察脊神经的组成，每一脊髓节的前、后外侧沟内，有脊神经根丝出入。辨认前根和后根，思考其内含神经纤维的性质。后根在近椎间孔处可见一膨大的结节，即脊神经节，思考节内有何神经细胞体。在椎间孔处可见由前根和后根汇合成的脊神经。

（2）取全身主要神经分布模型，观察脊神经前支的分布概况，除胸部的胸神经前支保持着明显的节段性外，其余的相邻脊神经前支均互相吻合交织成神经丛。在模型上分别辨认颈丛、臂丛、腰丛和骶丛的组成及其主要分支。

① 在模型上可见由第一至第四对颈神经的前支组成的颈丛，其分支主要分布于颈肌、肩部。

② 在模型上可见由第五至第八对颈神经前支和第一胸神经前支的大部分组成的臂丛，辨认其主要分支腋神经、正中神经、肌皮神经、尺神经、桡神经。思考它们分别分布于上肢肌和上肢皮肤，如果相应神经损伤可能导致何种症状。

③ 在模型上可见由第 12 胸神经前支的一部分和第一至第四对腰神经前支组成的腰丛，辨认其分支股神经和闭孔神经。股神经主要分布于股前群肌和股前面皮肤，闭孔神经主要分布于股内侧肌群和股内侧皮肤。

④ 在模型上可见由第四至五腰神经前支、第一至第五骶神经和尾神经前支组成的骶丛，辨认该丛发出短支臀上神经和臀下神经、长而粗大的坐骨神经。臀上、下神经分布于臀部肌肉和皮肤。坐骨神经在大腿部的分支分布于股后肌群和股后面的皮肤。坐骨神经于腘窝处分支，在模型的腘窝部和小腿处辨认其分支胫前神经、胫后神经、腓神经等，它们分布于股后肌群、小腿肌、足底肌和小腿、足部皮肤。

（三）观察躯干和四肢一般感觉传导途径

（1）在模型上辨认每个断面在中枢的部位，以及与传导路有关的结构即脊神经节、脊髓后角细胞、脊髓丘脑束、背侧丘脑外侧核、丘脑皮质束；大脑皮质中央后回和中央旁小叶后部。

（2）在辨认与传导路有关结构基础上，在模型中追寻由躯干和四肢一般感受器，经脊神经节周围突传至大脑皮质感觉中枢的传导途径。注意第一至第三级神经元胞体所在位置，每级神经元纤维沿途交叉部位、上行途径，以及最终到达部位。

（四）观察意识性本体感觉传导途径

（1）在模型上辨认每个断面在中枢的部位，以及与传导路有关的结构：脊神经节、薄束、楔束、薄束核、楔束核、丘脑外侧核、内侧丘系、丘脑皮质束、大脑皮质中央后回和中央旁小叶后部。

（2）在辨认与传导路有关结构基础上，在模型中追寻意识性本体感觉传导途径。注意第一至第三级神经元胞体所在位置，每级神经元纤维沿途交叉的部位及其上行途径，最终到达部位。

（五）观察运动传导途径

（1）在模型上辨认每个断面在中枢的部位，以及与传导路有关的结构，即大脑皮质中央前回、中央旁小叶前部、大脑脚、锥体、锥体交叉、皮质脊髓前束、皮质脊髓侧束、脊髓灰质前角、脊神经前支。

（2）在辨认与传导路有关结构基础上，在模型中追寻锥体系传导途径。注意上、下两级神经元胞体所在部位，每级神经元纤维沿途交叉的部位及其下行途径，最终到达部位。

（六）观察视觉传导途径

（1）在模型上辨认每一级神经元在中枢的部位，以及与传导路有关的结构，即视锥、视杆细胞双极细胞、节细胞、视神经、视交叉、视束、外侧膝状体核、视辐射、枕叶距状沟两侧。

（2）在辨认与传导路有关结构基础上，在模型中追寻视觉传导途径。注意三级神经元胞体所在部位，每级神经元纤维沿途交叉的部位及其下行途径，最终到达部位。

（七）观察听觉传导途径

（1）在模型上辨认每一级神经元在中枢的部位，以及与传导路有关的结构，即螺旋器、蜗神经节、蜗神经、蜗神经核、外侧丘系、下丘核、内侧膝状体核、听辐射、颞横回、联络纤维。

（2）在辨认与传导路有关结构基础上，在模型中追寻听觉传导途径。注意四级神经元胞体所在部位，每级神经元纤维沿途交叉的部位及其下行途径，最终到达部位。

三、注意事项

（1）在观察标本或模型时注意轻拿轻放。

（2）注意结合各结构的位置去思考其功能。

（3）注意常见神经传导通路的三级或四级神经元所在的位置。

实验小结与评价

（1）请对你自己的实验情况作出小结和评价。

（2）请写出篮球投篮时的神经传导途径。

（3）请写出听到枪声到起跑的神经传导途径。

课后练习

（1）课后复习，熟练掌握主要的传导途径。

（2）思考：当手指不小心碰到火上会马上缩回的神经传导途径。

实验十二　感觉器官的观察

实验目的

（1）熟悉眼球的解剖结构，了解眼副器。

（2）熟悉耳的解剖结构。了解螺旋器、囊斑、壶腹嵴的微细结构及功能。

实验材料与器具

眼球模型，听小骨标本，耳放大模型，内耳放大模型，螺旋器、囊斑、壶腹嵴微细结构图片。

课程思政

介绍我国青少年近视眼的发病情况，探讨其原因及防治方法，要学生思考哪些运动项目可以很好地预防近视，近视眼手术的原理，有哪些弊端。作为未来的体育教师应该怎么做，培养学生的责任感和担当精神。

线上自主学习

感觉器官的观察

一、实验内容

1. 熟悉眼的构造及眼副器的组成

视器由眼球和眼副器两部分组成：

（1）眼球：眼球壁和内容物组成。眼球壁分三层，由外向内依次为：外膜（纤维膜）、中膜（血管膜）和内膜（视网膜）。角膜、房水、晶状体和玻璃体构成眼的折光装置。

（2）眼副器：眼副器包括眼睑、结膜、泪器和眼球外肌等。眼副器对眼球起保护、运动和支持的作用。

2. 熟悉前庭蜗器的解剖结构

前庭蜗器可分为外耳、中耳、内耳三部分。

（1）外耳：外耳包括耳廓、外耳道和鼓膜三部分，有收集和传导声波的作用。

（2）中耳：中耳位于外耳和内耳之间，分为鼓室、咽鼓管和乳突小房三部分，中耳是传导声波的主要部分。

（3）内耳：分为骨迷路和膜迷路两部分。骨迷路由耳蜗、前庭和骨半规管组成。膜迷路包括蜗迷路和前庭迷路两部分，蜗迷路即蜗管，前庭迷路包括椭圆囊、球囊和膜半规管。

二、要　求

（1）掌握眼球壁的组成及位置。熟悉折光装置。

（2）熟悉前庭蜗器各部分的组成及结构特点，了解功能。

线下学习

一、实验方法

（1）每 5 ~ 6 个学生一组进行自学，由组长组织组员仔细观察模型或标本，能在模型上熟练辨认出视器和前庭蜗器的解剖构造，相互观察眼睑、泪小点等附属结构。

（2）最后半小时为小组展示环节。

二、实验步骤

（一）观察眼球外形结构

（1）观察眼球外形：取眼球模型，可见到眼球近似球形，前部稍凸，后方连视神经。

（2）取水平切的眼球模型或标本的下半部，观察眼球的如下结构：

① 观察眼球壁的三层结构，用眼球模型或标本进行观察。

观察纤维膜（外层）。在模型或标本上辨认前 1/6 圆凸、无色透明的角膜，后 5/6 乳白色的巩膜。思考角膜与巩膜的功能。

观察血管膜（中层）。在模型或标本上辨认角膜后方呈圆盘状棕褐色的虹膜，以及虹膜上放射形排列的瞳孔开大肌，虹膜后面可见染成黑色、由色素细胞构成的色素层。虹膜向后环形增厚的部分是睫状体，取眼球标本观察睫状体借睫状小带与晶状体相连。思考睫状肌舒缩对晶状体凸度的调节功能。

观察视网膜（内层）。在模型上辨认视网膜盲部和视部，以及视部后方的视神经盘、黄斑和中央凹。思考视网膜视部含哪些感光细胞，为什么盲部无感光作用，中央凹对什么感受最敏感。

② 观察眼球的屈光装置。取眼球标本下半部观察、辨认角膜、前房水、后房水、晶状体和玻璃体。

（二）观察眼的附属结构

相互间或自我（对照镜子）进行活体人眼的附属结构观察。

（1）相互间观察，眼睑与内眦，可见较大的上眼睑和较小的下眼睑。上、下眼睑间的裂隙是睑裂。眼睑的内侧端，上、下眼睑所夹成的角是内眦。眼睑的边缘生有睫毛。

（2）将上、下眼睑翻开观察泪点与结膜，可见到内眦附近的上、下睑缘上有一小突起，中央有一小孔是泪点，是泪小管的开口。衬在眼睑内面的一层光滑的薄膜即睑结膜，移行于巩膜前部的是球结膜。结膜内富有血管。

（三）观察耳的三个组成部分

（1）结合耳放大模型和听小骨标本，观察外耳的耳廓、外耳道和鼓膜的形态。观察中耳各部的位置和邻接关系。辨认鼓室的外侧壁鼓膜，内侧壁上有两个孔，后上方的前庭窗和后下方的蜗窗，前壁的咽鼓管开口。同时辨认鼓室内的 3 块听小骨及彼此连接成听骨链，锤骨柄附着于鼓膜，镫骨底封闭前庭窗，砧骨在中间。思考鼓膜、3 块听小骨在声波传导中所起的作用。

（2）结合内耳放大模型，观察内耳中骨迷路和膜迷路的结构。

① 观察骨迷路，先在内耳放大模型上辨认骨半规管、前庭、耳蜗 3 部分，然后分别观察 3 部分的结构。

骨半规管在模型上可见骨半规管位于前庭后方。根据方位分辨出前、后、外骨半规管，外半规管水平位，前半规管矢状面位，后半规管冠状面位，三者互相垂直。辨认每个骨半规管较细的单骨脚和一个膨大的骨脚，即骨壶腹。注意前、后骨半规管的单骨脚合成一个总骨脚。因此，3 个骨半规管只有 5 个脚，即有 5 个孔开口于前庭。

前庭位于骨迷路的中部，耳蜗的后方。在模型上辨认其外侧壁上前庭窗和蜗窗。将模型上的骨半规管和前庭打开，可见其前下方有一孔通耳蜗，后上方有 5 个孔通向 3 个骨半规管。

耳蜗为骨迷路的前部，形似蜗牛壳。在模型上可观察到蜗螺旋管绕圆锥形蜗轴盘旋两周半；将耳蜗模型从蜗顶至蜗底的切面打开观察，可见蜗轴向蜗螺旋管内伸出一骨板，即骨螺旋板，此板未达蜗螺旋管的外侧壁。

② 观察膜迷路，将内耳模型的骨迷路打开，可见膜迷路套在骨迷路管内。然后分别观察膜半规管、椭圆囊和球囊、蜗管。

取下模型上的骨半规管，可见膜半规管套在骨半规管内，骨壶腹部相应膜部也膨大，即膜壶腹。膜壶腹壁可见局部增厚的壶腹嵴。

取下模型上的骨半规管和前庭部分，可见前庭内有两个膜性膨大结构，后上方的椭圆囊，与膜半规管相通。前下方为球囊，借小管与蜗管相通。将两囊模型横切的上半部取下，可见囊壁均有局部增厚部分，分别为椭圆囊斑和球囊斑。

将模型的耳蜗纵切打开，在纵切面上可见蜗管呈三角形，底边为白骨螺旋板至外侧壁的一段膜性结构，即螺旋膜，膜上可见突出部分的螺旋器。上壁为前庭膜，外侧壁与蜗管紧贴。

（四）观察壶腹嵴、椭圆囊斑和球囊斑、螺旋器微细结构

（1）在图片上观察壶腹嵴微细结构，可见壶腹嵴上有毛细胞，表面覆以终帽，毛细胞底部有前庭神经末梢分布，它们构成位觉感受器。思考其功能。

（2）在图片上观察椭圆囊斑和球囊斑微细结构，可见囊斑上皮层内高柱状的支持细胞和毛细胞，毛细胞位于支持细胞之间，毛细胞上有纤毛插入于位觉砂膜内，细胞底部有前庭神经末梢分布，它们构成位觉感受器。思考其功能。

（3）在图片上观察螺旋器微细结构，可见螺旋器在螺旋膜上，内有支持细胞和毛细胞，毛细胞位于支持细胞之间，其上方有一胶质薄膜，即盖膜，毛细胞底部有蜗神经末梢分布，它们构成听觉感受器。思考其功能。

三、注意事项

（1）在观察标本或模型时注意轻拿轻放。

（2）结合解剖结构的位置及形态特点去思考其功能。

实验小结与评价

（1）请对你自己的实验情况作出小结和评价。

（2）完成下列填图作业。

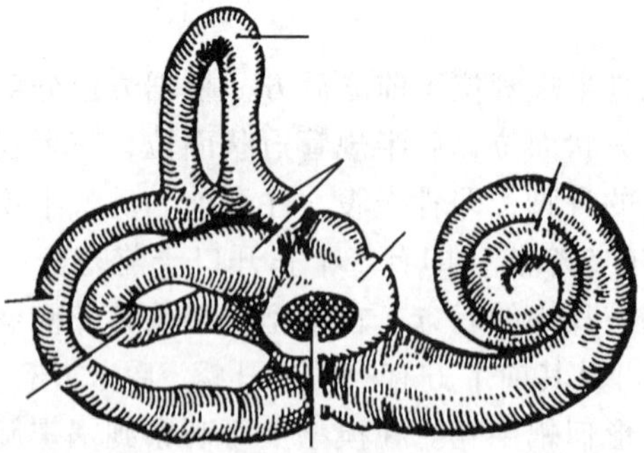

图 2-12-1　内耳的结构

课后练习

课后复习，熟练掌握视器和耳的主要结构。

实验十三　常见肌肉力量练习方法实践

实验目的

（1）掌握常见肌肉力量训练的常用方法。

（2）掌握肌肉力量伸展性训练的常用方法。

（3）掌握常见肌肉力量训练和伸展性训练的设计原理。

实验材料与器具

哑铃、杠铃、单杠、高凳、瑜伽垫等。

课程思政

团结协作，互帮互助。

线上自主学习

常见肌肉力量练习方法实践

（一）实验内容

观看常见力量练习的视频，熟悉其动作要领及方法。

1. 杠铃颈后深蹲

做法：两脚约与肩同宽或稍宽站立，将杠铃置于颈后，双手正握杠铃，身体挺直，两眼平视前方。屈膝慢慢蹲下去至大腿平行地面或稍低于膝，保持 1～2 s 后，伸髋伸膝至还原。

动作节奏与呼吸：下蹲 2～4 s，静止 1～2 s，蹲起 2～3 s。发力时呼气，还原时吸气。

2. 杠铃平板卧推

做法：平卧在练习凳上，双手握住杠铃，双脚稳稳置于地面。吸气，同时将杠铃慢慢放至胸部。呼气，同时用力将杠铃自胸部向上推起至手臂伸直。

动作节奏：下蹲 2～4 s，静止 1～2 s，蹲起 2～3 s。

3. 杠铃硬拉

做法：两脚约与肩同宽或稍宽站立，双手全握正握约与肩同宽或稍宽握住杠铃。肩胛骨后缩，夹紧臀部，保持腰椎、骨盆的中立位置。吸气，杠铃贴着大腿下放至略低于膝盖。呼气，拉起杠铃，杠铃过膝后收紧臀部站直身体。

动作节奏：杠铃放下阶段 2～4 s，静止 1～2 s，杠铃拉起 2～3 s。

4. 杠铃俯身划船

做法：两脚约与肩同宽或稍宽站立，双手正握杠铃杆，握距比肩稍宽，双臂完全伸直；微微屈膝，屈髋，保持身体成 45°不变；持铃在身前，稍稍低于膝盖。呼气，同时收紧肩胛骨，绷紧整个上身，将杠铃提至上腹部。呼气，然后缓缓下铃回复到起始位置。

动作节奏：杠铃放下阶段 2～4 s，静止 1～2 s，杠铃拉起 2～3 s。

5. 杠铃弯举

做法：两脚约与肩同宽或稍宽站立，两臂伸直反握杠铃垂于体前，上体伸直，上臂贴紧躯干固定。呼气，屈肘至上述肌肉不能收缩为止。吸气，然后慢慢下放还原。

动作节奏：杠铃放下阶段 2 ~ 4 s，静止 1 ~ 2 s，杠铃拉起 2 ~ 3 s。

6. 杠铃坐姿推肩

做法：两脚约与肩同宽或稍宽坐于凳上，身体保持中立位，挺胸收腹抬头，目视前方，正握杠铃至胸前。呼气，将杠铃向上举过头顶，直到双臂伸直并不要超伸。吸气，然后慢慢下放还原。

动作节奏：杠铃放下阶段 2 ~ 4 s，静止 1 ~ 2 s，杠铃拉起 2 ~ 3 s。

7. 杠铃负重提踵

做法：两脚约与肩同宽或稍宽站立，将杠铃置于颈后，双手正握杠铃，身体挺直，两眼平视前方。呼气，提踵至最高点。吸气，然后慢慢落下还原。

动作节奏：向下还原阶段 2 ~ 4 s，静止 1 ~ 2 s，向上提踵阶段 2 ~ 3 s。

（二）要求

（1）熟悉常见力量练习的操作方法，分析其能锻炼的原动肌。

（2）查找资料，根据力量练习训练原则自己设计练习方法。

线下学习

一、实验方法

（1）每 5 ~ 6 个学生一组，以小组为单位进行常见力量练习方法实践，一人做动作，一人保护，小组其他成员评价同学所做动作的正确性，然后依次轮换至熟练掌握动作练习和方法。

（2）小组抽签分别选择上肢力量练习、下肢肌肉力量练习、躯干肌肉力量练习，各自讨论设计一个训练方案。

（3）最后半小时为小组展示各自的训练方案，老师根据小组表现进行评分。

二、实验步骤

（1）在进行实操训练前应该进行充分的准备活动。

（2）常见力量训练方法实操。

① 提拉杠铃耸肩。

做法：将杠铃从地面提起，身体伸直，两臂伸直持铃。做时用力向上耸肩（不提肘）至最高位，还原再做。要点：向上耸肩时要注意斜方肌的积极用力，不得屈肘，另外要缓慢下放做退让性练习。发展斜方肌伸展性练习经常做双手摸对侧肩练习，可发展斜方肌的伸展性。

② 推举杠铃。

做法：宽握杠铃平卧在练习凳上，将杠铃慢慢放至胸部，然后用力将杠铃自胸部向上推起，直至两臂在额前上方伸直。

发展前锯肌伸展性练习做法：经常做仰卧推举杠铃还原动作和俯卧撑下降动作可发展前锯肌的伸展性。

③ 仰卧飞鸟。

做法：仰卧在长凳上，两腿分开，脚踏地面，两臂在胸前伸直，手持哑铃。两臂屈肘向侧分开至最大限度，然后胸大肌用力收缩使两臂还原，重复练习。

发展胸大肌伸展性练习做仰卧飞鸟练习时，手持哑铃两臂屈肘向两侧分开至最大限度后将杠铃下放至最低位。

④ 俯卧飞鸟。

做法：俯卧在长凳上，两臂自然下垂，手持哑铃。两臂伸直向侧向上扩胸，然后慢慢还原，重复练习。要点：向侧扩胸时，肘部弯曲幅度不要过大。发展背阔肌伸展性练习经常做单杠直臂悬垂可发展背阔肌的伸展性。

⑤ 负重直臂侧上举。

做法：站立（或坐着），两臂下垂，手持哑铃，肘微屈。两臂侧举，静止 2 ~ 3 s，接着上举，然后两臂经侧慢慢放下，重复练习。要点：练习时身体不要晃动。

⑥ 杠铃弯举。

做法：两脚开立，两臂持杠铃下垂，掌心向前，然后屈臂将杠铃弯举至胸前，再徐徐还原，重复做。要点：做动作前，身体微前屈，手腕和手臂微屈，保持一定的肌紧张度，再屈臂，这样效果好。做时身体不要前后摆动，要完全用前臂及屈上臂之力将杠铃举起再慢慢放下。

⑦ 悬垂举腿。

做法：两手握肋木，上体和头保持正直，背靠肋木，然后由髂腰肌收缩发力将悬垂的下肢举起至与上体成水平位，脚尖保持绷直，重复做。

⑧ 坐姿腿屈伸。

做法：坐在器械的座位上，调整适当的位置，用脚踝向上前方挡住挡垫，背部和臀部紧贴靠背，目视前方，下颚略向内收，双手紧握把手。练习大腿发力，缓慢向前伸直双腿，膝关节略有一定弯曲，稍停片刻，双腿慢下方到原始位置，膝关节成 90 度左右。膝关节与器械的周在同一直线上是膝关节动作的关键，下落时不要过快，腿不要过直伸展，这也可以保护膝关节。

⑨ 俯卧屈膝。

做法：腿部屈曲，膝盖刚好超过俯卧板的末端。调整阻力滚轮垫以适合脚垫后面的脚踝。抓住手柄深呼吸，保持你的躯干伸直，屈膝，使阻力垫朝你的臀部移动，当它到达中点时，开始呼气，慢慢伸膝回到起始位置。

⑩ 负重深蹲。

做法：两腿开立，与肩同宽，抬头挺胸，手握杠铃置于颈后，屈膝下蹲至大腿与地面平行，缓慢用力向上抬起，伸髋伸膝，回复到初始的位置，重复练习。

⑪ 负重提踵。

做法：两腿开立，与肩同宽，肩负杠铃或两手肩上持哑铃。脚跟向上提起至最高点，然后慢慢落下，重复练习。

（3）确定练习方法、练习负荷和组数。

根据抽签内容，小组讨论，确定练习方法、练习负荷和组数。设计练习方法时要求能够利用多种练习器进行动作的设计。在肌肉力量训练中，既要有肌肉处于近固定条件下的练习，又要有处于远固定条件下的练习，以适应不同动作对肌肉力量的不同要求，遵循动力练习和静力练习相结合的原则，向心工作练习与离心工作练习相结合的原则，大肌肉群与小肌肉群的力量练习相结合的原则。

三、注意事项

（1）遵循超负荷原则，超负荷是指接近本人平时所能克服的最大阻力或超过以往已适应的负荷。超负荷训练能对肌肉产生较大的刺激，使肌肉产生相应的生理学适应，导致肌肉力量增加。

（2）力量训练要有针对性，不仅要求着重发展与运动专项相关肌群的力量，而且要求力量训练的形式与专项运动相接近。

（3）在力量训练中，为了保证大肌群的练习效果，一般应先练大肌群，后练小肌群。下面的练习顺序可供参考：大腿和髋部→胸和上臂→背和大腿后部→小腿和踝→肩带和上臂后部→腹部→上臂前部。

实验小结与评价

请对你自己的实验情况作出小结和评价。

课后练习

结合自己的专项，设计适合自己的力量训练计划。

实验十四　常见肌肉伸展性练习方法实践

实验目的

（1）掌握常见肌肉伸展性训练的常用方法。
（2）掌握常见伸展性训练的设计原理。

实验材料与器具

哑铃、杠铃、单杠、高凳、瑜伽垫等。

课程思政

团结协作，互帮互助。

线上自主学习

常见肌肉伸展性练习方法实践

（一）实验内容

观看常见伸展性练习的视频，熟悉其动作要领及方法。

（1）拉伸胸部肌群练习。
（2）拉伸背部肌群练习。
（3）拉伸臀部肌群练习。
（4）拉伸大腿前侧肌群练习。
（5）拉伸大腿后侧肌群练习。
（6）拉伸小腿后侧肌群练习。
（7）拉伸肩部肌群练习。
（8）拉伸前臂屈肌群练习。
（9）拉伸腹部肌群练习。

（二）要求

（1）熟悉常见伸展练习的操作方法，分析每个动作能锻炼的骨骼肌。
（2）查找资料，根据伸展性练习训练原则自己设计练习方法。

线下学习

一、实验方法

（1）每 5 ~ 6 个学生一组，以小组为单位进行常见伸展性练习方法实践，一人做动作，小组其他成员评价同学所做动作的正确性，然后依次轮换至熟练掌握动作练习和方法。

（2）小组抽签分别选择上肢肌肉伸展性练习、下肢肌肉伸展性练习、躯干肌肉伸展性练习，各自讨论设计一个训练方案。

（3）最后半小时为小组展示各自的训练方案，老师根据小组表现进行评分。

二、实验步骤

（1）在进行实操训练前应该进行充分的准备活动。
（2）常见伸展性训练方法实操：
① 发展斜方肌伸展性练习经常做双手摸对侧肩练习，可发展斜方肌的伸展性。
② 扶墙压肩或双人压肩的动作，可发展肩关节胸大肌及背阔肌等肌群的伸展性。
③ 两臂上举翻腕：十指交叉，两臂尽量伸直。伸展部位：屈腕屈指肌、胸大肌、背阔肌等内收肌群。
④ 挺胸夹背：抬头挺胸，十指交叉，两臂尽量伸直夹紧。伸展部位：胸大肌、胸小肌、三角肌前束、肱二头肌、屈腕屈指肌等。
⑤ 练习跪撑后倒是发展髂腰肌伸展性的有效练习。
⑥ 发展股四头肌的伸展性，练习俯卧反弓伸展是发展股四头肌伸展性的有效练习。
⑦ 发展股后肌群的伸展性，练习经常做正压腿、正耗腿、正控腿、纵劈腿等练习可发展股后肌群的伸展性。
⑧ 发展大腿内收肌群的伸展性，练习经常做横劈腿、侧压腿、侧耗腿、侧控腿等练习，可发展内收肌群的伸展性。

⑨ 发展大腿外展肌群的伸展性，练习经常做体侧屈练习，可发展大腿外展肌群的伸展性。

⑩ 发展小腿三头肌的伸展性，练习经常做勾脚侧压腿练习，可发展小腿三头肌的伸展性。

（3）设计、确定练习方法。

根据抽签内容，小组讨论，确定练习方法。设计练习方法要遵循肌肉伸展性练习的解剖学原则，即增大肌肉起止点之间的距离，让肌肉在外力作用下充分伸展的原则。肌肉、韧带等软组织只有通过略超正常范围的伸展练习，伸展性才能提高。在拉伸肌肉时，使被拉伸的软组织达到酸、胀、痛的位置并略微超过一些，以达到最佳练习效果。要求既要有动力性拉伸练习，又要有静力性拉伸练习。

三、注意事项

（1）伸展性要循序渐进、持之以恒进行，要有意志力和耐心。练习时不能幅度太大、用力过猛，以防疼痛和拉伤。

（2）在进行大强度的肌肉伸展前必须做充分的热身运动，以身体微微出汗为宜。

（3）注意动力拉伸训练和静力拉伸训练结合。在静力拉伸练习后应结合进行动力拉伸练习或肌肉主动收缩，以使肌肉的供血、供能得到加强，有助于伸展肌群的放松和恢复。如压腿后做几次踢腿或屈膝下蹲动作，体前屈练习之后做几次挺腹挺胸动作等。

（4）进行伸展练习时要保持正常的呼吸状态，不要屏气。

（5）如果想达到理想效果，每周至少做 3 次伸展练习，最好每周 5 ~ 6 次练习，发展伸展性的效果更好。

实验小结与评价

请对你自己的实验情况作出小结和评价。

课后练习

结合自己的专项，设计适合自己的伸展性训练计划。

第三章 运动生理学实验

实验一　人体 ABO 血型的鉴定

实验目的

（1）掌握 ABO 血型的鉴定方法。

（2）观察红细胞凝集现象，掌握 ABO 血型鉴定的原理。

（3）培养学生参与无偿献血甘于奉献的精神。

实验材料与器具

标准 A、B 型血清（见图 3-1-1）、75%酒精棉球、一次性采血针、双凹载玻片、牙签、棉签。

图 3-1-1　标准 A、B 型血清

课程思政

无偿献血是我国的国策，积极参与无偿献血是年青大学生的义务。利用有关生理学知识讨论以下论题，献血对人体的利弊。

线上自主学习

人体 ABO 血型的鉴定

（一）实验原理

血型是指红细胞上特异抗原的类型。在 ABO 型系统中，红细胞上有两种凝集原，分别称为 A、B 凝集原，根据红细胞上的这两种凝集原的不同或有无，可将血液分为四个类型，即 A 型、B 型、O 型、AB 型。ABO 血型系统是 1900 年奥地利兰茨泰纳发现和确定的人类第一个血型系统。所谓 A 型指红细胞膜上存在 A 抗原，其血清中存在抗 B 抗体（凝集素），

B 型指红细胞膜上存在 B 抗原，其血清中存在抗 A 抗体，AB 型指红细胞膜上存在 A 和 B 抗原，其血清中没有抗 A 或抗 B 抗体，O 型则红细胞膜上没有 A 和 B 抗原，血清中同时存在抗 A 抗 B 抗体（见图 3-1-2）。具有 A 抗原的红细胞可被抗 A 抗体凝集；抗 B 抗体可使含 B 抗原的红细胞发生凝集。输血时若血型不合会使红细胞发生凝集，引起血管阻塞和溶血反应，造成严重后果。所以在输血前必须做血型鉴定。

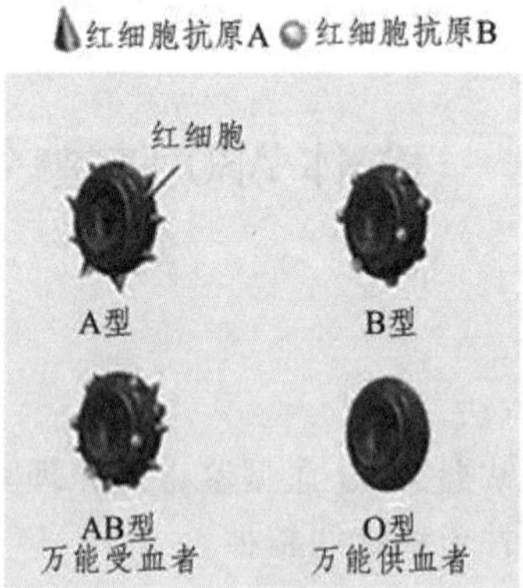

图 3-1-2　血型的分型

血型鉴定可用红细胞凝集试验，通过正、反定型准确确定 ABO 血型。所谓正定型：即血清试验，用已知抗 A、抗 B 分型血清来确定红细胞上有无相应的 A 抗原和 B 抗原。所谓反定型：即细胞试验，是用已知 A 细胞和 B 细胞来测定血清中有无相应的抗 A 或抗 B（见表 3-1-1）。

表 3-1-1　ABO 血型鉴定原理

诊断血清＋待测者红细胞（正向定型）		受检者血型	待检者血清＋诊断红细胞（反向定型）		
抗 A 血清	抗 B 血清		A 红细胞	B 红细胞	O 红细胞
−	−	O	+	+	−
+	−	A	−	+	−
−	+	B	+	−	−
+	+	AB	−	−	−

（二）实验内容

观看用玻片法鉴定血型的视频，了解鉴定血型的步骤。

（1）将已知的 A 型与 B 型标准血清各滴一滴在双凹玻片的凹面内，分别标明 A 与 B。

（2）用 75%酒精棉球消毒指端后，采血针刺破皮肤（见图 3-1-3），滴 1 ~ 2 滴血于盛有 1 mL 生理盐水的小试管内混匀，制成 5%红细胞悬液。

图 3-1-3　用一次性采血针刺入无名指端采血

（3）用滴管吸取红细胞悬液，分别滴一滴于玻片两端的血清上，再分别用牙签搅匀（注意严防两种血清接触）。

（4）5 分钟后用肉眼观察有无凝集现象。如无凝集现象，可再搅匀混合，再静止 5 分钟，根据其有无凝集现象判断血型。具体有以下几种实验现象。若只是抗 A 侧发生凝集，则血型为 A 型；若只是抗 B 侧凝集，则为 B 型；若两边均凝集，则为 AB 型；若两边均未发生凝集，则为 O 型。见图 3-1-4。

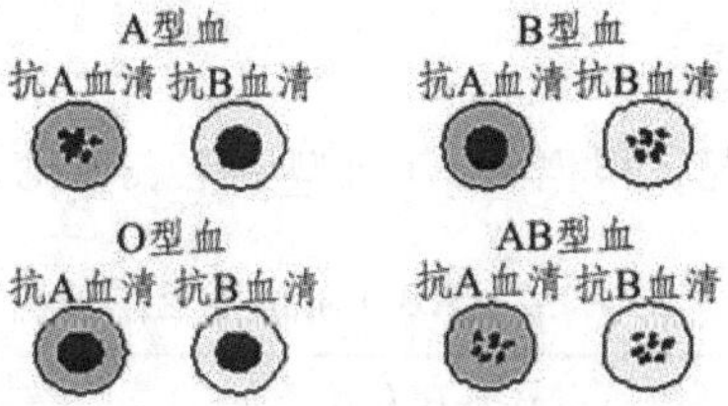

图 3-1-4　ABO 血型鉴定实验现象

（三）实验要求

（1）深入理解 ABO 血型系统血型鉴定的基本原理。

（2）掌握血型鉴定的详细步骤和每一步骤的注意事项，确保实验顺利完成。

线下学习

（一）实验方法

（1）每 2 人一组，其中 1 人为主测者，另 1 人为被测者，做完一轮后，轮流交换角色进行相同实验操作。

（2）根据实验步骤，严格操作，确保血清不能混在一起以免影响实验结果。并请教师指导。

（3）严格要求，采血针等不能共用，严防交叉感染。

（二）实验步骤

（1）准备血清：取清洁载玻片一块，分别标明“抗 A”和“抗 B”（可用钢笔或特种色笔标记)。将标准抗 A 和抗 B 血清各一滴，分别滴在载玻片左、右侧上。

(2)采血：用 75%乙醇的棉球消毒指端或耳垂，用消毒采血针刺破皮肤取血。

(3)涂血：用消毒牙签沾血少许与标准抗 A 血清充分混合，用另一根消毒牙签沾血与标准抗 B 血清充分混合。

(4)观察：5 min 后用肉眼观察有无凝集现象，根据有无凝集现象来判断血型。

(三)注意事项

(1)标准血清的质量、性能要符合要求。标准血清从冰箱取出待其平衡至室温后再用，用毕后应尽快放回冰箱保存，减少细菌污染。

(2)实验操作过程中严格操作规程，所用双凹玻片等器材必须干燥清洁，采血针等均一次性使用，避免交叉感染。

(3)采血时，要用一定的力度，快速的刺破皮肤。以免用力小、动作缓慢，而只刺破表皮，无血液流出。

(4)在操作中，应严格分离两种检测血清，抗 A 及抗 B 标准血清绝对不能相混，注意搅拌用的牙签等绝不能混淆，即防止在进行操作时相互污染。

(5)严格标记，摇动载玻片动作要轻。如肉眼观察难以辨认，可使用显微镜观察凝血现象。判断红细胞凝集，要有足够的时间。

实验结果与评价

记录受检者红细胞凝集情况，根据 ABO 血型鉴定表(见表 3-1-2)，判断受检者的血型。

表 3-1-2　ABO 血型鉴定原理

抗 A(左侧)	抗 B(右侧)	血型

注："+"表示红细胞凝集，"−"表示红细胞未凝集

课后练习

(1)在无标准血清情况下已知某人为 A 或 B 型，能否用其血去检查未知血型？如何操作？

(2)如何区别血液的凝集与凝固，其机理是否一样？

(3)统计全班或全年级学生血型分布情况。

实验二　人体肺通气功能的测定与评价

实验目的

(1)学会测定肺活量、时间肺活量、最大肺通气量的测定方法。

(2)掌握肺通气功能的评价指标体系。

实验材料与器具

HI-101 肺量计、过滤器、75%酒精棉球、圆形吹嘴、鼻夹、记录纸、胶水。

线上自主学习

人体肺通气量的测定与评价

（一）实验原理

为了维持内环境中氧分压和二氧化碳分压的相对恒定，以适应新陈代谢的需要，有机体必须不断地进行呼吸活动。外呼吸主要受呼吸运动、呼吸道的通畅程度、肺的顺应性及肺的弹性的影响。因此，常以测定肺活量（能反映呼吸运动的能力）、时间肺活量（能反映肺组织的弹性和呼吸道的通畅程度）、最大肺通气量（能反映肺的全部潜在通气功能）来了解外呼吸的功能。其中肺活量可以反映人体呼吸运动的功能。但肺活量的绝对值尚不能全面的反映人的通气功能，有时用肺活量的相对值，即肺活量除以体重（mL/kg）或身高（mL/cm），来评价肺通气功能水平和做横向的比较研究。

肺活量由三部分气体容积组成，即潮气量，补吸气量，补呼气量。肺活量测定方法简便，可重复性很好，应用很广。但肺活量测定时不加以时间限制，因而反映肺通气功能有其局限性。见图 3-2-1。

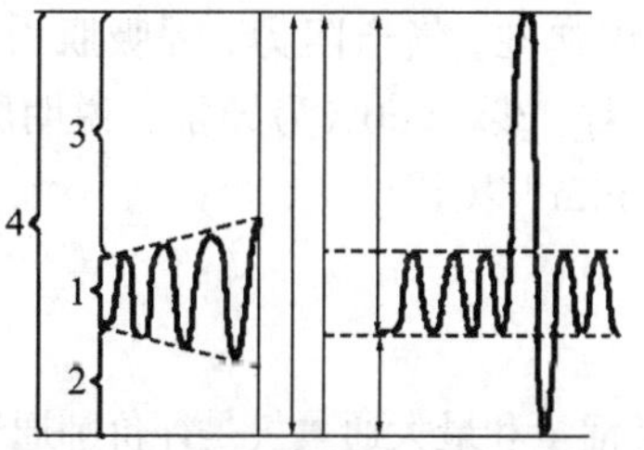

1—潮气量；2—补吸气量；3—补呼气量；4—肺活量

图 3-2-1　肺活量组成成分的分析

应用与评价：肺活量、时间肺活量和最大通气量是评价肺通气功能的常用和重要的生理指标。

（二）实验内容

1. 了解肺活量正常值及意义

观看肺活量的测定的视频，了解肺活量的正常值及意义。

图 3-2-2　捷斯特 HI-101 肺量计

肺活量可以反映呼吸运动的最大深度，其大小受性别、年龄、身高、体重、训练水平和运动项目等因素影响。肺活量是一次呼吸的最大通气量，在一定意义上可反映呼吸功能的潜在能力。我国成年男子的肺活量约 3500 mL，女子约为 2500 mL。若以体重肺活量计算，男子约为 62 mL · kg^{-1} 体重，女子约为 51 mL · kg^{-1} 体重。40 岁以上的人肺活量有逐渐减少的趋势。运动员肺活量一般大于正常人，尤其是划船和游泳运动员可达到 5000 mL 以上。但是该指标只表示一次呼吸运动的幅度，不能反映呼吸的时间和速度，故不能显示呼吸功能的动态过程。

2. 时间肺活量的测定

时间肺活量比肺活量更能反映肺组织的弹性和呼吸道的畅通能力。测定肺活量因不限呼气的速度，而测不出呼吸道通气不畅的情况，因此采用时间肺活量测定，作为肺功能的动态指标较为理想。同时分别记录第 1、2、3 秒未呼出的气量。健康成人时间肺活量第 1 s 为 83%，第 2 s 为 96%，第 3 s 为 99%，其中以第 1 s 的意义最大。呼吸运动受限的许多病理状态下，第 1 秒时间肺活量增加，并可提前呼完全部肺活量。因此，时间肺活量可作为鉴别阻塞性或限制性通气障碍的参考。

3. 最大通气量的测定

最大通气量可以全面反映肺的通气贮备能力，最大通气量（12 秒 × 5= 60 秒）是肺通气储备能力检验，用以衡量胸廓组织弹性，气道阻力，呼吸肌力量。正常值：男为 104 L · min^{-1}；女为 83 L · min^{-1}。大于 80%为正常，低于 60%为异常，说明肺通气储备能力差。有良好训练的优秀运动员可达 180 ~ 210 L · min^{-1} 以上。

（三）实验要求

（1）深入理解肺活量、时间肺活量和最大通量气是评价肺通气功能的常用和重要的生理指标。
（2）掌握 HI-101 肺量计的使用方法，确保实验结果的准确性。
（3）掌握肺通气功能指标测量详细步骤和测量的规范化。

线下学习

（一）实验方法

（1）每 2 人一组，其中 1 人为主测者，另 1 人为被测者，做完一轮后，轮流交换角色进行相同的实验。
（2）根据实验步骤，严格按标准操作。
（3）严格要求，记录者做好实验结果记录。

（二）实验步骤

（1）熟悉 HI-101 肺量计构造。捷斯特 HI-101 肺量计是医生、试验员和其他医疗人员在医院、诊所、和医生诊室中使用的肺量计。捷斯特 HI-101 肺量计可以进行 SVC、FVS、MV 测量，可以用于呼吸疾病的诊断、疗法选择和疗效评估，也可用于呼吸道损伤的早期检查。捷斯特 HI-101 肺量计的结构特点是使用 LCD 显示屏、高速热敏打印机、气流传感器、RS-232

数据传输界面，以及内置的可充电电池，在使用电源线供电时，它就被充电由于便于携带及测量迅速，可以用于在病床和医院外进行测量。捷斯特 HI-101 肺量计适于诸如哮喘、CODP 等呼吸道损伤的早期检测。

（2）连接吹嘴。

（3）输入受试者姓名、出生年月、国籍、身高、体重。

（4）选择测试。

① SVC-（慢速肺活量）测试：平静呼吸到仪器出现提示：Start the SVC Test（开始肺活量测试），此时猛吸一口气，到最大限度时，慢慢的将气全部吹出，然后快速吸一口气，恢复正常呼吸。

② FVC-快速肺活量（时间肺活量）测试：开始平静呼吸 5 秒，然后大力吸气，并以最快速度用力将气呼出，在呼出后的 10 秒大口将气吸回，恢复正常呼吸。

③ MVV-最大自由肺活量（每分最大通气量）测试：准备好后，一开始测即进行最大限度的自由呼吸 12 秒。

（5）打印结果，取结果，认真仔细判断上述指标。

（三）注意事项

（1）测试前，被测者应了解测试指标顺序，掌握测试方法。

（2）被测者使用吹嘴前，应进行消毒，做到呼吸吹嘴一用一消毒，避免交叉感染。

（3）在测试时，要戴好吹嘴及鼻夹，不要漏气。吹气时，姿势要正确，不要弯腰，防止其他肌肉参与。

（4）测试时，主测者可用语言提示测试顺序。每一单项指标测完后，需平静呼吸几次，然后再测下一个指标。

（5）实验后将记录纸贴于实验报告上。

实验结果与评价

（1）实验结果：将测验打印结果记录纸贴于实验报告单上并填写好表 3-2-1。

表 3-2-1　人体肺通气功能的测定结果

指标	结果	正常值
肺活量		3.5 L（男），2.5 L（女）
时间肺活量		83%
最大通气量		104 L（男），83 L（女）

（2）评价：被测者的肺通气功能是（正常/不正常）。

课后练习

（1）分析肺活量的组成成分，比较分析肺活量和时间肺活量的意义有何不同？

（2）肺通气量受哪些因素影响？

（3）比较本实验介绍的 3 个常用测定肺通气功能指标的异同点。

（4）比较本班同学中有训练者和无训练者，或从事不同项目训练的同学间肺通气功能有无差别。

实验三　人体安静状态下心电图的描记与分析

实验目的

1. 学习心电图机的使用方法。
2. 了解人体正常心电图各波的波形及其生理意义。

实验材料与器具

心电图机（见图 3-3-1）、75%酒精棉球、一次性电极、导电膏、记录纸、诊断床。

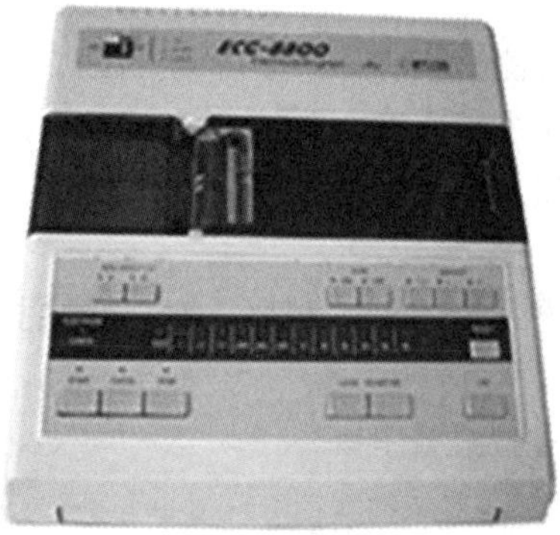

图 3-3-1　心电图机

人体安静状态下心电图的描记与分析

线上自主学习

（一）实验原理

心脏在收缩之前，首先发生电变化。在每个心动周期中，心电变化由窦房结开始，经特殊传导系统，依次传向心房和心室，这种兴奋的产生和传播所伴随的生物电变化，通过周围组织传到全身，使身体各部位在每一个心动周期中都发生有规律的电位变化，用引导电极置于肢体或躯体的一定部位记录出来，即成为心电图。心电图反映心脏兴奋的产生、传导和恢复过程中的生物电变化，并不反映心肌的机械收缩过程，正常心电图包括 P 波、QRS 波群、T 波三个波群。运动心电图通过运动增加心脏氧耗负荷可用来检测潜在的心肌供血不足，同时也可判断冠状动脉的供血与心肌的血液需要之间是否有不平衡现象以及了解人体运动耐力、心功能的情况。

应用与评价：在运动医学上，心电图可以作为运动员身体功能状态及疲劳的辅助诊断方法。运动时的心电图（心电运动试验）既是临床诊断冠心病的重要指标，又是评估心功能和体力活动能力及科学制定运动处方的依据之一。另外，监测运动过程中的心电变化，也是确保一些慢性病人在康复锻炼时防止发生意外的必要措施。

（二）实验内容

观看视频，学会心电图分析。

（1）时间和波幅的测量：

因常规记录心电图采用 25 mm/s 的走纸速度，常规标准电压 1 mV 为 10 mm，故心电图纸上每一小方格（1 mm）代表的时间为 0.04 s，波幅为 0.1 mV。测量波幅时，正向波由基线上缘测量至波峰的顶点，负向波由基线下缘测量至波谷的底点。

（2）辨认各波段的生理意义：

P 波、QRS 波群、T 波、P-R 间期、S-T 段和 Q-T 间期。参照图 3-3-2。

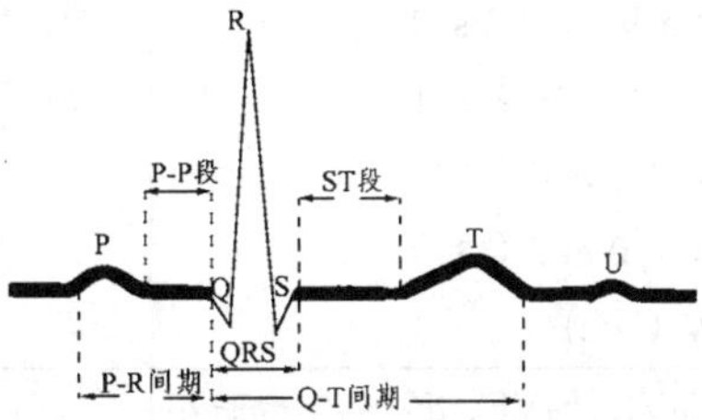

图 3-3-2　正常心电图的组成及命名

（3）心律分析：

窦性心律的正常心电图表现为 P 波在Ⅰ和Ⅱ导联中正向，aVR 导联中负向，P-R 间期在 0.12 s 以上。若心电图中最大 P-P 间期和最小 P-P 间期相差 0.12 s 以上，称心律不齐。成年人正常窦性心律为心率在 51 ~ 100 次/分。

（4）心率的测量：

用数方格数的方法测量若干个心电图导联上的 P-P 或 R-R 间隔，求其平均数，用 60 s 除以这个平均数就是心率。若 P-P 或 R-R 间期相差 0.12 s 以上，则可以读出连续 10 s 内出现的 QRS 波数，乘于 6 即为心率。

$$\text{心率}=\frac{60}{\text{P-P间期(秒)}}\text{或}\frac{60}{\text{R-R间期(秒)}}$$

（5）正常心电图各波段分析，见表 3-3-1。

① P 波：肢体导联中 P 波高度不超过 0.25 mV，在心导联中不超过 0.15 mV。

② P-R 间期的测量：P-R 间期是自 P 波开始至 QRS 波开始的时间间隔。正常心率下，成人的 P-R 间期一般在 0.12 ~ 0.20 s 之间。

③ QRS 波群：正常成人 QRS 波群时间 0.06 ~ 0.10 s。

④ Q-T 间期的测量：QT 间隔是自 QRS 波群开始至 T 波终末期间的时间间隔。选择 T 波较高的导联。

⑤ S-T 段：指 QRS 波群终了与 T 波开始之间的间隔。

⑥ T 波：在Ⅰ、Ⅱ导联中是直立的，Ⅲ导联中可能直立、平坦、双向甚至倒置。

表 3-3-1　心电图各波段正常值及其特征

名　称	时　间	电　压	形　态
P 波	≤0.11 s	Ⅰ、Ⅱ、Ⅲ<0.25 mV aVF、aVL<0.25 mV V_1 ~ V_5<0.15V V_1、V_2：双向时其总电压<0.2 mV	Ⅰ、Ⅱ、aVF、V_4 ~ V_6 直立，aVR 倒置 Ⅲ、aVL、V_1 ~ V_6 直立、平坦、双向或倒置
P-R 间期	0.12 ~ 0.20 s *		
QRS 波	Q<0.04 s 总时间为 0.6 ~ 0.10 s	Q<1/4R（R 波为主的导联） R_{AVR}<0.5 mV R_{AVL}<1.2 mV R_{AVF}<2.0 mV R_{V1}<1.0 mV；V1R/s<1 R_{V5}<2.5 mV；V5R/s>1 $R_{V1}+S_{V5}$<1.2 mV $R_{V5}+S_{V1}$<4.0 mV（男） <3.5 mV（女）	aVR 呈 Qr、rS 或 rSr 型 V_1 呈 rS 型 V_5 呈 Rs、qRs、qR 或 R 型
ST 段		Ⅰ、Ⅱ、aVL、aVF、V_4 ~ V_5 抬高不超过 0.1 mV，压低不超过 0.05 mV；V_1 ~ V_3 抬高不超过 0.3 mV	
T 波		>1/10R（R 波为主的导联）	Ⅰ、Ⅱ、V_4 ~ V_6 直立；aVR 倒置；Ⅲ、aVL、aVF、V_1 ~ V_3 直立、平坦或倒置
Q-T 间期	<0.40 s *		
U 波	0.1 ~ 0.3 s	肢体导联<0.05 mV 心前导联<0.03 mV	其方向应与 T 波一致

* P-R 间期、Q-T 期的正常值与心率有关。

（三）实验要求

（1）熟练掌握心电图机的使用方法，能迅速获得清晰的心电图图形。

（2）学会正确分析正常心电图。

（3）深入理解正常心电图包括 P 波、QRS 波群、T 波三个波（群）所代表的生理意义。

线下学习

（一）实验方法

（1）人员分工：安静时测量心电图一般每 2 人一组，其中 1 人为主测者，另 1 人为被测者，做完一轮后，轮流交换角色进行操作。运动时测量心电图一般每 3 人一组，其中 1 人为主测者，1 人为主测者助理，另 1 人为被测者。

（2）根据实验步骤，严格操作，确保电极安放正确以免影响实验结果。遇到问题请教师指导。

（二）实验步骤

1. 心电图机的使用方法

（1）心电图机的基本结构。

心电图机的型号繁多、样式各异，但基本结构大同小异，有 3 个主要部件。①电流计是最重要的部件，它可以反映心脏不断变化的电流。②放大器可把心脏的微弱电流加以放大，再引入电流计、以便记录或观察。③记录装置一般采用热笔直接描记或其他记录装置，它可将电流计中测出的电流在心电图纸上记录出来。

（2）心电图的主要控制旋钮及其作用。

①导联选择开关作为选择导联用。一般有 O、Ⅰ、Ⅱ、Ⅲ、aVR、aVL、aVF、V 等 8 个位置。使用前后此开关应置于“O”位。②记录开关一般分为 3 档：“准备”“观察”和“记录”。在“准备”位时，热笔电源切断，放大器输入封闭、热笔不偏转。在“观察”位时，热笔接通电源，放大器开放，热笔偏转。在“记录”位时，开始走纸。使用前后及变换导联时，应置于“准备”位。③灵敏度（增益）调节钮作为调节放大倍数用，一般顺时针旋转为增加。在实验中，调节适当后不宜再行转动。④定标电压钮按压此钮可得到方形标准电压。⑤衰减开关分“1”和“1/2”两档。按下“1/2”档时，灵敏度减小一半。一般将“1”档按下。如心电图形电压过大，可按下“1/2”档，但需再记录定标电压，1 mV 偏转 5 mm。⑥走纸变速开关一般有 25 mm/s 和 50 mm/s 两档。常规走纸速度 25 mm/s。⑦基线调节钮旋动此钮时，基线上、下移动，可将描笔置于中间位置。⑧热笔温度调节可调节热笔的温度，一般顺时针转动使温度升高。⑨地线插孔供机器接地使用。地线可接至专用地线或自来水管上，但必须接触良好，否则不仅会产生严重干扰，甚至会影响人身安全。

2. 心电图的描记

（1）被测者安静平卧，全身肌肉放松。

（2）心电图机妥善接地，预热 5 min。

（3）按放电极：肢体导联按右上（红），左上（黄），左下（绿），右下（黑）连接。胸部导联按 V1-胸骨右缘第四肋间，V2-胸骨左缘第四肋间，V3-为 V2 与 V4 连线的中点，V4-左锁骨中线与第五肋间交点，V5-左腋前线与 V4 同一水平，V6-左腋中线与 V5 同一水平。见图 3-3-3。

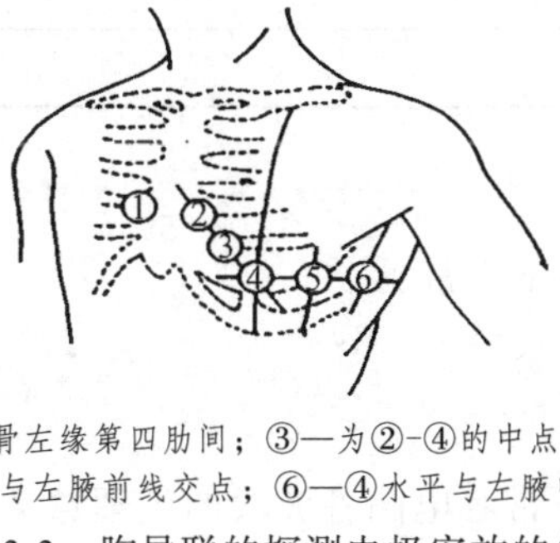

①—胸骨右缘第四肋间；②—胸骨左缘第四肋间；③—为②-④的中点；④—左锁骨中线与第五肋间交点；⑤—④水平与左腋前线交点；⑥—④水平与左腋中线交点。

图 3-3-3　胸导联的探测电极安放的位置

（4）依次记录以下导联Ⅰ、Ⅱ、Ⅲ心电图。

3. 心电图的分析

详见实验内容。

（三）注意事项

（1）实验室应保持室温在 20 ~ 22 °C，湿度控制在 40% ~ 60%。

（2）记录心电图时，观察基线是否平稳或有干扰，先将基线调到中央，使图形能在纸的中央描出，防止造成基线不稳和干扰的因素。

（3）在变换导联时，必须将输入开关关上，再转动导联选择开关。

（4）记录心电图时，密切注意电极是否连接紧密。

（5）记录完毕后，将电极和皮肤擦净，心电图机各控制旋钮转回关的位置，最后切断电源。

实验结果与评价

1. 心律分析

（1）能正确辨认出 P 波、QRS 波群和 T 波。

（2）心律分析：

若心电图中最大 R-R 间期和最小 R-R 间期相差 0.12 秒以上，称心律不齐。

R-R 间期（最大值）—R-R 间期（最小值）=（　　　　　）S

2. 心率测量

$$\text{心率}=\frac{60}{\text{P-P间期(秒)}}\text{或}\frac{60}{\text{R-R间期(秒)}}$$

若 R-R 间期相差 0.12 s 以上，则可以读出连续 10 s 内出现的 QRS 波数，乘于 6 即为心率。

3. 正常心电图各波段分析，详见表 3-3-2

表 3-3-2　人体正常心电图各波段的指标

指标	结　果	正常值
P 波		时间 t<=0.11S
QRS 波群		时间 t=0.06 ~ 0.10S
T 波		电压 v>1/10R

4. 评价

被测者的心电图是：（正常/不正常）。

课后练习

（1）根据记录结果，讨论正常心电图各波段的生理意义。如果 P-R 间期延长而超过正常值，说明什么问题？

（2）运动开始至结束，被测者的运动心电图发生了哪些变化？

实验四　人体安静与运动时心率和血压的测评

实验目的

（1）掌握人体脉搏的测定方法，观察运动时心率的影响。

（2）了解人体动脉血压测定的原理，学会人体在安静时和运动前后脉搏及血压的测定。

（3）倡导建立健康生活方式，培养学生终身体育意识。

实验材料与器具

心率遥测系统、血压计、听诊器、秒表、电子节拍器。

课程思政

高血压是当前中老年人非常关注的一种慢性病，发病率高，危害大，思考如何养成健康生活方式，预防高血压的发生。

线上自主学习

人体安静与运动时心率和血压的测评

（一）实验原理

心率的测定有脉率指触法、心音听诊法和心率遥测法。在心脏的舒缩活动中，动脉内压力的变化发生周期性波动，引起管壁发生搏动，并能以波的形式沿管壁向外周传播，且与心脏的周期性活动一致。故用手指触摸到身体浅表部位动脉脉搏率，一般情况下能代表心率。

心脏在活动中产生的心音可通过周围组织传递到胸壁。通过听诊器在胸壁一定部位听诊可确定心率。心率遥测法是根据心脏兴奋时的电变化而采集心率的。心脏兴奋时的电变化传至体表，表面电极将心电信号接收后送入发射机，经接收机接收后而显示。

血压的测定，最常用的是间接法。通过使用血压计在动脉外加压，根据血管音的变化测定血压。通常血液在血管内流动时并没有声音，如果对血管施加压力，使血管腔变窄而形成血液涡流时可发生血管音。当外加压力超过动脉血压的收缩压时，受压部位的血流完全被阻挡，此时在受压部位的远侧听不到声音。当外加压力低于收缩压而高于舒张压时，血液则可断续地通过受压部位使血流形成涡流而发出声音。当继续降低压力时，且外加压力等于舒张压时，受压部位的血流由断续流动恢复到持续流动，受压部位远侧的声音则由强变弱或突然消失。因此，动脉血流刚能发出声音时的最大外加压力相当于收缩压，而动脉内血流声音突变后消失时的外加压力则相当于舒张压。正常成人安静时心率约在 60 ~ 100 次/分。心率常受年龄、性别、生理状况、训练水平、体力劳动及体育运动的影响。在实践中通过测定血压、心率可了解受检查者循环系统的功能，了解运动量、运动强度、运动训练对人的影响。

应用与评价：测定基础心率、安静时心率和运动时、运动后恢复期心率，用于评定身体功能状态、确定运动强度等。测量血压是临床上常用的诊断心血管疾病对心血管功能影响的方法，亦用于评价正常人的心血管状况。

（二）实验内容

1. 安静时脉搏的测定

（1）扪诊法部位。

桡动脉扪诊法：将食指、中指、无名指在被测者一侧手腕部桡动脉处测量脉率。在测试安静脉搏时较为方便。颞浅动脉扪诊法：位于耳前部略偏上，颞浅动脉经过此处，适合于运动后。心前区扪诊法：位于左心前区心尖部，适合于运动后。颈动脉扪诊法：位于胸锁乳头肌前、下颌角下部。

（2）扪诊法测量步骤。

被测者静坐 5 min，脉搏测量先以 10 s 为单位，连续测量 3 个 10 s，其中两次相同并与另一次相差不超过 1 次时，即认为是相对安静状态，否则应当适当休息后继续测量，直至符合要求，然后测量 30 s 的脉搏乘 2，即为心率。

2. 安静时动脉血压的测定

（1）被测者脱去一侧衣袖，静坐 5 min 以上。

（2）松开血压计橡皮球螺丝，驱出压脉带内残留气体，再旋紧螺丝。

（3）令被测者将前臂平放于桌上，与心脏在同一水平位，手掌向上。将脉压带绑在被试者的上臂，其下缘应距肘关节上约 2 ~ 3 厘米，松紧以能放入一指为宜。

（4）在肘窝内侧找到搏动点，将听诊器头紧贴肘窝肱动脉处。将听诊器耳件塞入外耳道，其弯曲方向与外耳道一致，即略向前弯曲。在肘窝内侧先用手指触及肱动脉脉搏，将听诊器胸件放在其上。

（5）把气球的气门旋紧打气，随脉压带内的压力升高，逐渐可以听到有节奏的“咚咚”声，继续打气等声音消失时再使压力升高 20 ~ 30 毫米汞柱或 2 ~ 4 千帕，然后旋开气门徐徐放气。

（6）测量收缩压：用橡皮球将空气打入压脉带内，使血压计中水银柱逐步上升到听诊器听不到脉搏音为止。继续打气使水银再上升 2.6 ~ 4.0 kPa（20 ~ 30 mmHg）。随即松开气球螺旋，连续缓慢放气，减低压脉带内压力，在水银柱缓慢下降的同时仔细听诊。当开始听到“砰、砰”的动脉音时血压计上水银柱的刻度即为收缩压。一般青壮年收缩压为 12 ~ 17.3 kPa（90 ~ 130 mmHg）。

（7）测量舒张压：继续缓慢放气，动脉音先由低到高，然后由高变低，最后完全消失。在声音突然变弱的瞬间，血压计上水银柱刻度即代表舒张压。一般青壮年舒张压力 8 ~ 10.6 kPa（60 ~ 80 mmHg）。血压记录常以收缩压/舒张压 kPa（或 mmHg）表示。1 kPa = 7.5 mmHg。反复测血压，如血压值波动 < 0.5 kPa 或 < 4 mmHg 即为准确。

（8）记录所得结果，例如 110/70 mmHg。

（三）实验要求

（1）深入了解运动时心率、血压测量的基本原理、步骤与方法。

（2）熟练掌握人体在一次运动中心率与血压的变化规律并能提前预测数据的走向。

线下学习

（一）实验方法

（1）每 2 人一组，其中 1 人为主测者，另 1 人为被测者，做完一轮后，轮流交换角色进行相同实验操作。

（2）运动时的脉搏与血压的测定要求时间上的严格把握，及时并熟练进行测量操作。

（3）及时做好记录。以便进行分析与评价。

（二）实验步骤

1. 熟悉血压计的结构

血压计有汞柱式、弹簧式和电子式，一般常用的是汞柱式血压计，它由血压计、压脉带和橡皮充气球 3 部分组成。血压计是一标压力刻度的玻璃管，上端通大气，下端和水银槽相通。压脉带为外包布套的长方形橡皮囊，它借橡胶管分别和检压计的水银槽及充气球相通。橡皮充气球是一个带有螺丝帽的橡皮囊，供充气，放气用。见图 3-4-1。

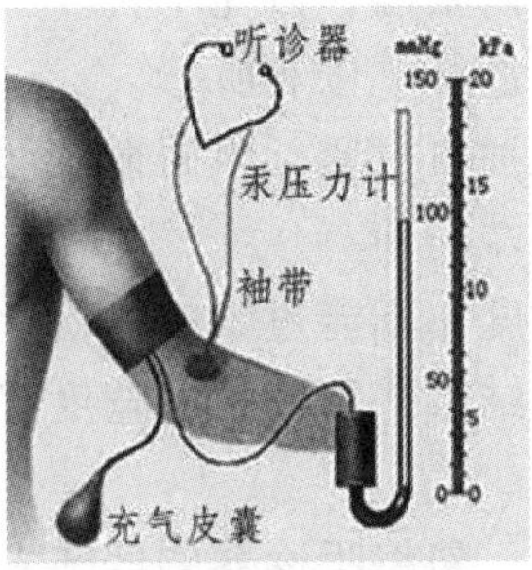

图 3-4-1　人体动脉血压测定法

2. 心率的测量

（1）安静时心率测量。

用扪诊法测量安静时心率。

（2）运动后即刻及恢复期心率的测量。

令被测者 60 秒蹲起 60 次的定量运动，取坐位测定运动后即刻、1 分钟和 3 分钟的心率。

3. 血压的测量

（1）安静时血压测定。

① 被测者脱左臂衣袖，静坐 5 min。

② 松开打气球上的螺丝，将压脉带内的空气完全放出，再将螺丝扭紧。

③ 将压脉带裹于左上臂，其下缘应在肘关节上约 2 cm 处，松紧应适宜。被测者手掌向上平放于台上，压脉带应与心脏同一水平。

④ 在肘窝部找到动脉搏动处，左手持听诊器的胸具置于其上。注意不可用力下压。

⑤ 测量动脉血压。先打气将水银柱压至 180 mmHg，在徐徐放气减压时，第一次听到血管音的水银柱高度即代表收缩压。在血管音突然由强变弱时的水银柱高度即代表舒张压，记下测定数值后，将压脉带内的空气放尽，使压力降至零。

（2）运动后血压的测定。

图 3-4-2　60 秒蹲起 60 次的定量运动

下面以 60 秒蹲起 60 次的定量运动（见图 3-4-2）为例，测定运动前后血压。其步骤如下：

① 被试者坐位，测定其运动前的血压，并做好记录。

② 截断脉压带和血压计之间的连接，让脉压带仍绑在被测者上臂。

③ 被试者手托气球，两腿分开与肩同宽，按 60 次/60 秒的节奏，蹲起 60 次。

④ 运动后即刻坐下，立即先测其运动后第 1 分钟测定血压并记录结果。

⑤ 运动后第 2 分钟开始时，仍按第一分钟要求，测定血压并记录结果。第 3 分钟测定同上，直到测定结果已恢复到运动前的水平为止。

（三）注意事项

（1）进行心率测量时，保持室内安静，以免干扰。

（2）测量血压应在安静环境中进行，以利听诊。

（3）被测者应脱去衣袖，以免袖口过紧，阻碍血液循环。戴听诊器时，务使耳具的弯曲方向与外耳道一致，即接耳的弯曲端向前。

（4）压脉带的缠绕要松、紧适度，不能过紧或过松，且应选择合适宽度的压脉带进行测量，袖带过宽或过窄都会影响测量结果。压脉带的宽度有 7 cm、9 cm、12 cm 3 种，应以覆盖被测者上臂二分之一至三分之一。

（5）肱动脉听诊点应充分暴露，勿将听诊器胸器塞入压脉带内进行听诊。

（6）如果认为测量数值不准，须放气使水银柱下降至零水平再行测量，或让被测者休息 5 分钟后再重测。测 2～3 次，以较低的值为准。

（7）打气时不要太快，以防水银柱喷出管外。血压计的开关要及时关闭，防止水银泄漏。

实验结果与评价

1. 结　果

所测定的结果记录在表 3-4-1 中，然后进行分析。

表 3-4-1　人体安静与运动后心率与血压测量结果记录表

指标	安静时	运动后		
		1 分钟	2 分钟	3 分钟
脉搏				
血压				

2. 评　价

从运动对人体心率与血压的影响进行评价。

课后练习

（1）运动时心率加快及恢复的规律如何？产生这些变化的原因是什么？

（2）体位和呼吸改变后，血压有何变化？为什么？

实验五　人体前庭功能稳定性的测定与评价

实验目的

（1）掌握前庭功能稳定性的测定方法。

（2）了解前庭功能稳定性高低的评定方法。

实验材料与器具

人体前庭功能转椅、血压计、听诊器、秒表、皮尺、评分表。

课程思政

结合实际深入了解前庭器官功能稳定性在社会生活中具有重要意义并进行讨论。

线上自主学习

人体前庭功能稳定性的测定与评价

（一）实验原理

前庭器官能接受身体或头在空间做直线或旋转运动的刺激产生位觉。当过度刺激前庭器官会诱发许多反射性反应，例如，姿势反射（肌紧张发生改变）、眼震颤、植物性功能反应（脉搏、血压、呼吸频率、汗腺活动，消化系统等功能变化）等。其反应程度与刺激强度、前庭器官功能稳定性有关。前庭感受器受到刺激强度愈大，这些反应也就表现得愈明显。经常地有系统的参加体育锻炼，可以有效地提高前庭器官功能的稳定性。也就是说，前庭器官受到较强的刺激时，其反应也较小。本实验用转动方法观察旋转对人体的影响，并根据反应的程度评定前庭器官功能的稳定性。

前庭器官功能稳定性在社会生活和体育运动中具有重要意义。随着社会生产力和科学水平的提高，人类的活动范围不断扩大，如宇宙航行，乘坐高速交通工具等，对人体耐受各种加速度的能力提出更高的要求。同样运动技术不断的发展，需运动员完成更多更复杂的变速运动、旋转和翻腾等动作，也要求机体有高的平衡和判断方位的能力。前庭器官功能稳定性可以通过体育锻炼得到提高，若从幼年开始训练前庭器官的功能稳定性，则其发展潜力大，速度快。可以作为评定训练程度的一项重要指标。

（二）实验内容

1. 运动反射观察法

（1）用粉笔在旋转椅正中的地面上画一条直线，6 ~ 7 米长。

（2）被测者坐在旋转椅上，双脚沾点水，头前倾 30°，闭眼，以两秒钟一周的速度均匀地旋转 10 周，旋转椅停止转动后立刻抬头睁眼并站起来沿直线行走，尽量控制自己沿着直线行走。

（3）一人在旁边保护，并测量行走的脚印与直线之间的垂直距离，记录试验结果。

（4）试验结果分析，按四级分制评分。

旋转停止后，沿直线全程正常行走，偏离直线不超过 0.25 米者，属于前庭稳定性好，可评为 5 分。旋转停止后，沿直线全程正常行走，偏离直线不超过 0.5 米者，得 4 分。旋转停止后，沿直线全程行走不超过 1.0 米者，得 3 分。旋转停止后，2 秒钟站不起来，或行走时偏离 1.0 米以外者，属前庭分析器不稳定，评分给予不及格。

2. 植物反射的观察

根据旋转前后脉搏和血压的变化，按陆查诺夫和柏钦柯所制定的评分表来判定前庭分析器的稳定性。

（1）测量过程。① 令被测者坐在旋转椅子上，五分钟后测定安静时前 10 秒的脉搏和血压。②令被测者头前倾 30°，闭眼，以两秒钟一周的速度均匀地旋转 5 周（逆时针）。③旋转停止时，被测者立刻抬头睁眼，并即刻测出旋转后第一个 10 秒钟的脉搏和血压。根据所得实验结果，查评分表来评定被测者前庭分析器的稳定程度。根据旋转前后脉搏、血压的变化值按陆查诺夫和柏钦柯所制定的前庭器官功能稳定性评分表来评定被测者的前庭器官功能的稳定性。评分表见表 3-5-1。

表 3-5-1　前庭功能稳定性评分表

脉率变化（每 10 s 次数）		+5	+4	+3	+2	+1	0	−1	−2	−3	−4	−5	−6
最高血压变化（kPa）	4	—	—	2	2.25	2.5	2.75	—	—	—	—	—	—
	3.45	—	2.0	2.25	2.5	2.75	3.0	2.5	—	—	—	—	—
	3.05	2.0	2.25	2.5	2.75	3.0	3.25	2.75	—	—	—	—	—
	2.67	2.25	2.5	2.75	3.0	3.25	3.5	3.0	2.5	—	—	—	—
	2.26	2.5	2.75	3.0	3.25	3.5	3.75	3.25	2.75	2.0	—	—	—
	1.86	2.75	3.0	3.25	3.5	3.75	4.0	3.75	3.0	2.5	2	—	—
	1.46	3.0	3.25	3.5	5.75	4.0	4.25	3.75	3.25	2.75	2.25	—	—
	1.06	3.25	3.5	3.75	4.0	4.25	4.50	4.0	3.5	3.0	2.5	—	—
	o.66	3.5	3.75	4.0	4.25	4.5	4.75	4.25	3.73	3.25	2.75	—	—
	±0.26	3.75	4.0	4.25	4.5	4.75	5.0	4.5	4.0	3.5	3.0	2.5	2.0
	−0.66	2.5	3.0	3.5	4.0	4.5	4.75	4.25	3.75	3.35	2.75	—	—
	−1.06	2.25	2.75	3.25	3.5	4.0	4.25	3.75	3.25	2.75	2.25	—	—
	−1.46	—	2.5	2.75	3.0	3.5	3.75	3.25	2.75	2.25	—	—	—
	−1.86	—	—	2.25	2.5	3.0	3.25	2.75	2.25	—	—	—	—
	−2.26	—	—	—	2	2.5	2.75	2.25	—	—	—	—	—

（2）评分表使用说明：① 根据被测者旋转前后 10 s 脉搏和血压的差值来查评分表。例如，某被测者在安静时的脉搏是 11 次/10 s，动脉血压是 15.42/8.51 kPa；旋转后的脉搏是 13 次/10 s，动脉血压是 16.22/8 kPa 也就是说，旋转后脉搏是增加 2 次，最高血压升 0.8 kPa，根据评分表上端的脉率变化以及表左边所表示的高血压的变化，可以查出脉搏在 + 2 的一纵行数字和最高血压 0.8 的一横行数字的交叉点是“4”，这“4”就是评分值。被测者在旋转前后脉搏和血压的变化越小，所得的分数越高，即前庭器官功能稳定性越高，在 3 分以下是稳定性不良的表现。② 最高血压变化一栏的数字，正数是表示上升的差数，负数代表下降的差数。③ 表中最高血压变动数字“ ± 0.26”是表示在 + 0.26 到 – 0.26 之间，“0.66”是 0.27 到 0.66 之间，“1.06”是表示 0.67 到 1.06 之间，“ – 0.66”是 – 0.26 到 – 0.66 之间，其他依此类推。④ 当脉搏压没有降低，最低血压变化若在 ± 1.33 到 ± 2 kPa 时，要在查表所得分减 0.5 分。在 ± 2.12 到 2.67 kPa 时要减去 1 分。在 2.79 kPa 以上时要减 1.5 分。⑤ 如遇到脉搏压降低时，就不能按最高血压的变化查表，而是把最高血压变动数字相加之和按负数查表。

3. 眼震颤观察法

人在做旋转运动时，引起眼球发生不随意的颤动，称眼震颤。眼震颤持续时间，正常人约持续 15 ~ 40 s，次数为 20 ~ 30 次正常，震颤时间过长或过短，说明前庭功能有过强或过弱的可能。

① 被测者坐在旋转椅上，头前倾 30°，闭眼，以两秒钟一周的速度均匀地旋转 10 周（逆时针）。② 旋转椅停止转动后立刻抬头，睁眼，注视竖立在脸右侧上方的目标（手指或小棍），这时可观察到眼球有规律的左右震颤。③ 记录眼球的震颤次数和持续时间。④ 结果评定：a 正常人旋转停止后，应有中等强度的水平性眼震颤，快动相方向与旋转方向相反，持续时间为 15 ~ 40 s。b 前庭器官功能减退者，旋转停止后眼震颤消失或减弱，或持续时间过短。c 前庭器官功能亢进者，旋转停止后眼震颤持续时间延长，并伴有眩晕或恶心呕吐等症状。

（三）实验要求

（1）熟练掌握人体前庭功能稳定性的测量方法。

（2）能够依据定量指标的测定来对前庭功能稳定性作出客观的评价。

线下学习

（一）实验方法

（1）实验时每组 3 人，1 人为被测者，1 人为主测者，1 人为主测者助理。在每项实验前要做好分工。按实验要求及时准确地做出测定与观察，3 人在实验中可轮流进行。

（2）观察并测量前庭反应的指标时要及时把握时机，并请教师指导。

（3）严格要求，做好记录，以便做出客观评价。

（二）实验步骤

1. 运动反射观察法

（1）用粉笔在旋转椅正中的地面上画一条直线，6 ~ 7 米长。

（2）被测者坐在旋转椅上，双脚沾点水，头前倾 30°，闭眼，以两秒钟一周的速度均匀地旋转 10 周，旋转椅停止转动后立刻抬头睁眼并站起来沿直线行走，尽量控制自己沿着直线行走。

（3）一人在旁边保护，并测量行走的脚印与直线之间的垂直距离，记录试验结果。

（4）试验结果分析，按四级分制评分。

① 旋转停止后，沿直线全程正常行走，偏离直线不超过 0.25 米者，属于前庭稳定性好，可评为 5 分。② 旋转停止后，沿直线全程正常行走，偏离直线不超过 0.5 米者，得 4 分。③ 旋转停止后，沿直线全程行走不超过 1.0 米者，得 3 分。④ 旋转停止后，2 秒钟站不起来，或行走时偏离 1.0 米以外者，属前庭分析器不稳定，评分给予不及格。

2. 植物反射的观察

（1）令被测者坐在旋转椅子上，五分钟后测定安静时前 10 秒的脉搏和血压。

（2）令被测者头前倾 30°，闭眼，以两秒钟一周的速度均匀地旋转 10 周（逆时针）。

（3）旋转停止时，被测者立刻抬头睁眼，并即刻测出旋转后第一个 10 秒钟的脉搏和血压。

（4）根据所得实验结果，查评分表来评定被测者前庭分析器的稳定程度。

（5）结果评定：被测者在旋转前后脉搏和血压的变化越小，所得的分数越高，即前庭器官功能稳定性越高，在 3 分以下是稳定性不良的表现。

3. 观察眼震颤

（1）让被测者坐在旋转椅子上，头前倾 30°，闭眼以每 1 周/2 s 的旋转速度均匀地旋转 10 周。

（2）10 周后突然停止旋转（头仍然保持前倾位），让被测者睁眼，同时开动秒表观察被测者眼震颤的强度、方向、次数以及持续时间。

（3）结果评定。

① 正常人旋转停止后，应有中等强度的水平性眼震颤，快动相方向与旋转方向相反，持续时间为 15 ~ 40 s。② 前庭器官功能减退者，旋转停止后眼震颤消失或减弱，或持续时间过短。③ 前庭器官功能亢进者，旋转停止后眼震颤持续时间延长，并伴有眩晕或恶心呕吐等症状。

（三）注意事项

（1）严格按实验要求控制转椅的旋转速度，用节拍器控制不得忽快忽慢。旋转时让被测者坐稳，并加以保护以免有人因眩晕掉下来。实验时每组 3 人，1 人为被测者，1 人为主测者 1 人为保护者。

（2）在进行运动性反应观察时，被测者只能尽力沿正中直线行走，不能跑进。检测者要密切注意被测者的反应，做好保护，避免因眩晕跌倒或碰撞在其他物上而造成损伤。但也不要扶他行走，以免影响实验结果。

（3）测定旋转后的植物性反应时，要作到及时而准确，因此在旋转前要做好准备，如让被测者左上臂扎好血压计的袖带，以便旋转停止后，能立刻接上血压计的检压计，尽快而准确地测血压。另一主测者则要做好测量脉率的准备。

实验结果与评价

（1）结果：

偏离直线距离 S=（　　　）米，评分=（　　　）分。

眼震颤持续时间 T=（　　　）秒，评价=正常/不正常。

植物反射：旋转前心率（　　　）次，血压（　　　）mmHg，旋转后心率（　　　）次，血压（　　　）mmHg，10 s 心率变化（　　　）次，收缩压变化（　　　）千帕，评分 C=（　　　）分。

（2）评价：正常/不正常？

课后练习

根据被测者的训练年限，项目等因素的差异，对测定结果进行统计分析。

实验六　人体最大摄氧量的间接测定与评价

实验目的

（1）学习最大摄氧量的间接测定方法。

（2）掌握人体有氧工作能力的最佳评价指标。

（3）培养学生吃苦耐劳，坚韧不拔的意志品质。

实验材料与器具

43 cm 和 50 cm 高度台阶、秒表、节拍器、体重秤。

课程思政

依据最大摄氧量的概念，它是指在人体进行极限运动状态下，单位时间所摄取氧气的最大值。在实际测量过程中，为了获得真实的数据，必须依靠自己的意志品质，运动到本人的极限运动状态，这样的测试经历有益于培养我们的坚强的意质和吃苦耐劳的精神。

线上自主学习

人体最大摄氧量的间接测定与评价

（一）实验原理

人体在进行有大量肌肉参加的长时间激烈运动，心肺功能和肌肉利用氧的能力达到本人极限水平时，单位时间所能摄取的氧量称为最大摄氧量（maximal oxygen consumption，VO_2 max），通常以每分钟为计算单位。最大摄氧量的测定方法分为直接测定法和间接测定法。VO_2 max 直接测定法：VO_2 max 的直接测定法一般采用跑台或功率自行车进行测定。测定时要求以呼吸循环系统为中心的各器官系统，充分而最大限度地参加运动。运动过程中有递增法和间歇法两种。通过气体分析仪器，收集被测者的呼出气，直到力竭运动负荷时测出运动中的最大摄氧量。直接测定法所测出的数据较准确，但费时间，实验程序复杂，并且需要较贵重的仪器和一定的技术。同时，测定时所进行的激烈运动，对于体弱和中老年人比较危险。VO_2 max 间接测定法：由于心率、功率和摄氧量在一定范围内呈线性关系，因此可利用人体在进行亚极量运动时，机体处于稳定状态时的功率和心率，推测出被测者的最大摄氧量。

人体进行有氧耐力运动时，最大摄氧量反映机体呼吸、循环系统氧的运输工作的能力。最大摄氧量可用于综合判断人的体质状况和运动能力水平，它是评价有氧工作能力的最佳指标，它是心肺功能、肌肉耐力以及意志品质的最佳综合反应。最大摄氧量是有氧耐力的基础，其值越大有氧耐力水平越高。目前已广泛应用于运动员的选材及运动训练程度的评定。

（二）实验内容

用 Astrand-Ryhming 列线图推算方法测量：

（1）人员分工：心率测定操作者 1 人，控制运动负荷强度者 1 人，安全保护者 1 人，记时 1 人，记录 1 人及总指挥 1 人。

（2）被测者称体重，然后测定被测者坐位安静时心率。

（3）达安静时指标后，令被测者上下台阶，进行次极限运动负荷，测定最后 2 分钟的平均心率（或脉搏）。台阶实验：这种负荷运动一般进行 3 分钟持续运动，再以 25 次/分的速度进行连续上下蹬踏台阶运动（台阶高度：男子为 40 cm，女子为 33 cm），测定结束后第一个 10 秒的心率，乘以 6，作为恢复期第 1 分钟的心率，用 Astrand-Ryhming 计算图推测最大摄氧量。见图 3-6-1。

图 3-6-1　台阶试验

（三）实验要求

（1）充分了解最大摄氧量的重要生理意义，最大摄氧量是有氧耐力的基础，其值越大有氧耐力水平越高。

（2）掌握人体最大摄氧量的间接测定法。

（3）掌握人体最大摄氧量两种测量方法的优劣，在实践过程中作出客观的评价。

线下学习

（一）实验方法

（1）人员分工：心率测定操作者 1 人，控制运动负荷强度者 1 人，安全保护者 1 人，记时 1 人，记录 1 人及总指挥 1 人。

（2）实验步骤较为复杂，严格按标准操作。如遇问题及时请教师指导。

（3）注意运动状态中各项生理指征的把握，以防出现危险或运动损伤。

（二）实验步骤

（1）被测者称体重，并记录。

（2）蹬台阶负荷运动一般进行 3 分钟持续运动，再以 25 次/分的频率进行连续上下蹬踏台阶运动（台阶高度：男子为 50 cm，女子为 43 cm）。

（3）测定运动结束后第一个 10 秒的心率，乘以 6，作为恢复期第 1 分钟的心率，用 Astrand-Ryhming 计算图推测最大摄氧量。

（4）最大摄氧量的推测方法。

例如：20 岁男子，体重 50 公斤，台阶实验最后 2 分钟的平均心率 156 次/分，在图 3-6-2

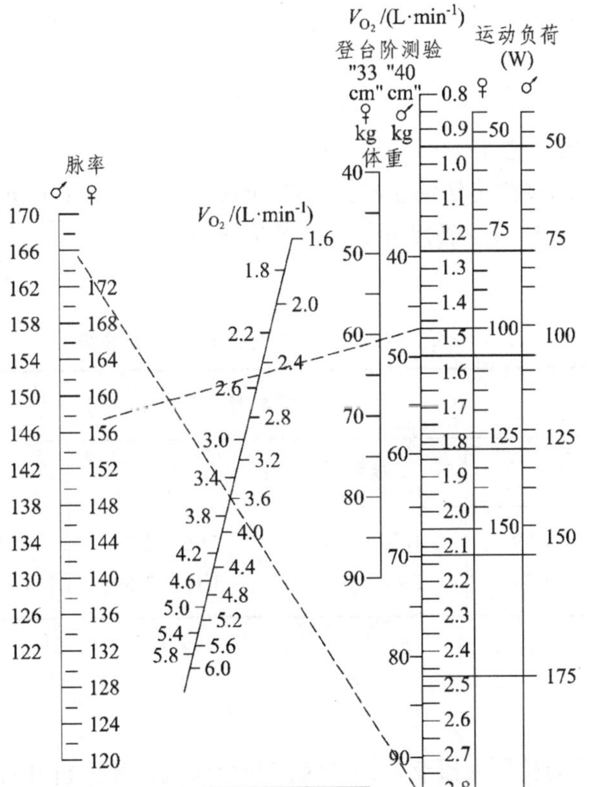

年龄	因素	最高心率 HR_{max}	校正因素
15	1.10	210	1.12
25	1.00	200	1.00
35	0.87	190	0.93
40	0.83	180	0.83
45	0.78	170	0.75
50	0.75	160	0.69
55	0.71	150	0.64
60	0.68		
65	0.65		

图 3-6-2　Astrand-Ryhming 列线图

中，男子体重 50 公斤处为一点，引线到男子心率 156 次/分处，交叉于最大摄氧量 2.4L 点，然后此数值经图中最大摄氧量推测值修正表的年龄修正后的值，可作为该被测者的最大摄氧量推测值。（运动负荷方式多种，但运动最后 2 分钟的心率应在 120 次/分以上。此表是 25 岁，最高心率 200 次/分的被测者使用，可用图中修正其他不同条件的被测者。）

（三）注意事项

（1）讲述实验原理：亚极量运动。
（2）为什么只测 10 秒心率而不是 1 分钟？
（3）心率超出范围如何选点？
（4）讲述变化关系：体重相同与心率相同。
（5）取值时注意区分男女性别。

实验结果与评价

（1）结果：
① 体重=　　kg，心率=　　次/分。
② 经 VO_2 max 间接测定法测量本人 VO_2 max =（　　）L/min
③ 根据结果查表 3-6-1，确定有氧工作能力等级。
（2）评价：

表 3-6-1　人体最大摄氧量评价等级

性别年龄	最大摄氧量（$L \cdot min^{-1}$）等级				
	低	稍低	中等	高	很高
女 20～29	≤1.69	1.70～1.99	2.00～2.49	2.50～2.79	≥2.80
男 20～29	≤2.79	2.80～3.09	3.10～3.69	3.70～3.99	≥4.00

课后练习

比较不同专项运动员最大摄氧量的绝对值和相对值，并分析其特征。

实验七　人体无氧功率的测定与评价

实验目的

（1）掌握无氧功率的间接测定方法。
（2）如何用无氧功率来评价机体的能量供应系统。

实验材料与器具

纵跳计、听诊器（或心率遥仪）、秒表、皮尺。

线上自主学习

人体无氧功率的测定与评价

（一）实验原理

无氧代谢供能的过程主要包括磷酸原系统和糖酵解供能。不同能源物质供能的输出功率不同，表现出的运动能力也不同。无氧功率是指在无氧条件下最短时间内发挥出最大作用力的能力。人的爆发力如跳跃、冲刺投掷或起跑的能力取决于能量转换的快慢，这种快速的功率与肌肉力量和收缩速度有关，其物质基础是与 ATP-CP 系统的能量来源有关。

玛格里亚和温盖特无氧功率测试，反映 ATP-CP 和糖酵解供能过程。在既需要速度又需要爆发力的短跑、举重、跳跃、冲刺行等运动中，磷酸原系统起着相当大的作用，并可直接影响着运动成绩。因此，可以用无氧功率来评定被测者的无氧能力。

（二）实验内容

1. 萨扎特纵跳法（Sargent 法，1921）

（1）测定站摸高高度，原地纵跳摸高高度。见图 3-7-1。

图 3-7-1　原地跳摸高

（2）计算纵跳高度，连续测 3 次。

（3）以最好成绩代入公式计算无氧功率。

根据下列公式计算功率

$$P = W \times \sqrt{0.5gH}$$

式中　P——功率（$J \cdot s^{-1}$）

W——体重（kg）

g——重力加速度（$m \cdot s^{-2}$）

H——纵跳高度（m）

2. 玛格里亚-卡耳曼（Kalamen-Margaria）无氧功率测试法（跑楼梯法，1968）

（1）听到发令后从 6 米远地方助跑，以一步 3 个阶梯跑到第 9 个阶梯，测定第 3 阶梯到第 9 阶梯所需要的时间。连续测 3 次。以 a 点为出发点，以最快速度登楼梯，每步 3 级。在楼梯间安装记录 0.01 s 的计时器。见图 3-7-2。

图 3-7-2　玛格里亚-卡耳曼（Kalamen-Margaria）

（2）以最好成绩代入公式计算无氧功率。

$$\text{功率}(\mathrm{kg\cdot m/sec}) = \frac{\text{体重kg}\times\text{楼阶垂距离}(1.05\ \mathrm{m})}{\text{蹬楼阶时间}(\mathrm{s})}$$

（3）评价见表 3-7-1。

表 3-7-1　根据 Margaria 测验评价磷酸原系统功率输出能力分级表

级别	性别	年龄（单位：（kg·m·s^{-1}））				
		15～20	21～30	31～40	41～50	51～60
差	男	<113	<106	<85	<65	<50
	女	<92	<85	<65	<50	<38
一般	男	113～149	106～139	85～111	65～84	50～65
	女	92～120	85～111	65～84	50～65	38～48
中等	男	150～187	140～175	112～140	85～105	66～82
	女	121～151	112～140	85～105	66～82	49～61
很好	男	188～224	176～210	141～168	106～125	83～98
	女	152～182	141～168	106～125	83～98	62～75
优秀	男	>224	>210	>168	>125	>98
	女	>182	>168	>125	>98	>75

3. 温格特（Wingate 法，1977）无氧功率测试法

（1）先测身高、体重、肺活量、皮脂厚度。

（2）做准备活动。先让被测者根据自己的情况调节坐垫高度，被测者不加负荷、速度 80 转/分，在功率自行车上蹬车 2～4 min，使其心率上升到 150～160 次/min，其中做 2～3 次/min（每次持续 4～8 s）全力蹬车。

（3）准备活动后被测者休息 3 ~ 5 min。

（4）Wingate 正式测试。

（5）整理活动：测试结束后，被测者进行放松活动 2 ~ 3 min，同时运动负荷尽快减轻。

（6）计算：发出口令后，被测者用全力以最快速度蹬车 30 秒，同时每隔 5 秒钟记录蹬踏圈数和心率，然后计算成绩。

$$功率（瓦特）= 负荷阻力（kg）\times 圈数 \times 11.765（monark 自行车适用）$$

最高无氧功率（PAP）：以头 5 秒钟的圈数为准，所得的瓦特数为 PAP，反映 ATP、CP 供能能力。

平均无氧功率（AAP）：6 个 5 秒钟圈数相加除以 6，经平均后所得为 AAP，反映 CP 和糖酵解的最大能力。

无氧功率递减率（APD）：反映无氧供能条件下疲劳程度的指数。

$$\text{A.P.D} = \frac{最高无氧功率值 - 最低无氧功率值(瓦特) \times 100}{最高无氧功率值}$$

（三）实验要求

（1）充分了解玛格里亚和温盖特无氧功率测试，反映 ATP、CP 和糖酵解供能过程。

（2）熟练掌握人体无氧功率 3 种测量方法的具体步骤与特点。

线下学习

（一）实验方法

（1）将全班分为 3 个大组，每组进行一种方法的测量，随后再轮换。每种方法测量时每 3 人一小组，其中 1 人主测者，1 人主测助理，另 1 人担任被测者，做完一轮后，轮流交换角色进行操作。

（2）根据实验步骤，严格按标准操作。并请教师指导。

（3）根据不同的测量方法，记录者做好实验结果记录。

（二）实验步骤

1. 萨扎特纵跳法（Sargent 法，1921）

（1）被测者先称体重，并记录数据。

（2）被测者在电子纵跳计上用力原地向上跳起。

（3）读数并记录。

（4）根据下式计算功率

$$p = W\sqrt{0.5gH}$$

式中 P——功率（$kg \cdot m \cdot S^{-1}$）

W——体重（Kg）

g——重力加速度

H——纵跳高度（m）

2. 玛格里亚-卡耳曼（Kalamen-Margaria）无氧功率测试法（跑楼梯法，1968）

（1）连续测 3 次上楼梯的时间。见图 3-7-2。

（2）以最好成绩代入公式计算无氧功率。

$$功率(kg \cdot m/sec) = \frac{体重(kg) \times 楼阶垂直距离(1.05m)}{蹬楼阶时间(s)}$$

3. 温格特（Wingate 法，1977）无氧功率测试法

（1）先测身高、体重、肺活量、皮脂厚度。

（2）做准备活动。

（3）准备活动后被测者休息 3 ~ 5 min。

（4）Wingate 正式测试：操作者 A 打开电脑中的 Wingate 文件夹，选择 Select File，然后用键盘上的上下移动键选择文件（可以创建一个新的文件 New file，也可继续使用已有的文件名），选择好以后进入新的测试（New Measurement），输入被测者的基本情况，包括学号（ID-number），姓名（Name），体重（Bodybeight，单位用 kg），身高（Height）。然后根据被测者体重的 7.5%电脑自动设置负荷，操作者 B 根据电脑提示加好功率自行车的阻力负荷（注意负荷篮子有 1kg 重量）。等操作者 B 加好重量，拉起拉线，操作者 A 可以打回车，此时电脑左上方显示“Waiting For StartPulse”，只要操作者 B 把拉线一放，测试即刻开始。操作者 B 发出口令“开始”后，被测者以最快速度全力蹬车 30 秒，电脑屏幕每隔 5 秒将显示出 Rpm 和 Power，即每秒自行车的转速和被测者所做的功，30 秒运动后记录电脑显示的最大功、平均功。

（5）整理活动：测试结束后，被测者进行放松活动 2 ~ 3 min，同时运动负荷尽快减轻。

（6）计算：发出口令后，被测者用全力以最快速度蹬车 30 秒，同时每隔 5 秒钟记录蹬踏圈数和心率，然后计算成绩。功率（W）= 负荷阻力（kg）× 圈数 × 11.765（monark 自行车适用）。

（三）注意事项

（1）各种实验前被测者应该充分做好准备活动，以免受伤。

（2）不准做垫步或跨步动作进行纵跳。纵跳起跳前可屈膝，起跳后不可屈膝。

（3）纵跳时连续跳 3 次取最好值。

（4）要在实验报告中写出原始数据，并注意单位。

（5）运动结束后及时进行整理活动，以防发生头晕等重力休克现象。

实验结果与评价

（1）结果：P=____________________。

（2）评价：____________________。

注：详见表 3-7-2。

表 3-7-2 无氧工作能力测试参考标准

级别	性别	年龄（单位：(kg·m·s^{-1})）	
		15～20	21～30
差	男 女	<113 <92	<106 <85
一般	男 女	113～149 92～120	106～139 85～111
中等	男 女	150～187 121～151	140～175 112～140
很好	男 女	188～224 152～182	176～210 141～168
优秀	男 女	>224 >182	>210 >168

课后练习

将全班同学所测的数据，按不同专项特长和训练程度进行统计和分析。

实验八 人体运动性疲劳的判定与评价

实验目的

（1）掌握运动性疲劳的生理指标测定方法。

（2）了解运动性疲劳的评定方法。

实验材料与器具

反应时测定仪、游标卡尺（带有两脚规与毫米刻度的尺）式的触觉计、遮眼罩、记录纸、闪烁值测定仪。

人体运动性疲劳的判定与评价

线上自主学习

（一）实验原理

人体疲劳时，各器官系统功能都下降。下降的程度和疲劳程度有关。因此测定运动前后一些生理指标的变化，可以判断是否出现疲劳及疲劳程度。运动性疲劳是人体进行连续多次的大负荷运动，机体不能在“预定和/或特定”时间、空间里重新建立适应性平衡的、复杂的功能变化过程。由于运动的负荷和性质不同，会对人体功能产生不同影响。因此，运动性疲劳的诊断依据运动负荷的性质进行。不同时间的全力运动和不同代谢类型的运动项目，疲劳的特征不相同。短时间最大强度运动性疲劳是由于肌细胞内代谢变化导致 ATP 转换速率下降所致。长时间中等强度运动性疲劳往往与能源贮备运用过程受抑制有关。非周期性的练习或混合性练习，其技术动作的不断变化是加深运动性疲劳的重要因素。要求精力高度集中以及运动中动作多变的练习，则较易产生疲劳。静力性练习时，中枢神经系统的相应部位持续兴奋，肌肉中血液体供应减少以及憋气引起的心血管系统功能下降是产生疲劳的主要原因。疲劳的消除要依据恢复过程的一般规律和机体能源贮备的恢复特点以及促进人体功能恢复的措施进行。准确判断运动训练后的疲劳程度，对于合理安排运动负荷，防止过度疲劳有重要的意义。

（二）实验内容

1. 反应时安静时指标测量

被测者取坐姿，用反应时测定仪（见图 3-8-1）连续测定 5 次红灯信号反应时（每次间隔 10 s），取其平均值。

图 3-8-1　反应时测定仪

2. 皮肤空间阈安静时指标测量

用两个刺激点作用于人皮肤，人能够感觉到是两个点而不是一个点时的两点之间的最小距离称为两点阈。肤觉两点阈是人皮肤的触觉空间感受性。人身体上的不同部位的肤觉两点阈的值是不同的。一般说来，身体暴露部分，如手指和头面两点阈小，身体的掩盖部分，如肩、背、大腿、小腿部分两点阈最大。练习与疲劳因素可以影响两点阈的大小。本实验的目的是学会测定皮肤两点阈的方法，探索身体不同部位肤觉两点阈的差别以及练习与疲劳因素对两点阈的影响。实验人员持触觉计或两脚规，将其两端以同样的力轻触被测者皮肤，先从感觉不是两点的距离开始，逐渐加大两脚规距离，直至被测者感到了两点的最小距离作为皮肤空间阈（两点阈）。

3. 闪光融合频率安静时指标测量

被测者坐在闪烁值测定仪的前面。测定仪的高度要与被测者的面部在同一水平面上，接触测定仪的窥视窗口，眼睛注视闪光屏。检记者控制测定仪上的数字显示器调节旋钮，使闪光频率次数逐渐从慢到快，直至被测者感到断续的闪光变成连续光感时为止。引起连续光感时的断续闪光的最小频率，即为临界闪光融合频率（或称闪光融合阈），可以从测定仪上的数字显示器上读数，记录其频率（周/s）。

（三）实验要求

（1）充分了解判断运动训练后的疲劳程度，对于合理安排运动负荷，防止过度疲劳有重要的意义。

（2）熟练掌握判定运动性疲劳的指标。

线下学习

（一）实验方法

（1）将全班分为 4 大组，每组先选一种测量方法，然后轮换。每 2 人一组，其中 1 人为主测者，另 1 人为被测者，做完一轮后，轮流交换角色进行操作。

（2）安静时与运动后指标的测量要对等。根据实验步骤，严格按标准操作。

（3）注意各项指标测量要求，并及时做好记录。

（二）实验步骤

1. 安静时指标（测 3 项）

（1）反应时的测定：被测者取坐姿，用反应时测定仪连续测定 10 次红灯信号反应时（每次间隔 10 s），取其平均值。

（2）皮肤空间阈：实验人员持触觉计或两脚规，将其两端以同样的力轻触被测者皮肤，先从感觉不是两点的距离开始，逐渐减小两脚规距离，直至被测者感到了两点的最小距离作为皮肤空间阈（两点阈）。

（3）闪光融合频率：连续测 3 次，取平均值。

2. 运动实验

（1）准备活动：被测者蹬自行车功量计，按功率 50W，转速 60 转/min，运动 3 min。

（2）疲劳实验：准备活动后休息 1 min，然后按规定的逐级递增负荷连续进行运动，男性从 150W，女性从 100W 起始，每 3 min 递增 50W，直到筋疲力尽，跟不上测功器的转速为止。

（2）运动后立即测定运动前所测部位的同一生理指标，观察运动后变化，参考下列标准，判断有无疲劳和疲劳的程度。

（三）注意事项

（1）简单反应时测 3 次取最好成绩，闪烁值测 3 次取平均值。

（2）不要乱动闪光频率计的开关，防止烧坏机器。

（3）空间阈值精确到 mm，反复测量多次。皮肤空间阈较安静时增加 1.5 ~ 2 倍为轻度疲劳，增加 2 倍以上为重度疲劳。

（4）被测者身体健康，若发现有呼吸道感染，心动过速，高血压，心电图异常，口腔温度高于 37.5 °C 等，则不能进行实验。

（5）被测者要密切合作，运动要坚持同一指标和同一部位进行测定，以防测量误差。

实验结果与评价

（1）实验结果见下表 3-8-1：

表 3-8-1　安静、疲劳时各项生理标比较

项目	运动前（安静值）	运动后	疲劳
反应时			
空间阈			
闪烁值			

（2）评价：

① 运动后疲劳时反应时是否延长。

② 皮肤空间阈较安静时增加 1.5 ~ 2 倍为轻度疲劳，增加 2 倍以上为重度疲劳。

③ 闪光融合频率按下表 3-8-2 进行评定。

④ 根据疲劳前后所测结果进行的比较，按上述指标做出综合评价，判断疲劳程度。

表 3-8-2　闪光融合频率评定表

疲劳程度	闪光频率减少/HZ	恢复速度
轻度	1.0 ~ 3.9	睡一夜可以恢复
中度	4.0 ~ 7.9	直到次日方能恢复
重度	>8	休息一周才恢复

课后练习

1. 思考：根据实验结果如何判断运动性疲劳发生及其程度。
2. 结合实践谈谈如何延缓运动性疲劳的产生及运动后及时消除运动性疲劳。

实验九　人体体脂百分比测定与评价

实验目的

（1）学习体脂百分比的测定方法。

（2）掌握推算体脂百分比、体脂重和瘦体重的方法，分析评价体成分与健康的关系。

（3）了解肥胖的危害，认识健康生活方式的对生命的重要意义。

实验材料与器具

皮褶厚度计、围尺、体重秤等。

课程思政

肥胖是当前老中青均非常关注的一种所谓富贵病，发病率高，危害大，思考如何养成健康生活方式，预防肥胖的发生，如果已经肥胖了，如何科学进行减肥。

线上自主学习

人体体脂百分比测定与评价

（一）实验原理

人体脂肪分布有一定的规律，通常 2/3 存在于皮下，1/3 存在于身体内部、脏器周围，皮下脂肪厚度与体脂总量有一定的比例关系，因此，皮褶厚度的测量不仅可以反映体脂分布情况，也可以从不同部位的皮褶厚度推算出体脂总量。但反映全身体脂含量的程度受年龄、性别、总脂肪量及测量部位和技术的影响。一般情况下，同年龄女性皮下脂肪要多于男性，同性别年轻人皮下脂肪要多与老年人。体脂率对运动成绩具重要性，几乎所有运动项目中，高水平的运动员的体脂率都大大低于一般人的平均值，尤其在耐力项目中。

皮脂厚度计测量法所测得皮下脂肪厚度包括皮肤的厚度，不同个体皮肤压缩率的差异会造成测量误差，对于过度肥胖和皮下脂肪坚实者不实用。但该方法简便易行，尤其适合大面积普查，目前在国内外被广泛应用。测量计算后，将所得体脂百分比数值与表 3-9-1 和表 3-9-2 对比，可以分析评价个人和全班学生的体成分状况和健康风险。

表 3-9-1　根据体脂%划分的身体成分等级

年龄性别	体脂过少	非常好	很好	正常	体脂多	体脂过多
男≤19	<3	12.0	12.1 ~ 17.0	17.1 ~ 22.0	22.1 ~ 27.0	≥27.1
20 ~ 29	<3	13.0	13.1 ~ 18.0	18.1 ~ 23.0	23.1 ~ 28.0	≥28.1
男≤19	<3	12.0	12.1 ~ 17.0	17.1 ~ 22.0	22.1 ~ 27.0	≥27.1
20 ~ 29	<3	13.0	13.1 ~ 18.0	18.1 ~ 23.0	23.1 ~ 28.0	≥28.1
30 ~ 39	<3	14.0	14.1 ~ 19.0	19.1 ~ 24.0	24.1 ~ 29.0	≥29.1
40 ~ 49	<3	15.0	15.1 ~ 20.0	20.1 ~ 25.0	25.1 ~ 30.0	≥30.1
≥50	<3	16.0	16.1 ~ 21.0	21.1 ~ 26.0	26.1 ~ 31.0	≥31.1
女≤19	<12	17.0	17.1 ~ 22.0	22.1 ~ 27.0	27.1 ~ 32.0	≥32.1
20 ~ 29	<12	18.0	18.1 ~ 23.0	23.1 ~ 28.0	28.1 ~ 33.0	≥33.1
30 ~ 39	<12	19.0	19.1 ~ 24.0	24.1 ~ 29.0	29.1 ~ 34.0	≥34.1
40 ~ 49	<12	20.0	20.1 ~ 25.0	25.1 ~ 30.0	30.1 ~ 35.0	≥35.1
≥50	<12	21.0	21.1 ~ 26.0	26.1 ~ 31.0	31.1 ~ 36.0	≥36.1

注：参考 Werner W.k. 2003

表 3-9-2　超重、肥胖诊断的体脂%标准及其与疾病危险的关系

	肥胖等级	体脂%（Fat%）	疾病危险（腰围 cm）	
			男≤102	男>102
			女≤88	女>88
低体重		<20	—	—
正常体重		20～25	—	—
超重		26～31	有增加趋势	高
肥胖	Ⅰ级（轻度肥胖）	32～37	高	很高
	Ⅱ级（中度肥胖）	38～45	很高	很高
	Ⅲ级（重度肥胖）	>45	非常高	非常高

注：疾病危险包括Ⅱ型糖病、高血压、心血管疾病等。

（二）实验内容

1. 皮褶厚度计的构造与使用

皮褶厚度计各部名称：把柄、上臂、下臂、接点、刻度盘、调整零位圈、压力调节旋钮。见图 3-10-1。校正皮褶厚度计：① 测量前应先校验卡钳，将砝码挂于钳口，调整指针至红色标记刻度的 15～25 mm 范围内。② 调零：转动圆盘将指针对准刻度表上的“0”位。③ 校正压力：将皮褶厚度计两个接点间的压力调到国际规定的 10 g/mm^2 的范围内，见图 3-9-1。

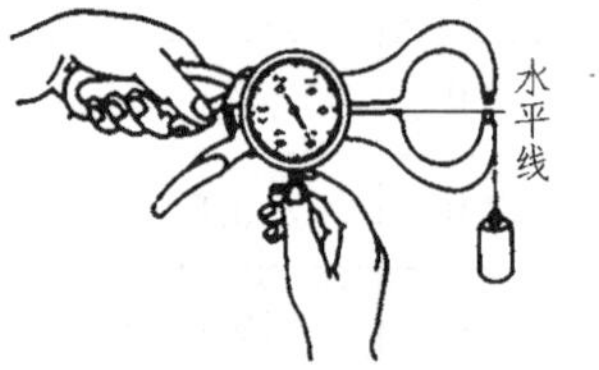

图 3-9-1　皮褶厚度计较正

2. 人体各部位的皮褶厚度的测试

（1）被测者自然站立，暴露身体的右侧测量部位。

（2）测量时，测试者选准测量点，测试者右手持皮褶厚度计，左手拇指和食指将被测者所测部位的皮肤捏紧提起。拇指、食指间应保持适当距离，然后将张开的皮褶厚度计距离手指捏起的部位 1 厘米处钳入，右手指将皮褶厚度计的把柄松开，读出指针的数值并记录。每个部位应重复测两次，二次所测数值误差<5%。

（三）实验要求

（1）通过测量人体成分，了解营养状况和发育水平。

（2）熟练掌握人体体脂百分比的测定程序。

线下学习

（一）实验方法

（1）将全班分为 3 个大组，每组进行一种方法的测量，随后再轮换。每种方法测量时每 2 人一小组，其中 1 人主测者，另 1 人担任被测者，做完一轮后，轮流交换角色进行操作。

（2）注意找准实验过程中测量皮褶厚度的部位，并严格按标准操作。

（3）严格要求，均重测三次取平均数，做好记录。

（二）实验步骤

（1）校正皮褶厚度计。

（2）测试皮褶厚度。

躯干测量部位：肩胛下角、胸部、腹部和髂前上嵴等。四肢测量部位：肱三头肌和大腿等部位（如图 3-9-2 所示）。女性常测部位：肱三头肌、髂前上嵴和大腿部位的皮褶厚度。男性常测部位：胸部、腹部和大腿部位的皮褶厚度。

各测量部位定位如下：

① 胸部：位于男性腋前线和乳头的斜向连线中点处。

② 上臂部：上肢自然下垂，于肩峰与尺骨鹰嘴突连线中点处，垂直捏起皮褶。

③ 腹部：脐旁 1 厘米处，垂直捏起皮。

④ 髋部：髋嵴上方其水平线与腋中线交界处，垂直捏起皮褶。

⑤ 大腿部：腹股沟中点与髌骨上缘中点连线的中点，皮褶方向与大腿纵轴平行。

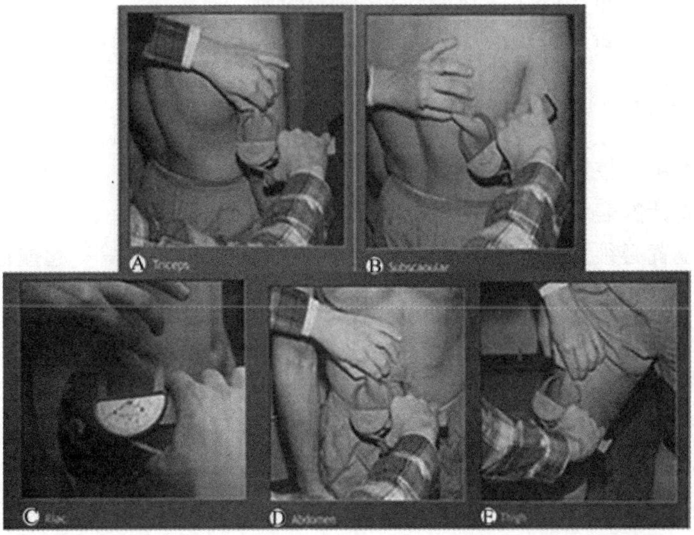

A—上臂部；B—肩胛下角；C—髂前上嵴；D—腹部；E—大腿部。

图 3-9-2　皮褶厚度测定法

（依 William D. McAdle　2001 Figure 28.11）

（3）将褶厚度（mm）测量数据带入相应身体密度公式，计算身体密度值，再将身体密度值代入 Siri 或 Brozek 预测公式，计算体脂%。

① Jackson、Pollock 和 Ward 的身体密度公式。

身体密度（男）= 1.1125025 − 0.0013125 ×（X1）+ 0.0000055 ×（X1）× 2 − 0.0002440 ×（X2）

身体密度（女）= 1.0897330 − 0.0009245 ×（X1）+ 0.0000055 ×（X1）× 2 − 0.0000979 ×（X2）

X1—男：胸部 + 肱三头肌 + 肩胛下角皮褶厚度

女：髂前上棘 + 肱三头肌 + 腹部皮褶厚度

X2—年龄（岁）

② 日本长岭铃木的体密度公式。

成人男子 Db = 1.0913Db = 1.0913 − 0.00116X

成人女子 Db = 1.0897Db = 1.0897 − 0.00133X

③ 张薇、徐冬青（1999）等对国人资料研究后初步建立的国人身体密度公式。

身体密度（男）= 1.0991 − 0.0005 × 腹部 − 0.0004 × 肩胛下角 − 0.0005 × 大腿 − 0.0003 × 年龄

身体密度（女）= 1.0837 − 0.0004 × 肱三头肌 − 0.0004 × 腹部 − 0.0004 × 大腿 − 0.0003 × 年龄

④ 计算出体脂%。

Siri 公式（1956 年）：体脂% =（4.950/身体密度 − 4.500）× 100

Brozek 公式（1963 年）：体脂% =（4.570/身体密度 − 4.142）× 100

⑤ 我国现阶段学龄儿童少年体脂%的调查也都采用皮褶厚度法来间接估算体脂量。

男生：体脂% = 6.930 + 0.428X

女生：体脂% = 7.896 + 0.458X

X（皮褶厚度 mm）= 肱三头肌 + 肩胛下角

⑥ 根据体脂%计算体脂重和瘦体重。

体脂重（kg）= 体重（kg）× 体脂%

瘦体重（kg）= 体重（kg）− 体脂重（kg）

（三）注意事项

（1）砝码的作用，校正皮褶厚度计弹性是否适中。

（2）皮脂厚度计的表盘校正采用直接旋转法。

（3）测量的位置必须准确把握。测试时，要把皮肤与皮下组织一起捏提起来，但不能把肌肉捏提起来。同时，皮褶厚度计的钳口连线应与皮褶走向垂直。

（4）实验报告中要写出原始数据。

（5）测三次皮脂厚度，取平均值。

实验结果与评价

（1）实验结果：

体脂% = ______________________________。

（2）评价：______________________________。

表 3-9-3　体脂百分比的健康标准

分　级	男	女
必要的脂肪含量	5%	8%
脂肪百分比健康范围	10%～25%	18%～30%
肥胖	>25%	> 30%

课后练习

（1）将全班同学所测的数据按不同的性别，专项特长和训练程度进行统计。比较不同项目运动员的体脂率，与运动项目的相关性如何？

（2）对测试结果进行分析和评价，并给被测者提出合理的建议。

第四章 体育心理学实验

实验一　深度知觉的测定

实验目的

（1）比较单双眼在辨别远近中距离的差异，学习使用深度知觉测试仪测量深度知觉阈值的准确方法。

（2）通过深度知觉的测定，了解被试者深度知觉的差异，探讨影响被试者深度知觉的因素，并区分是否让被试者知道知觉结果对其深度知觉的影响。

（3）培养严谨、团结、协作、积极探究的精神。

实验材料与器具

深度知觉测试仪

课程思政

了解体育心理学的多维性，在体育运动情境中，心理现象无处不在，既伴随着人的身体活动而发生，又影响着人的身体活动。针对在体育教学和训练中常碰到的心理问题，培养体育专业大学生解决实际问题的能力，提高教学、训练或健身指导水平。培养大学生严谨、团结、协作、积极探究的精神。

线上自主学习

深度知觉测定

一、实验原理

深度知觉与形状知觉、大小知觉和方位知觉共同构成空间知觉。空间知觉是反映物体空间特征的知觉。没有准确的空间知觉就无法完成各种体育动作。深度知觉是空间知觉中最重要的知觉之一。

深度知觉，它使人们能够把二维的视网膜像解释为三维的世界，认识事物的真面貌。深度知觉是由一定线索引起的，来自两个方面，一方面是以刺激物的特性作为线索，另一方面则产生于视觉系统本身的特性。

视觉刺激中最常使用的深度线索有以下几种：大小、视野中的高度、遮挡、线性透视、纹理变化、光照与阴影。

来自视觉线索本身的深度线索：人们不仅能够知觉物体的形状，而且能够知觉物体的深度和距离。单眼线索和双眼线索为人们的深度知觉提供了可能。单眼线索是指用一只眼睛就能感受的深度线索，双眼线索是指用双眼感受的深度线索，也称双眼视差。人要靠各种视觉提示把视网膜接收到的二维表象转换为真实世界中的立体图像。立体图像和立体电影的作者们就是利用双眼视差，将两种稍有差异的图像片分别同时呈现给两个眼睛，引出了立体的视觉效果。

二、实验内容

（1）了解深度知觉仪的工作原理。深度知觉仪是根据黑尔姆霍兹三针实验原理而制成的。从深度知觉实验仪的窗口里可以看到 7 根垂直的黑色立柱。两侧的是标准刺激立柱（参照目标），中间一根是可由被试者操作前后移动的比较刺激柱（移动目标）。深度知觉仪主要是用来测量人的距离和单双眼对深度知觉的影响。深度知觉仪还可以用来测量运动员、驾驶员等的深度知觉能力的强弱，选拔对距离判断和空间操作要求比较高的人员。深度知觉仪是由开窗机箱、标尺、参照目标、移动目标和遥控键等组成。

（2）了解实验仪器操作。操作遥控器的低速进、高速进开关，经电控线路均可让电机正向旋转，带动变异标杆拖板向前移动，拖板上装有指针直接显示变异标杆所在位。反之操作遥控器的低速退、高速退，变异标转向后移动，同时显示所在位。

移动比较刺激，使之与标准刺激三点成一直线，在实验过程中，可测出被试者视觉在深度上的差异特性。

（3）了解被试者的准备姿势。被试者坐在离标准刺激立柱 2 米处，手握遥控器，双目或单目与观察窗持平，可观察比较刺激的前后移动。

（4）了解主试者要讲解实验指导语：这是一个深度知觉测量实验，你能从深度知觉实验仪的窗口里看到七根垂直的黑色立柱。两侧的是标准刺激立柱，中间一根是可由你操作前后移动的变异刺激柱，你的任务是用优势眼或者双眼观察，操纵遥控器，调节变异刺激，使其和两侧的标准刺激离你同样的远近。按此法做多次，要求都是一样。

（5）掌握被试者的操作方法：当被试者理解指导语后，主试者将变异刺激按远、近、近、远、远、近的序列呈现给被试者，让其调节并记录其结果。共做六次。

（6）了解实验结果的评价方法。

三、实验要求

（1）了解深度知觉测定的实验原理和操作步骤。

（2）查阅文献，知晓深度知觉的定义及应用。

（3）熟悉实验指导语的内容。

（4）被试者要先练习，用远近开关调节活动棒从远处向近处，或从近处向远处移动几次，熟练后再开始正式测验。

（5）被试者由视窗向内平行观察，不能上下左右地寻找参照物，否则实验数据不准确。

线下学习

一、实验方法

（1）主试者和被试者两人一组，交替进行。

（2）将实验数据填入表格，并分析。

二、实验步骤

1. 单眼深度知觉阈值的测定程序

（1）主试者向被试者说明实验要求。从深度知觉实验仪的窗口里看到 7 根垂直的黑色立柱，两侧的是标准刺激立柱，中间一根是可由被试者操作前后移动的比较刺激柱，被试者的任务是用优势眼观察，即用被试者觉得视力好的一只眼观察，操纵遥控器，调节比较刺激，使其和两侧的标准刺激距被试者同样的距离。

（2）主试者阅读实验指导语，通过指导语指导实验。

（3）被试者坐在离观测窗 2 m 远处，双眼通过视窗平行观察仪器内两根垂直的固定棒（固定棒的位置为 0 点），手握遥控器，单目与观察窗持平，可观察刺激立柱（比较刺激）的前后移动。

（4）被试用远近开关调节活动棒，第一次实验，活动棒的起点顺序从远点（即远离被试那一点）开始调节向近点（即趋向被试那一点）移动，使它和固定棒看起来离自己双眼同样距离时停下，主试从标尺读数中观察被试的活动棒与固定棒之间的误差并记录。

（5）被试者在主试者对变异刺激的提示下进行六次实验，起点顺序为远点、近点、近点、远点、远点、近点。主试者做好记录，将数据填入表 4-1-1 并求出平均数。

2. 双眼深度知觉阈值的测定程序

（1）主试者向被试者说明实验要求。从深度知觉实验仪的窗口里看到 7 根垂直的黑色立柱，两侧的是标准刺激立柱，中间一根是可由被试者操作前后移动的比较刺激柱，被试者的任务是用双眼观察，操纵遥控器，调节比较刺激，使其和两侧的标准刺激距被试者同样的距离。

（2）主试者阅读实验指导语，通过指导语指导实验。

（3）被试者坐在离观测窗 0.5 m 远处，双眼通过视窗平行观察仪器内两根垂直的固定棒（固定棒的位置为 0 点），手握遥控器，双目与观察窗持平，可观察刺激立柱（比较刺激）的前后移动。

（4）被试用远近开关调节活动棒，第一次实验，活动棒的起点顺序从远点（即远离被试那一点）开始调节向近点（即趋向被试那一点）移动，使它和固定棒看起来离自己双眼同样距离时停下，主试从标尺读数中观察被试的活动棒与固定棒之间的误差并记录。

（5）被试者在主试者对变异刺激的提示下进行六次实验，起点顺序为远点、近点、近点、远点、远点、近点。主试者做好记录，将数据填入表 4-1-1 并求出平均数。

三、注意事项

（1）严格按照操作流程进行操作。

（2）对结果进行统计时可以采用 Excel 软件，进行平均误差的计算和 t 检验。

实验结果与评价

（1）分别计算被试单、双眼各六次的测量绝对误差的平均数。将实验结果填入表 4-1-1 中。平均误差越小，辨别远近能力水平越高，深度知觉越准确。反之，平均误差越大，辨别远近能力水平越低，深度知觉越不准确。经多次练习后，深度知觉误差平均值趋向于越来越小。

（2）分别计算被试单、双眼在变异刺激初始位处于远、近时的测量绝对误差的平均数。

变异刺激初始远位平均误差=（　　　）。

变异刺激初始近位平均误差=（　　　）。

（3）根据各小组全体被试双眼和单眼测量误差的平均数，用 t 检验进行检验单、双眼在辨别远近能力上的差异。

（4）根据被试在远、近初始态时的测量误差平均数，用 t 检验进行检验个体在初始位处于远、近状况时辨别远近能力上的差异。

表 4-1-1　被试者单眼测量的绝对误差

	远→近	近→远	近→远	远→近	远→近	近→远	平均数
单　眼							
双　眼							

课后练习

（1）没有双眼视差的线索，单眼为什么能分辨远近？

（2）将实验测得结果和其他人结果做一比较，有何差异？

（3）说明双眼视差在深度知觉中的作用。

（4）深度知觉在日常生活中的意义。

实验二　肘关节动觉感受性的测定

实验目的

（1）学习使用肘关节动觉感受仪，学习测量肘关节的动觉感受性，加深理解立体感知觉的获得过程。

（2）了解立体感知觉在体育运动和运动员选材中的重要性，为未来从事体育教学和科研打下基础。

（3）培养严谨、团结、协作、积极探究的精神。

实验材料与器具

肘关节动觉感受仪。

课程思政

了解体育心理学的多维性，在体育运动情境中，心理现象无处不在，既伴随着人的身体活动而发生，又影响着人的身体活动。针对在体育教学和训练中常碰到的心理问题，培养体育专业大学生解决实际问题的能力，提高教学、训练或健身指导水平。培养大学生严谨、团结、协作、积极探究的精神。

线上自主学习

肘关节动觉感受性的测定

一、实验原理

在运动练习中，由动作效应引起的感觉也是肌肉对下一动作的调节，谢切诺夫（Sechenov, L. M）和巴甫洛夫都曾指出这种感觉的重要作用。有关心理学家也曾对此做过不少研究，普尼认为，运动感觉的发展，与不同的体育训练和运动技巧的掌握密切联系。有人认为，运动感觉的结构在体育运动技能发展中起着决定性的作用。此类研究又深入到专项运动中去，为运动选材和训练提供了心理素质依据。

本实验以肘关节为轴心，前臂作不同角度的画弧运动来体会肌肉和知觉的感知觉，用所画角度的误差平均值表示被试动觉感受性的准确性。

二、实验内容

（1）了解实验准备工作：将仪器平放在桌面上，被试者侧身坐在桌旁，闭眼，手平放于仪器指针板上，手指要轻轻压住指针板。

（2）掌握实验操作步骤，被试者要保持腕和肩关节不动，只用肘关节和前臂带动指针板。按照指定方向运动，运动到一定幅度碰到拦阻时，重复该运动幅度运动三次（此为标准幅度），以便体会该标准幅度的肌肉和关节的感知觉。第四次运动不会再碰到拦阻，当觉得运动幅度与前三次相等，即行停止（此为实验幅度），主试者记录标准幅度与实验幅度之间的误差。

（3）了解实验的数据记录和评价，分别以不同角度的标准幅度实验，每个标准幅度按上述要求做 6 次，将被试者的标准幅度和实验幅度的误差记录在下表 4-2-2 内。

三、实验要求

（1）查阅文献，了解肘关节动觉感受性的定义。

（2）掌握肘关节动觉感受仪的使用方法、该实验的实验原理和步骤。

（3）分析肘关节动觉感受性在体育运动的应用。

线下学习

一、实验方法

（1）主试者和被试者两人一组，交替进行。

（2）将实验数据填入表格，并分析。

二、实验步骤

（1）将实验对象进行分类，由于被试者所从事的专项运动技术特点不同，常用的肢体动作不一。为了进行对比，可选择三类人作被试者。一类是以上肢活动为主（如体操、排球、羽毛球、标枪、铁饼等）的运动员；第二类是以下肢活动为主（如足球、赛跑、跳跃等）的运动员；第三类是非运动员。

（2）做好准备：将肘关节动觉感受性测量仪器平放在实验台上，被试者坐在对准测量器的后端一侧，以右侧为例，右侧上肢前臂平放在指针板的凹壕内，右手指捺住指针板上端。测量器的半圆靠直径的截面对准被试者身体前右侧，身体其他部分自然放松。主试者坐在被试者对面，靠近测量器的半圆的外周，身体正对测量器，便于准备观测被试前臂的运动角度。

（3）告诉被试者实验过程和要求，要保持腕和肩关节不动，只用肘关节带动指针板按照指定方向运动，运动到一定幅度碰到拦阻时，便重复该幅度的运动三次，第四次不再会碰到拦阻，当觉得运动幅度与前三次相等，即行停止。

被试者在实验前要遮挡视线，以保证用肌肉动觉控制动作，而不是用视觉控制动作。被试者在实验前不能做任何练习，以保证实验结果的准确性。

（4）进行实验：

① 主试者发出口令“开始”，由被试者做出右臂向右划弧 50°角的动作（动作的开始和停止均有插销阻挡），然后再回到始发点。被试者做上肢肘关节划弧动作时，持续时间不宜过长或过短，一般控制在 3 s 时间以内。由被试者重复做上述动作两次，共练习三次。然后抽开阻挡的钉子（只有始发点有阻挡作为标志，终点无阻挡），并要求被试者独立地根据自己刚才练习时所获得的动觉凭被试者的自我感觉确定动作停止的角度。重复做同一幅度的运动三次，主试者观察指针板下方的指针所对应的刻度，计算与标准幅度（如 50°）之间的误差。将被试者每次所做运动的实际幅度与标准幅度之间的“误差度”记录于记录表上。

② 90°角度的测试过程同①。

③ 130°角度的测试过程同①。

被试者在仪器上做大角度运动时（为 100°以上），会感觉不便，因此坐姿要轻松自如，不要因动作费力而影响实验结果。

（5）计算每个被试者每个测试角度的后三次“误差度”的平均值。

（6）将多名不同专项的被试者的“误差度”进行比较，思考肘关节动觉感受是否有项目差异。

（7）将多名不同性别的被试者的“误差度”进行比较，思考肘关节动觉感受是否有性别差异。

三、注意事项

（1）用肘关节感受性测量器进行实验时，仪器比较简单，被试者容易潦草从事，主试者应让被试者按照实验规程认真、严格操作。

（2）主试者在实验中不能对被试者以任何方式进行暗示或影响。

实验结果与评价

（1）将实验结果填入表 4-2-1 和表 4-2-2 中。

（2）计算平均误差[平均误差=（第四次误差+第五次误差+第六次误差）/3]。填入表 4-2-1 中。

表 4-2-1　肘关节动觉感受性误差表

实验次数	标准幅度及误差		
	50°	90°	130°
第一次			
第二次			
第三次			
第四次			
第五次			
第六次			
平均误差			

（3）选择不同专项的同学进行测试，填入表 4-2-2 中（可加行），思考肘关节动觉感受是否有项目差异。

表 4-2-2　肘关节动觉感受性误差表

专项	标准幅度及误差							
	50°				130°			
	1	2	3	平均误差	1	2	3	平均及误差
排球								
体操								
乒乓球								
200 m								
跳远								
非运动员								
…								

（4）选择多个不同性别的同学的数据测试，填入自制表格中，思考肘关节动觉感受是否有性别差异。

（5）结果分析与评价：有研究表明，个体肘关节感受性在 20°的平均误差是 2°～5°，在 120°的平均误差为 3.3°～7.7°，非运动员均高于运动员。平均误差越小，动觉方位辨别能力越强，反之，平均误差越大，动觉方位辨别能力越弱。经训练后，动觉感受性趋向于稳定和准确。另外，个体实验幅度有的表现为高估倾向，有的表现为低估倾向，也有的表现为高低估混合倾向。研究动觉误差和倾向性对于改进运动训练方法和专项运动员的选才都有重要的参考价值。

课后练习

（1）结合自身的运动和训练经历，谈谈专项运动感知觉的获得和发展过程。

（2）各个被试的肘关节动觉感受性是否一致，原因何在？

（3）结合自身的运动和训练经历，谈谈运动感知觉在体育活动中的重要意义。

实验三　时间知觉的测定

实验目的

1. 通过实验使学生了解时间知觉的概念，尤其是运动过程中时间知觉的差异性，掌握测定时间知觉的实验方法和评价，为未来从事科研、训练提供基础。

2. 培养学生严谨、团结、协作、积极探究的精神。

实验材料与器具

BD-Ⅱ-121 型时间知觉测试仪、实验记录表（表 4-3-1）。

课程思政

了解体育心理学的多维性，在体育运动情境中，心理现象无处不在，既伴随着人的身体活动而发生，又影响着人的身体活动。针对在体育教学和训练中常碰到的心理问题，培养体育专业大学生解决实际问题的能力，提高教学、训练或健身指导水平。培养大学生严谨、团结、协作、积极探究的精神。

线上自主学习

运动持续时间知觉的测定

一、实验原理

时间知觉是指对客观现象延续性和顺序性的感知，它与活动内容、情绪、动机、态度有关，也与刺激的物理性质和情境有关。时间知觉是在人类社会实践中逐步发展起来的，由于年龄、生活经验和职业训练的不同，人与人之间在时间知觉方面存在着明显的差异。在体育运动中正确估计一段持续的时间长，是保证完成高水平技术动作的重要心理素质。

对时间长短的估计，经常受到生理、心理等因素的影响。时间知觉测试仪可检测各种因素对时间知觉的影响，主要用复制法测定时间知觉。复制法要求被试者复制出在感觉上认为与标准刺激相等的时间来，以复制结果与标准刺激的差别作为时间知觉准确性的指标，并区分是高估还是低估了标准时间。复制法测量的结果不受过去经验的影响，它能确切地表示一个人辨别时间长短的能力。

二、实验内容

（1）了解实验原理。

（2）了解实验前的准备工作，实验前，主试者应将被试操作键的插头插在仪器后面板相应插座中，被试者手持被试操作键。将电源线的插头插入 220V 电源中，打开后面板的电源开关。

如需要打印实验结果，并选配有微型打印机，则将打印机插头插在后面板打印插座上，装好打印纸，并使打印机处于联机状态。

按面板上“实验选择”键确定实验功能，键上方有相应指示灯亮表示。

（3）掌握实验方法，以实验 A-Ⅰ为例，了解主试和被试的相应操作。

学生可以先进行 A-Ⅲ（练习实验）进行练习，接着根据需要进行实验方法的选择，可以选择实验 A-Ⅰ、实验 A-Ⅱ、实验 B-Ⅰ、B-Ⅱ、实验 B-Ⅲ等方法。

实验 A 类是时间长短复制法实验，实验 B 类是节拍快慢调整法与恒定刺激法测定节奏差别阈限实验。

仪器的刺激方式：声、光各自呈现及声光同时呈现。

实验次数:除实验类型确定次数固定不限外，可选 10，20 次。

实验 A 标准刺激时间：实验 A-Ⅰ为设定的 10 个时间（0.5 秒，1 秒，1.5 秒，2 秒，3 秒，4 秒，6 秒，8 秒，12 秒，16 秒）；实验 A-Ⅰ为 01 ~ 99 秒；1 秒钟一档任意设定；实验 A-Ⅲ为 0.01 ~ 99.99 秒手工设定。

实验 A 标准刺激信号类型：连续、间断（频率：1.25，23，45，812.5，20Hz）、始末共 10 种。

实验 A 最小计时：0.01 秒。

实验 A 计算及显示每次偏差及平均偏差，精度 0.01 秒。

实验 B 节拍频率范围：实验 B-Ⅰ/Ⅱ为 40 ~ 255 次/分，实验 B-I 为 1 ~ 255 次/分。

实验 B 节拍声或光持续时间为 180 毫秒。

实验 B 计算及显示绝对平均偏差或正确率。

被试测试键：被试键盘设有光刺激灯、三个回答操作键以及一个三色提示灯。

（4）了解实验的数据记录和评价：结果按表 4-3-1 整理记录；对结果进行评价。

三、实验要求

（1）查阅文献，了解时间知觉、运动持续时间知觉的意义。

（2）熟悉此次实验的原理和方法、步骤。
（3）了解时间知觉在体育运动的应用。

线下学习

一、实验方法

（1）选择不同专项的运动员进行测试，并进行对比分析。
（2）主试和被试两人一组交替进行。

二、实验步骤

1. 选择 A-Ⅲ（练习实验）进行练习

（1）选择刺激方式，按“刺激方式”键，键上方的“光”亮灯，表示光刺激呈现；“声”亮灯，表示声音刺激呈现，声、光灯全亮，则声、光刺激同时呈现。

（2）实验次数固定：10 次。

（3）选择标准刺激信号类型，按“+”“－”键，调整信号类型参数（第 1 位数码管）。参数范围 0 ~ 9，参数 0 表示连续信号，1 ~ 8 表示间断的 8 个不同频率的信号，9 表示信号为一段空的时间间隔，即仅仅开始与结束时有很短的刺激呈现。

（4）被试做好准备后，主试按下“开始”键。

（5）被试键盘提示灯亮黄色，进入预备状态。

（6）按下被试键盘“回车”键开始按设定方式呈现标准刺激，抬起键标准刺激结束，相应这段时间为标准刺激时间。标准时间 0.01 ~ 9.99 秒手工任意设定。呈现标准刺激期间被试键盘提示灯亮红色，实时显示时间。

（7）被试键盘提示灯亮绿色表示被试复制开始。被试按下被试键盘“回车”键开始呈现比较刺激，为连续的声或光刺激（不受信号类型限制），当感觉上与刚呈现的标准刺激时间相同时，马上抬起键，显示的就是比较刺激时间。

（8）2 秒钟后显示偏差值，快了为正，慢了为负（显示“－”）。

（9）1 秒后将按设定的刺激方式重新开始预备，呈现标准刺激，回到第 5 步，直到进行了 10 次为止。

（10）实验结束时，发出一长声响，显示平均偏差值。

（11）按“+”“-”键，可依次显示 10 标准时间或 00.00，再按“位”键，显示相应时间的偏差值，当时间显示为 00.00 时，按“位”键，显示的是平均偏差值。

（12）按“打印”键，打印实验结果，包括实验条件，每次的标准时间（ST）、比较时间（COMP）、偏差值（△）以及平均偏差值（AV）。

（13）按“复位”键，重新开始选择设定。

（14）在练习实验中，主试手持被试操作键，分别呈现标准刺激与比较刺激，让被试判断其时间相对长短，口头报告后一次与前一次呈现相比，是“长了”或“短了”或“相等”。主试可根据显示的偏差值与被试报告相比，得出实验结果。

（15）在练习实验中，主试手持被试操作键，呈现一个一定长度的刺激，让被试口头报告这个刺激持续的时间。

（16）在练习实验中，被试手持被试操作键。主试说出一个时间，要求被试复制出相应时间的刺激信号。

2. 进行实验 A-Ⅰ的测试

（1）选择刺激方式，按“刺激方式”键，键上方的“光”亮灯，表示光刺激呈现；“声”亮灯，表示声音刺激呈现；声、光灯全亮，则声、光刺激同时呈现。

（2）选择实验次数，按“实验次数”键，键上方“10”亮灯，表示实验进行 10 次，“20”亮灯，表示进行 20 次。

（3）选择标准刺激信号类型:按“+”“－”键，调整信号类型参数（第 1 位数码管）。参数范围 0～9，参数 0 表示连续信号，1～8 表示间断的 8 个不同频率的信号，9 表示信号为一段空的时间间隔，即仅仅开始与结束时有很短的刺激呈现。

（4）被试做好准备后，主试按下“开始”键。

（5）2 秒钟预备，被试键盘提示灯亮黄色。

（6）按设定的刺激方式（声/光）及刺激信号类型呈现标准刺激。10 个标准时间（0.5 秒，1 秒，1.5 秒，2 秒，3 秒，4 秒，6 秒，8 秒，12 秒，16 秒）将随机呈现，实时显示时间。呈现标准刺激期间被试键盘提示灯亮红色。

（7）被试键盘提示灯亮绿色表示被试复制开始。被试按下被试键盘“回车”键开始呈现比较刺激，为连续的声或光刺激（不受信号类型限制），当感觉上与刚呈现的标准刺激时间相同时，马上抬起键，显示的就是比较刺激时间。

（8）2 秒钟后显示偏差值，快了（比较时间比标准时间短）为正：慢了为负（显示“-”）。

（9）1 秒后将按设定的刺激方式重新开始预备，呈现标准刺激，回到第 5 步，直到进行了 10 或 20 次为止。

（10）实验结束时，发出一长声响，显示平均偏差值。

（11）按“+”“-”键，可依次显示 10 或 20 个的标准时间（0.5 秒，1 秒，1.5 秒，2 秒，3 秒，4 秒，6 秒，8 秒，12 秒，16 秒）中的一个或 00.00，再按“位”键，显示相应时间的偏差值；当时间显示为 00.00 时，按“位”键，显示的是平均偏差值。

（12）按“打印”键，打印实验结果，包括实验条件，每次的标准时间（ST）、比较时间（COMP）、偏差值（△）以及平均偏差值（AV）。

（13）按“复位”键，重新开始选择设定。

3. 整理和分析实验结果

整理实验数据时，应对快了“+”慢了“-”分别整理清楚。

4. 被试者填写实验自我体验记录

询问被试者对实验的意见、建议和启示。

三、注意事项

（1）严格按照实验要求和步骤进行实验。

（2）实验时应注意减少操作因素的影响，尤其是在按住“回车”键和抬起该键（松开按回车键的手指）时，操作要集中注意力。

（3）实验现场不准围观，尤其未测试的被试者更不要围观他人的实验，以免影响实验条件的对等性。

实验结果与评价

将实验 A-Ⅰ结果按照示例表 4-3-1 的形式填入自制表格中。

表 4-3-1　时间知觉测试结果示例表（单位：s）

实验方法：A-Ⅰ

刺激方式：光

测试次数：10

信号类型：2

被试姓名：×××	性别：×	专项：××	
次数	ST	COMP	△
1	16	16.28	-0.28
2	12	11.66	0.34
3	8	7.90	0.10
4	6	5.94	0.06
5	4	4.50	-0.50
6	3	2.84	0.16
7	2	2.69	-0.69
8	1.5	1.52	-0.02
9	1	1.25	-0.25
10	0.5	0.48	0.02
AV：-0.11			

误差越小说明被测试者的时间知觉越准确，反之，则越不准确。

课后练习

（1）时间知觉对体育运动有什么重要意义？

（2）引起时间知觉误差的因素是什么？

实验四　操作思维敏捷性的测定

实验目的

（1）学习使用五格盘和测定个体操作思维敏捷性的方法。

（2）通过实验使学生理解思维敏捷性的概念，了解运动操作思维过程的特点，掌握操作思维实验的方法。

（3）培养严谨、团结、协作、积极探究的精神。

实验材料与器具

五格盘，三个标有 1，2，3 的筹码，秒表。

课程思政

了解体育心理学的多维性，在体育运动情境中，心理现象无处不在，既伴随着人的身体活动而发生，又影响着人的身体活动。针对在体育教学和训练中常碰到的心理问题，培养体育专业大学生解决实际问题的能力，提高教学、训练或健身指导水平。培养大学生严谨、团结、协作、积极探究的精神。

线上自主学习

操作思维敏捷性的测定

一、实验原理

体育心理学的研究发现，运动员在解决竞赛任务时的思维与一般的抽象思维不同，它具有“行动性”特征。这种思维过程主要不是与抽象概念相联系，而是直接借助于操作动作，称为操作思维。

思维敏捷性是思维的品质之一，是对变化的情况迅速做出反应的能力。用筹码在五格盘上走位是反映思维敏捷性的方法之一。操作思维是否敏捷对于集体项目的运动员十分重要。本实验把开始位置作为变化的情况，要求用最少的步数和最短的时间走到最终位置，记录的时间作为思维反应是否敏捷的客观指标。

二、实验内容

（1）了解实验原理、实验方法。

（2）掌握实验流程：

① 了解五格盘的开始位置。现有三种开始位置，每次要以规定的最少的步数，用最短的时间按照最终位置的形式把三个筹码对号摆在五格盘 1，2，3 的位置上。要求每步只能上下和左右移动筹码一格，一个格子只能放一个筹码。

② 被试自己手握秒表并按以上要求移动筹码，实验过程中秒表不能停下，直到按规定的最少步数从开始位置走到最终位置时按下秒表，记录时间，完成一次实验。

③ 按以上步骤共做三次实验。

（3）了解实验的数据记录和评价，结果按表 4-4-1 整理记录；对结果进行评价。

三、实验要求

（1）查阅文献，加深对操作思维敏捷性的理解。

（2）熟悉此次实验的原理和步骤。

线下学习

一、实验方法

（1）被试一人一组，自己手握秒表并按要求移动筹码，记录从开始到终点的时间。
（2）实验前不允许练习。

二、实验步骤

（1）第一次实验开始时，主试者喊“开始”并同时打开秒表计时，被试者将图 4-4-1 上的 3 个筹码移动成图 4-4-2 的阵式。移动要逐个、一格一格地移，只能移至邻格，不能跨格。用最短的时间按照最终位置的形式把三个筹码对号摆在五格盘 1，2，3 的位置上。被试者在从开始位置走到最终位置，完成操作筹码任务后，主试者记录移动的步数与用的总时间，填入表 4-4-1。第一次实验完成。

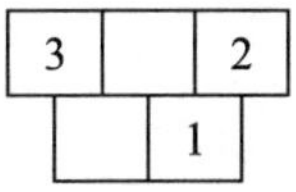

图 4-4-1　移前阵式

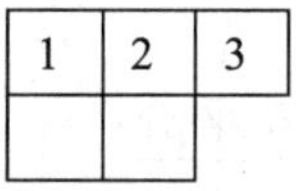

图 4-4-2　移后阵式

表 4-4-1　五格盘的开始位置、最终位置、时间记录　　单位：s

实验次数	开始位置	最终位置	最少步数	最短时间
1	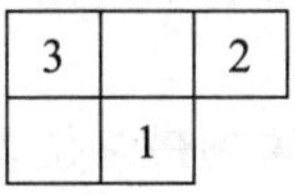	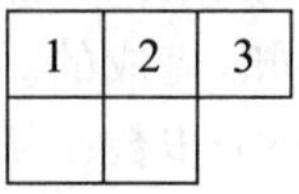		
2	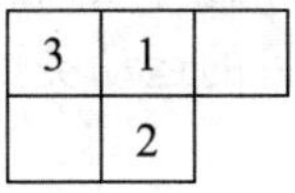	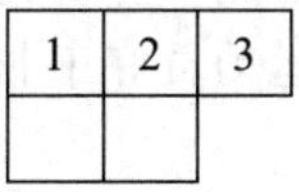		
3	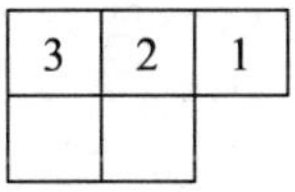	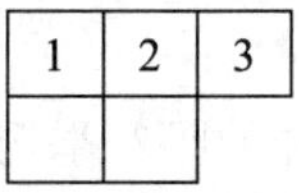		

（2）第二次实验开始时，主试者喊“开始”并同时打开秒表计时，被试者将图 4-4-3 上的 3 个筹码，移动成图 4-4-4 的阵式。其余操作步骤同上。第二次实验完成。

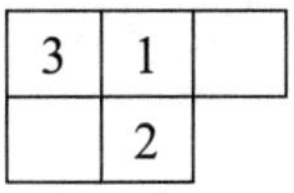

图 4-4-3　移前阵式图

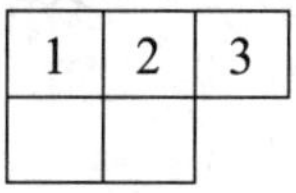

图 4-4-4　移后阵式

（3）第三次实验开始时，主试者喊“开始”并同时打开秒表记时，被试者将图 4-4-5 上的 3 个筹码，移动成图 4-4-6 的阵式。其余操作步骤同上。第三次实验完成。

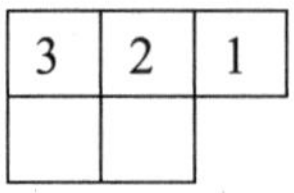

图 4-4-5　移前阵式

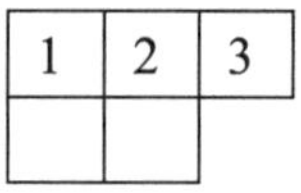

图 4-4-6　移后阵式

（4）实验结束后，向被试者询问对实验的体验并记入自我体验记录表。

三、注意事项

（1）实验前不允许练习。

（2）在进行操作思维实验中，要注意实验中不允许相互旁观操作，不让无关人员在现场干扰。

（3）实验过程中，在条件允许下，可运用仪器测定被试者的生理反应指标（如心率、血压等指标），作为分析时的参照。

（4）实验后要询问被试者的自我感受并记入记录表中，供分析时做参考。

实验结果与评价

（1）将被试者每次实验所用的时间记录在表 4-4-1 中，并做结果分析。

（2） 运动中的思维与逻辑思维的特点有所不同，在解决具体问题时，总是与实际操作相联系，也称“操作思维”。操作思维不像逻辑思维那样思考好了再做，而是边做边思考，边思考边做。比如同场对抗的集体项目——篮球，篮球运动员的思维就体现了操作思维，运动员根据比赛现场的千变万化的信息进行信息编码、加工、整理，最终做出合理的决策和应答反应，这种信息加工与应答反应几乎是同时完成的。

用筹码在五格盘上走位，以规定的最少步数，从开始位置到最终位置所需时间表示思维的敏捷性。时间越短，表示操作思维越敏捷。有研究表明，经过专项训练的运动员的操作思维敏捷性要好于非运动员，集体项目的运动员好于非集体项目的运动员。

课后练习

（1）思维敏捷性与思维灵活性是一样的吗？举例说明。

（2）试述操作思维的敏捷性在集体项目中的重要作用。

实验五　注意分配能力的测定

实验目的

（1）学会注意分配仪的使用和测定方法。

（2）测定学生对不同刺激的注意分配能力，了解注意分配的个体差异，探讨注意分配的可能性与条件。

（3）培养严谨、团结、协作、积极探究的精神。

实验材料与器具

BD-Ⅱ-314 型注意分配仪。

课程思政

了解体育心理学的多维性，在体育运动情境中，心理现象无处不在，既伴随着人的身体活动而发生，又影响着人的身体活动。针对在体育教学和训练中常碰到的心理问题，培养体育专业大学生解决实际问题的能力，提高教学、训练或健身指导水平。培养大学生严谨、团结、协作、积极探究的精神。

线上自主学习

注意分配能力的测定

一、实验原理

在体育心理学中，对注意品质的研究不仅仅涉及注意的一般品质，而且涉及运动员临场注意的排干扰性问题。注意分配是注意品质之一，指在同一时间内，把注意指向两种或两种以上不同的对象或活动上。注意分配亦称时间分配。即在同一时间内把注意分配到不同对象上。注意分配的条件是：

① 有熟练的技能技巧。

② 是有赖于同时进行几种活动之间的关系。

注意分配仪就是按以上原理，用于检验被试者同时进行两项工作的能力。本实验对被试在限定时间内呈现三种刺激“光”“声”“光+声”，并让被试者做出反应，通过判断的正确次数来决定注意分配的成绩。可用于研究动作，学习的进程和疲劳状况。该仪器可分别结合随机呈现声、光二种刺激，根据被试者的判断、应答、所用的时间及正确次数，作为测试的结果。

二、实验内容

（1）了解实验原理。

（2）了解仪器使用方法。

主试面板说明：从左向右，依次是定时，方式，次数，启动，复位，音量，电源。其中“定时”键有 1-9 分钟九档，数码显示于此键上方；“次数”键可以选择显示的次数为正确次数或错误次数，其键上方的相应指示灯亮；“方式”键可以用来选择工作方式，数码显示于此键上方。“0”方式是检测方式；“1”方式是中、高三声反应方式；“2”方式是低、中、高三声方式；“3”方式是光反应方式；“4”方式是二声+光反应方式；“5”方式是三声+光反应方式；“6”方式可以用来测试方式 1、3、4 三项实验连续进行的 Q 值；“7”方式可以用来测试方式 2、3、5 三项实验连续进行的 Q 值。

表 4-5-1　各个工作方式的功能

方式	功　能
0	自检方式，此方式时可以试音，试光，即检查仪器好坏，也可让被试熟悉低、中、高三种声调。
1	中、高二声反应方式
2	低、中、高三声反应方式
3	光反应方式
4	二声+光反应方式
5	三声+光反应方式
6	测定 Q 值，二声反应、光反应、二声+光反应三项实验连续进行
7	测定 Q 值，三声反应、光反应、三声+光反应三项实验连续进行

被试者操作面板说明：

① 3 个声信号操作键：听到低音按“低音”键；听到中音按“中音”键；听到高音按“高音”键；

② 8 个光信号操作键：依据红灯亮位置按下对应操作键；

③ 光信号灯：红灯亮为光刺激；

④ 工作指示灯：灯亮表示工作态；灯闪烁表示规定时间内完成了一项操作，中间休息；灯灭表示一组实验完成。

⑤ 启动键：与主试面板一致，为开始测试键。

（3）操作方法及步骤：

① 插好 220 V 电源插头，开“电源”开关，电源指示灯亮。

② 按“定时”键设定工作时间。

③ 按“方式”键设定工作方式。

④ 自检（试音，试光）：主试设定方式“0”，按“启动”键，开始“自检”，被试者分别按压三个声音按键，细心辨别三种不同音调；分别按压 8 个光按键，对应发光二级管亮。每按下一键，数码管相应显示一组数值。检测仪器是否正常。

⑤ 注意分配实验：主试设定方式“1--7”。

a. 被试者按启动键，工作指示灯亮，测试开始；

b. 二声反应（方式 1）：出声后，被试依声调用左手食指和中指分别对高、中二音尽快正确反应；

c. 三声反应（方式 2）：出声后，被试依声调用左手食指、中指、无名指分别对高、中、低三音尽快正确反应；

d. 光反应（方式 3）：出光后，被试者用右手食指尽快按下与所亮发光管相对应的按键；

e. 二/三声与光同时反应（方式 4/5）：左右手依上述方法同时反应；

f. 测定 Q 值（方式 6/7）：二/三声反应、光反应、二/三声与光同时反应三项实验连续进行，最后自动计算出注意分配量 Q 值；每项实验完成后，中间将休息，启动灯闪烁，按“启动”键，实验继续；

g. 当工作指示灯灭，表示规定测试时间到；

h. 测试过程中，将实时显示正确或错误次数，显示正确次数，相应“正确”指示灯亮；显示错误次数，相应“错误”指示灯亮。“方式 4 或 5”声光组合实验，显示正确或错误次数时，声为显示方式“4 或 5”，光为显示方式“4.或 5.”，即光有小数点以示区别；

⑥ 查看被试测试成绩：

每次组实验完成后，按“次数”及“方式”键，可查看被试测试成绩。

a. 声或光单独实验（方式 1、2、3）：按“次数”键，查看正确或错误次数；

b. 声或光组合实验（方式 4、5）：按“方式”键，查看声或光的数据，声方式显示“4 或 5”，光方式显示“4.或 5.”。按“次数”键，查看对应的正确或错误次数；

c. 测定 Q 值实验（方式 6、7）：按“方式”键，可以查看每项的实验数据，对应方式显示为 1/2（声）--3.（光）—4/5（声光组合中声）-4./5.（声光组合中光）--6/7（Q 值），依次循环。按“次数”键，查看对应的正确或错误次数。显示 Q 值时，按“次数”键无效，相应指示灯全灭；当 Q 值>1.0，注意分配值无效，显示“-. - -”。

⑦ 每组实验完成后，重新开始，必须按“复位”键。

（4）了解实验的数据记录和评价。

三、实验要求

（1）自主查阅资料，加深对注意分配的理解。

（2）熟悉此次实验的原理和步骤。

线下学习

一、实验方法

主试和被试两人一组交替进行。

二、实验步骤

主试打开电源开关，设定方式“0”，按启动键，开始进行试音和试光。被试分别按压三个声音按键，辨别三种不同音调；分别按压 8 个光按键，对应发光管亮。每按下一键，数码管相应显示一组数值。

（1）主试按复位键，将定时设置为“1”，方式设置为“2”。

指导语是：“当你听到高、中、低 3 个声音时，请用你左手的食指、中指和无名指分别按高、中、低 3 个声音键。反应越快越好。”

按启动键，测试开始。当工作指示灯亮时，声音键停止发声，表示测试时间到。

（2）主试按复位键，将定时设置为“1”，方式设置为“3”。

指导语是：“当你看到光亮时，请用你的右手食指尽快按下与所亮发光管相对应的按键。反应越快越好。”

按启动键，测试开始。当工作指示灯亮时，灯光键停止发光，表示测试时间到。

（3）主试按复位键，将定时设置为“1”，方式设置为“5”。

指导语是：“这次要测量你的注意分配能力。你要一边听声音，一边看灯光。当你听到高、中、低3个声音时，请用你左手的食指、中指和无名指分别按高、中、低3个声音键，同时用你的右手食指尽快按下与所亮发光管相对应的按键。要两边兼顾，反应越快越好。”

（4）按启动键，测试开始，当声光全无、工作指示灯熄灭时，表示测试时间到，一组测试结束。

以上为手动记录和计算注意分配值，用所得数据计算Q值并分析。

（5）可以将方式设置为7，仪器进行测试和记录，并计算Q值。被试者对仪器发出的声刺激做出判断和反应，用左手按下相应按键，在规定时间内尽快地操作，记录下正确的反应次数 S1。被试者对仪器发出的光刺激做出判断和反应，用右手食指按下相应按键。在规定时间内尽快地操作。记录下正确的反应次数F1。仪器随机地、自动地、连续地按规定时间，同时呈现声 + 光刺激，要求被试左、右手分别按下声、光按键，在规定时间内尽快地操作，分别记录下对声和光刺激正确的反应次数：S2 和 F2。对仪器计算出的Q值进行分析。

三、注意事项

（1）严格按实验流程操作。

（2）实验内要保持安静，减少干扰。

实验结果与评价

（1）当采取的是手动记录数据时，数据记录要分别记录单独对光正确反应次数F1、对声正确反应的次数S1，同时对光、对声正确反应次数F2和S2。

（2）计算注意分配能力Q值，按下列公式计算结果：$Q=\sqrt{(S2/S1)\times(F2/F1)}$。

Q值的判断：当Q<0.5时，没有注意分配值；0.5≤Q<1.0，有注意分配值；Q=1.0，表示完全分配，注意分配值最大；当A>1.0，注意分配值无效。

（3）测试不同专项学生的注意分配Q值，对结果进行讨论和分析。

课后练习

（1）在体育活动中，注意能否同时分配到两个对象上？

（2）举例说明注意分配与运动项目的关系。

（3）如何提高学生的注意分配能力？

实验六　气质类型的测定

实验目的

（1）通过测定使学生理解气质的基本类型及其特征。

（2）学习用气质量表来测定个体的气质类型。

（3）培养学生严谨、团结、协作、积极探究的精神。

实验材料与器具

气质类型量表、气质测定答案纸、气质测验得分表、气质量表常模。

课程思政

了解体育心理学的多维性，在体育运动情境中，心理现象无处不在，既伴随着人的身体活动而发生，又影响着人的身体活动。针对在体育教学和训练中常碰到的心理问题，培养体育专业大学生解决实际问题的能力，提高教学、训练或健身指导水平。培养大学生严谨、团结、协作、积极探究的精神。

线上自主学习

气质类型的测定

一、实验原理

气质是一个人天生就具有的心理活动的动力特征。心理学把人们的气质区分为四种典型的类型：胆汁质、多血质、黏液质和抑郁质。除了上述四种类型之外还有很多混合类型。

气质类型的测定方法主要有观察法、条件反射法、心理测量法和心理量表法等。其中自陈量表法是测定气质类型较为简便的方法，主要有波兰心理学家简·斯特里劳编制的《斯特里劳气质调查表（STI）》、英国心理学家艾森克编制的《艾森克人格问卷（EPQ）》、美国心理学家瑟斯顿编制的《瑟斯顿气质量表》和我国山西省教科所张拓基、陈会昌编制的《气质类型调查表》等。

《气质类型调查表》共 60 个项目，每种基本气质类型各 15 题，按随机顺序排列。采用自陈法，要求被试按指导语的要求回答问题。

二、实验内容

（1）了解气质类型量表（表 4-6-1）的内容及测试方法。

表 4-6-1　气质类型调查表

1. 做事力求稳妥，不做无把握的事。
2. 遇到可气的事就怒不可遏，想把心里话全说出来才痛快。
3. 宁肯一个人干事，不愿很多人在一起。
4. 到一个新环境很快就能适应。
5. 厌恶那些强烈的刺激，如尖叫、噪音、危险镜头等。
6. 和人争吵时，总是先发制人，喜欢挑衅。
7. 喜欢安静的环境。
8. 善于和人交往。
9. 羡慕那种善于克制自己感情的人。
10. 生活有规律，很少违反作息制度。
11. 在多数情况下情绪是乐观的。

续表

12. 碰到陌生人觉得很拘束。 13. 遇到令人气愤的事，能很好地自我克制。 14. 做事总是有旺盛的精力。 15. 遇到问题常常举棋不定，优柔寡断。 16. 在人群中从不觉得过分拘束。 17. 情绪高昂时，觉得干什么都有趣；情绪低落时，又觉得什么都没有意思。 18. 当注意力集中于一事物时，别的事很难使我分心。 19. 理解问题总比别人快。 20. 碰到危险情景，常有一种极度恐怖感。 21. 对学习、工作、事业怀有很高的热情。 22. 能够长时间做枯燥、单调的工作。 23. 符合兴趣的事情，干起来劲头十足，否则就不想干。 24. 一点小事就能引起情绪波动。 25. 讨厌做那种需要耐心、细致的工作。 26. 与人交往不卑不亢。 27. 喜欢参加热烈的活动。 28. 爱看感情细腻，描写人物内心活动的文学作品。 29. 工作学习时间长了，常感到厌倦。 30. 不喜欢长时间谈论一个问题，愿意实际动手干。 31. 宁愿侃侃而谈，不愿窃窃私语。 32. 别人说我总是闷闷不乐。 33. 理解问题常比别人慢些。 34. 疲倦时只要短暂的休息就能精神抖擞，重新工作。 35. 心里有话宁愿自己想，不愿说出来。 36. 认准一个目标就希望尽快实现，不达目的，誓不罢休。 37. 学习、工作同样长时间，常比别人更疲倦。 38. 做事有些莽撞，常常不考虑后果。 39. 老师或师傅讲授新知识、新技术时，总希望他讲慢些，多重复几遍。 40. 能够很快地忘记那些不愉快的事情。 41. 做作业或完成一件工作总比别人花的时间多。 42. 喜欢运动量大的剧烈体育活动，或参加各种文艺活动。 43. 不能很快地把注意力从一件事转移到另一件事上去。 44. 接受一个任务后，就希望把它迅速解决。 45. 认为墨守成规比冒风险强些。 46. 能够同时注意几件事物。 47. 当我烦闷的时候，别人很难使我高兴起来。 48. 爱看情节起伏跌宕、激动人心的小说。 49. 对工作抱认真严谨、始终一贯的态度。 50. 和周围人们的关系总是相处不好。

续表

51. 喜欢复习学过的知识，重复做已经掌握的工作。 52. 希望做变化大、花样多的工作。 53. 小时候会背的诗歌，我似乎比别人记得清楚。 54. 别人说我“出语伤人”，可我并不觉得是这样。 55. 在体育活动中，常因反应慢而落后。 56. 反应敏捷，头脑机智。 57. 喜欢有条理而不甚麻烦的工作。 58. 兴奋的事常使我失眠。 59. 老师讲新概念，常常听不懂，但弄懂以后就很难忘记。 60. 假如工作枯燥无味，马上就会情绪低落。

（2）了解气质测试答案纸（表 4-6-2）的内容和填写方法

表 4-6-2　气质测试答案纸

姓　名：			性　别：				年　龄：		日　期：	
题号	+2	+1	0	−1	−2	题号	+2	+1	0	−1	−2
1						31					
2						32					
3						33					
4						34					
5						35					
6						36					
7						37					
8						38					
9						39					
10						40					
11						41					
12						42					
13						43					
14						44					
15						45					
16						46					
17						47					
18						48					
19						49					

续表

姓 名:			性 别:				年 龄:		日 期:		
题号	+2	+1	0	−1	−2	题号	+2	+1	0	−1	−2
20						**50**					
21						**51**					
22						**52**					
23						**53**					
24						**54**					
25						**55**					
26						**56**					
27						**57**					
28						**58**					
29						**59**					
30						**60**					

（3）了解气质测验得分表（表 4-6-3）的内容和填写方法。

表 4-6-3　气质测验得分表

胆汁质	题号	2	6	9	14	17	21	27	31	36	38	42	48	50	54	58	总分
	得分																
多血质	题号	4	8	10	16	19	23	25	29	34	40	44	46	52	56	60	总分
	得分																
黏液质	题号	1	5	11	13	18	22	26	30	33	39	43	45	49	55	57	总分
	得分																
抑郁质	题号	3	7	12	15	20	24	28	32	35	37	41	47	51	53	59	总分
	得分																

（4）了解气质量表常模（表 4-6-4）的基本情况。

表 4-6-4　气质量表常模

气质类型		很不明显	比较不明显	中等	比较明显	很明显
胆汁质	男	15 － 40	41 － 47	48 － 54	55 － 61	62 － 75
	女	15 － 41	42 － 47	48 － 54	55 － 60	61 － 75
多血质	男	15 － 37	38 － 44	45 － 52	53 － 59	60 － 75
	女	15 － 37	38 － 44	45 － 52	53 － 59	60 － 75
黏液质	男	15 － 42	43 － 48	49 － 55	56 － 61	62 － 75
	女	15 － 41	42 － 47	48 － 54	55 － 60	61 － 75
抑郁质	男	15 － 43	44 － 49	50 － 56	57 － 62	63 － 75
	女	15 － 44	45 － 50	51 － 56	57 － 62	63 － 75

（5）掌握气质类型测定的方法及评价方法。

三、实验要求

（1）了解气质的四种类型，掌握测试的常用方法。
（2）每个表格的测验和分值的确定都应该严格按照要求，不可随意填写。

线下学习

一、实验方法

（1）测验可团体或个别进行。
（2）将每题得分填入下表相应“得分”栏内。
（3）计算每种气质类型的总得分数。

二、实验步骤

（1）主试者念指导语。指导语如下。

本测验共有 60 个问题，只要你能根据自己的实际行为表现如实回答，就能帮助你确定自己的气质类型，但必须做到：

① 回答时请不要猜测题目内容要求，也就是说不要考虑应该怎样，而只回答你平时怎样，因为题目答案本身无所谓正确与错误之分。

② 回答要迅速，不要在某道题目上花过多时间。

③ 每一题都必须回答，不能有空题。

④ 在回答下列问题时，你认为：

很符合自己情况的，就应在相应的题号后面“+2”的小方格里面划√号；

较符合自己情况的，就应在相应的题号后面“+1”的小方格里面划√号；

介于符合与不符合之间的就应在相应的题号后面“0”的小方格里面划√号；

较不符合自己情况的，就应在相应的题号后面“-1”的小方格里面划√号；

完全不符合自己情况的，就应在相应的题号后面“-2”的小方格里面划√号。

（2）被试者先在“气质测定答案纸”上填写好姓名、性别、年龄和测验日期，然后阅读表 1，并同时按要求填写表 2，共 60 题。

（3）被试者在表 2 填写完答案后进行得分的统计，并填入表 3。计算各栏的总分。

① 如果某类气质得分明显高出其他三种，均高出 4 分以上，则可定为该类气质。如果该类气质得分超过 20 分，则为典型型；如果该类得分在 10～20 分，则为一般型。

② 两种气质类型得分接近，其差异低于 3 分，而且又明显高于其他两种，高出 4 分以上，则可定为这两种气质的混合型。

③ 三种气质得分均高于第四种，而且接近，则为三种气质的混合型，如多血—胆汁—黏液质混合型或黏液—多血—抑郁质混合型。

④ 如 4 栏分数皆不高且相近（<3 分），则为 4 种气质的混合型。

多数人的气质是一般型气质或两种气质的混合型，典型气质和数种气质的混合型的人较少。

一般有 15 种类型：胆汁质；多血质；黏液质；抑郁质；胆汁——多血；多血——黏液；黏液——抑郁；胆汁——抑郁；胆汁——多血——黏液；多血——黏液——抑郁；胆汁——多血——抑郁；胆汁——黏液——抑郁；胆汁——多血——黏液——抑郁；多血——抑郁；胆汁——黏液。

三、注意事项

（1）主试者念的指导语要一致，不要对被试者做其他的解释，以确保实验结果的准确性。

（2）此问卷没有时间限制。

实验结果与评价

（1）对实验数据进行处理，写出被试者的气质类型。

（2）通过气质量表得出的结果和平时观察到的自己的气质类型，进行比较和评价，看是否一致。

（3）了解本组同学的气质类型，思考体育专业大学生气质类型多数是哪些类型。

课后练习

如何看待自己的气质，气质可以改变吗？

第五章 体育保健学实验

实验一　按摩的基本手法

实验目的

（1）通过本实验掌握课堂讲授的按摩知识，初步学习按摩基本手法的操作。

（2）理解和体会按摩手法的功力，即持久、有力、均匀、柔和、深透。

（3）培养学生积极实践、勤于思考、团结合作的精神。

实验材料与器具

按摩床、按摩巾、按摩油等。

课程思政

培养体育专业大学生利用按摩手法的操作技能，传承中国传统中医养生保健方法，激发爱国主义热情，保持训练、比赛、生活的良好状态，增进同学之间、家庭成员之间的感情，培养家庭和社会责任感，为同学、家人解决运动损伤、运动性疲劳等问题，为以后的训练和教学工作打下良好的基础。

线上自主学习

按摩的基本手法

一、实验原理

按摩也称推拿，是以中医理论为基础，利用专门的手法作用于人体体表部位引起局部或全身反应，以达到调节人体功能、消除疲劳、防治伤病和增进健康为目的的一种自然物理方法。

按摩简便易学，安全可靠，无须复杂的仪器、设备，不受环境条件的限制，而且疗效快，无任何毒副作用，人们乐于接受。按摩在预防保健、治疗、运动医学、康复医学等领域中，始终占有重要的地位。

二、实验内容

（1）了解实验目的、实验原理。

（2）了解以下常用按摩的手法的操作要领。

① 摩擦类手法：推、擦、摩、抹法。

② 按压类手法：按、点、掐等手法。其特点是从表面向深部垂直用力。

③ 揉搓类手法：揉法、揉捏法、搓法、滚法等。操作时带动皮下组织一起运动，而在皮肤表面不能有摩擦。

④ 提拿类手法：拿法、弹筋和捏脊法。对皮下组织或肌肉进行上提或牵拉，手法频率较低，重复次数较少，刺激性较强。

⑤ 叩击类手法：叩法、击法和捶法。以有节奏的断续冲击力，即叩、击、拍、打等力刺激治疗点。

⑥ 动摇关节法：抖法、运拉和牵引。关节的被动运动手法，推拿学上称为运动关节类手法。要做到安全、有效、省力、方便。运拉法应该对肩、肘、腕、手指、髋、膝、踝等四肢各关节进行各个方向的运动。

（3）了解按摩手法在人体各部位应用的程序。

在身体各部位的按摩循其规律可分为以下四步程序进行：

第一步，全身各部位均可先使用推摩，使人体肌肤对按摩先有一个逐渐适应过程。类似人体在运动前的准备活动。

第二步，在身体适应后，全身各部位均可使用揉法，不仅可以使按摩部位的组织达到松解的效果，还可以缓解伤痛部位的疼痛，为下一步具有针对性地运用按摩手法做好准备。

第三步，在前两步操作的基础上，根据局部组织部位的解剖特点、功能状况和按摩的具体目的，以及不同按摩手法的作用进行选择性地组合，辨证地施用各种按摩手法，以实现满意的按摩效果。这一步是按摩的核心部分。

第四步，在第三步按摩手法充分进行并达到预期效果后，即转入按摩的结束部分。对于人体的软组织部位均施以推摩，使按摩后的组织逐渐松弛平复下来；关节部位均施以运拉法，充分放松关节，使前面按摩的效果得以检验和巩固。类似于人体运动后的整理活动。

在按摩实践中，身体各部位依序按此四步程序进行按摩即可收到良好的效果，同时也便于初学者的学习和掌握。

三、实验要求

（1）认真观看视频，掌握六大类按摩手法的操作要领。

（2）查阅资料，了解各手法在不同的部位应用、作用如何以及如何进行组合。

线下学习

一、实验方法

（1）每 4 人一组，其中 1 人躺在按摩床上做病人，另 1 人担任按摩师，其余 2 人在旁观看、互相观摩，并翻阅教材提示正确手法动作。4 人轮流交换角色进行操作。

（2）按摩手法要严格按照正规的方法和程序来做。不能浮于表面，体会持久、有力、均匀、柔和、深透的功力。

二、实验步骤

按摩手法的熟练程度以及如何适当地运用各种手法，直接影响到按摩的效果，因此，须认真练习按摩手法，才能在实践中熟练地应用。

（1）按摩时，按摩者首先应考虑操作时所处的位置、身法、步法、手法和用力。

① 位置：即按摩者与被按摩者所处的距离和方向。一般操作时，按摩者与被按摩者的距离应保持 10～20 cm，太远不宜发力，太近不宜操作，被按摩者处于卧位时，按摩者应位于其右侧。操作时要面向被按摩者，精力要集中，意识状态要专一。被按摩者所处位置要便于长时间固定不动和肌肉长时间处于放松。

② 身法：按摩者操作时身体要自然站立，避免身体姿势僵硬，以免易于疲劳。下肢可根据所操作部位的高低采用弓箭步的形式及时调整身体位置。

③ 步法：一般按摩者在操作时可两脚自然开立，与肩同宽，双腿伸直，以使身体转动灵活，移动自如。操作面积较大、用力较重时，可用弓箭步，侧对被按摩者进行加力操作。

④ 手法：多数手法要求沉肩坠肘，掌虚指实，自然放松。

⑤ 用力：发力在脚，用力在腰，促动肩臂，力贯指端。

（2）重点练习按摩基本手法，主要有运动按摩中常用的“按”“摩”“揉”“捏”“搓”“拉”“颤”“打”8 种手法。请大家在同学背部、腿部等部位进行逐个手法练习。

（一）按法

（1）手法：将一手或双手的手掌或掌根、指腹（双手并列、重叠或相对）按压被按摩的部位，腕关节背伸，用较大的力量向下或相对按压。

（2）要领：力度要由轻到重再到轻；按压腰背部等面积较大的部位时需用较大压力，可采取两臂伸直，借助自身体重向下按压。

（3）作用：放松肌肉，消除疲劳，整复小关节。

（4）应用：多用于对腰背、四肢、关节的按摩。

（二）摩法（推摩、擦摩）

1. 推摩

根据推摩手法用力的大小，可分为轻推摩和重推摩。

（1）手法：肘关节曲，四指并拢，拇指分开，全手贴于皮肤之上，沿静脉和淋巴回流方向，轻缓地向前推动。

（2）要领：动作要柔和连贯、舒展大方，在做下肢长距离推摩时，可采用侧弓箭步，以腰为轴，下肢前后腿交替屈伸；上肢则以肩带肘，以肘带腕，进行推摩。轻推摩用力只达皮肤；重推摩动作与之相同，推动时塌腕，虎口轻抬，以免引起皮肤疼痛。着力点在掌根和大小鱼际处，力达皮下组织。

（3）作用：轻推摩对神经起镇静作用；重推摩可加速静脉、淋巴回流，可消肿、散瘀和提高局部皮肤温度。

（4）应用：推摩多应用于按摩开始和结束时；在按摩中间变换手法过渡时使用，应结合擦摩，适用人体各部位。

2. 擦摩

（1）手法：拇指或四指指腹、大小鱼际、手掌、掌根紧贴于皮肤上，做往返直线摩动。

（2）要领：手法要轻缓、柔和，力量要均匀，力可达皮肤，也可达皮下组织。

（3）作用：提高局部皮肤温度，加强局部血液循环，增强关节韧带的韧性。

（4）应用：适用于全身各部位，多用于腰背部、四肢和关节。

（三）揉法

（1）手法：掌、掌根、大小鱼际、拇指指腹、四指指腹紧贴于皮肤上，做圆形或螺旋形揉动。

（2）要领：揉动中手不离皮肤，并带动手下的皮肤及皮下组织随手的揉动而滑动。

（3）作用：轻揉可缓和重手法的刺激，有镇静止痛作用；重揉可促进局部血液循环，松解深部组织，软化瘢痕。

（4）应用：适用于人体全身大小各部位。

（四）揉捏法

（1）手法：四指并拢、拇指分开、手成钳形、全掌及各指紧贴于皮肤，拇指与四指相对用力将肌肉捏住，略微上提，拇指捏，四指揉，沿向心方向旋转式移动。操作时可单手或双手进行，用力时也可双手叠加进行。

（2）要领：揉捏时，掌指不可离开肌肉，做到揉中有捏，捏中有揉，手指不可弯曲，用力要均匀，避免指尖用力。

（3）作用：促进肌肉血液循环和新陈代谢，消除肌肉疲劳，消除肌肉痉挛，松解肌肉组织。

（4）应用：多用于肌肉肥厚的部位。

（五）搓法

（1）手法：两掌相对，置于被按摩肢体部位两侧，相对用力，用力方向相反，来回搓动，上下缓慢移动。

（2）要领：动作要协调、轻快、均匀、连贯；速度节奏为慢、快、慢。

（3）作用：松解肌肉，消除肌肉疲劳。

（4）应用：多用于腰背、胸肋及四肢部，以上肢部最为常用，一般作为推拿治疗的结束手法。

（六）运拉法

（1）手法：手握住关节近侧端肢体，另一手握住关节远端肢体，按关节自主功能活动的方向和范围，做屈伸、收展、旋转和绕环活动。

（2）要领：被按摩关节及肢体要自然放松；运拉时，关节活动幅度要做到由小到大，再到小，切忌动作生硬、粗暴。

（3）作用：改善关节活动度，提高关节韧带的弹性、韧性。

（4）应用：主要用于关节部位和按摩结束时。

（七）颤法（含抖法）

（1）手法：是用掌、指轻轻抓住肌肉，进行短时、快速的振动，也称为肌肉抖动；抖法是双手握住被按摩者肢体末端进行上下均匀、匀速抖动，也称肢体抖动。

（2）要领：被按摩者肌内、肢体要放松，抖动过程中速度要掌握、快、慢的节奏，动作不可粗暴，用力不可过大。

（3）作用：放松肌肉和关节。

（4）应用：多用于肌肉肥厚部位（颤法）和四肢（抖法）。

（八）叩打法

（1）手法：叩打法可分为叩击、拍击、切击三种手法。

① 叩击。两手半握拳，用尺侧面交替向下叩打。

② 拍击。两手半握拳或两手伸直并拢，掌心向下拍打。

③ 切击。两手手指分开，伸直，用双手的尺侧交替进行切击。

（2）要领：手腕放松，掌握慢、快、慢的叩打节奏，力度要适中。

（3）作用：消除肌肉疲劳，调节神经的兴奋性，松解深部组织。

（4）应用：主要用于腰背部、四肢和关节的按摩。

除了以上的基本手法练习，还要进行按摩手法的功力练习，要求做到以下要求：

"持久"：手法要能严格按照特定操作规范持续运用一段时间而不走样，使手法的刺激量积累到临界点，足以推动经络系统的调整作用，改变病理状态。

"有力"：手法应具有恰当的力量。

"均匀"：手法动作要有节奏性，速度不可时快时慢，压力不可时轻时重。

"柔和"：是指手法的用力方式，平稳而缓慢变化的力要比急剧变化的爆发力柔和，以柔软易变形的掌面着力要比以坚硬而不易变形的骨突着力柔和。

"深透"：是指通过运用各种富于技巧性的手法，降低人体活组织的张力，减少对外力传递的阻抗而使手法作用达到组织深层。

三、注意事项

（1）按摩的环境要求。室内要清洁、安静，温度、光线适宜。

（2）按摩者的双手应保持清洁，指甲应修剪，指上不戴任何装饰品，以免损伤被按摩者的皮肤。更换被按摩者前一定要洗手，避免交叉感染。

（3）按摩时，要注意按身体部位顺序进行，用力要由轻到重，再逐渐减轻而结束。

（4）全身按摩时应注意操作方向，要顺着血液和淋巴液回流的方向即向心方向，淋巴结聚集处不宜用力按摩；腹部按摩以脐为中心，沿顺时针方向按摩。

（5）按摩的禁忌证。急性软组织损伤早期不能按摩患部；患各种急性传染病；患各种恶性肿瘤的局部；患各种溃疡性皮肤病；烧、烫伤；患各种感染、化脓性疾病及结核性关节炎；月经期、妊娠期妇女的腹部；严重的心肺功能不全者；各种血液病，如血小板减少、血友病、白血病；骨折及关节脱位；胃及十二指肠溃疡急性穿孔者；年老体衰的危重患者、不适宜按摩者；精神疾病患者。

实验小结与评价

（1）评价 8 种基本手法的准确操作程度和熟练程度。

（2）评价持久、有力、均匀、柔和、深透的功力。

课后练习

用 8 种基本按摩手法为同学做按摩，并描述操作体会。

实验二　穴位按摩

实验目的

（1）通过实验使学生掌握取穴方法、穴位按摩的方法，熟记常用穴位。

（2）培养学生积极实践、勤于思考、团结合作的精神。

实验材料与器具

穴位模型、按摩床、按摩巾、按摩油等。

课程思政

培养体育专业大学生利用穴位按摩的操作技能，传承中国传统中医的经络穴位养生保健方法，激发爱国主义热情，保持训练、比赛、生活的良好状态，增进同学之间、家庭成员之间的感情，培养家庭和社会责任感，为同学、家人解决运动损伤、运动性疲劳等问题，为以后的训练和教学工作打下良好的基础。

线上自主学习

穴位按摩

一、实验原理

穴位按摩是建立在中医经络学说基础上的一种按摩方法，也常运用于运动按摩实践中。经络学说是中医学对生命规律的独特认识之一，是中医学理论体系的重要组成部分和针灸学、推拿学的理论核心。经络是经脉和络脉的总称，经是经络系统的主干，络是经脉的分支，两者纵横交错网络全身。经络是运行全身气血、联络脏腑、肢节和沟通身体上下内外的通路，它将人体脏腑、组织、器官连接成一个有机整体，并借此行气血、营阴阳，使人体各部位的功能活动得以协调和平衡。人体的穴位分布于不同经脉循行的路线上，各自有着不同的功能和主治作用。

穴位按摩是当按摩刺激某一穴位时，这一刺激可沿着经脉传入人体内有关脏腑，使其产生相应的生理变化，从而调节和改善人体的生理功能。

二、实验内容

1. 熟悉穴位类型及常用穴位

已知的人体穴位有800多个，其中360多个穴位在古代已将其归纳于14条经络之中，即称“经穴”。历代陆续发现的新穴，称为经外奇穴。在伤病中出现的压痛点，无一定名称，通常称为“阿是”或“应天穴”。

经穴：分布在14条经脉上的穴位，有固定的名称、部位、主治范围，称“十四经穴”。（要求熟悉的穴位：头面部有百会、人中、印堂、太阳、风池；躯干部有大椎、肾俞、大肠俞、天宗、中脘；上肢有曲池、内关、外关、合谷、十宣；下肢有委中、足三里、承山、昆仑、涌泉。）

表5-2-1　头部常用穴位表

穴位	位置	主治
百会	头顶正中线与两耳廓尖端连线的交点	头晕、头顶痛、昏迷
印堂	两眉内侧端连线的中点	头晕、前头痛、鼻病
太阳	眉梢与目外眦之间向后1寸凹陷处	头痛、眼病
人中	人中沟的上1/3与下2/3交界处	昏迷、急性腰扭伤
风池	胸锁乳突肌与斜方肌之间凹陷处、平耳垂	头晕、后头痛、颈痛、眼病
下关	腭弓下部凹陷处	牙痛、面瘫、三叉神经痛
颊车	咬肌之中点，下额角前8分	牙痛、面瘫、三叉神经痛
攒竹	两眉内侧的眉端	头痛、近视、三叉神经痛
丝竹空	两眉外侧的眉端	眼疾、头痛

表5-2-2　颈、肩、背、腰部常用穴位表

穴位	位置	主治
大椎	第七颈椎第一胸椎棘突之间	发热、颈痛、中暑
天宗	肩胛冈下缘正中与肩胛下角连线的上1/3与下2/3交界处	肩胛部疼痛
肾俞	第二、三腰椎棘突间旁开1.5寸	腰痛、肾炎
大肠俞	第四、五腰椎棘突间旁开1.5寸	腰痛、肾炎
中脘	前正中线上胸骨下端和肚脐连线的中点	胃痛，腹胀，呕吐，消化不良

注：1寸≈0.033 m。

表 5-2-3 上肢部常用穴位表

穴位	位置	主治
肩井	肩峰与肱骨大结节之间，举臂时有凹陷处	肩痛、臂痛、上肢瘫痪
肩贞	腋后皱襞端上 1 寸处	肩周炎、肩背酸痛
曲池	屈肘成 90°，肘横纹头与肱骨外上髁的中间	肘痛、肩臂痛、上肢关节痛
扭伤	稍屈肘，半握拳，掌心向内，曲池与腕背横纹中央连线的上 1/4 与下 3/4 交界处	急性腰扭伤
内关	前臂掌侧，腕横纹上 2 寸，掌长肌腱与桡侧腕屈肌腱之间	手指痛、胸痛、上腹痛、昏迷
外关	腕背侧横纹正中直上 2 寸处	腕、臂、指痛、头痛
合谷	第一、二掌骨之间，靠近第二掌骨体中点	上肢痛、手麻、头痛、牙痛
后溪	握拳，第五掌骨头后，掌横纹尽头处	落枕、急性腰扭伤、肩臂痛
落枕	手背，第二、三掌骨间，掌指关节后 5 分	落枕、手指麻木
十宣	10 个指头尖端，距指甲 0.1 寸处	昏迷、中暑

注：1 寸≈0.033 m。

表 5-2-4 下肢部常用穴位表

穴位	位置	主治
环跳	侧卧、大腿弯曲、小腿伸直，在臀部股骨大转子最高点与臀裂上端连线外 1/3 与内 2/3 交界处	腰腿痛、下肢瘫痪
风市	股部外侧，膝上 7 寸处（立正，两手下垂，中指指尖到达处即是）	腰腿痛、坐骨神经痛
委中	腘窝横纹中央	腰痛、坐骨神经痛、膝痛
承山	腓肠肌腹下方人字纹处正中	腰痛、腓肠肌痉挛、痔疮
膝眼	屈膝垂足、髌骨下，髌韧带内侧凹陷处	膝痛
足三里	外膝眼下 3 寸，胫骨外侧一横指	腹痛、膝痛、下肢麻木
悬钟	外踝尖上 3 寸，腓骨后缘	外踝扭伤、落枕
昆仑	外踝与跟腱之间	踝痛、腰痛、坐骨神经痛
太溪	内踝与跟腱之间	踝痛、神经衰弱
涌泉	足前部凹陷处第 2、3 趾趾缝纹头端与足跟连线的前 1/3 处	昏迷、中暑、脚底抽筋

注：1 寸≈0.033 m。

2. 了解正确的选穴原则

（1）就近取穴：即在伤病的邻近部位选穴。

（2）循经取穴：即循经络选穴，按经络的内在联系取穴，如头面、躯干疾病，可选用四肢肘、膝关节以下的穴位。

（3）对症取穴：针对某些疾病的症状选用相应穴位。例如发热选大椎穴与曲池穴，腓肠肌痉挛选承山穴，昏迷选人中、十宣、涌泉穴等。

3. 掌握常用的取穴方法

（1）指寸法：以患者手指宽度为标准。如：大拇指指关节处的宽度为 1 寸；食指与中指合并，以第一指关节的宽度为 1.5 寸，四指并拢宽度为 3 寸。

（2）骨度分寸法：将身体不同部位之间规定出尺寸，按这些尺寸在被推拿者身上划出等分。如：胸剑联合至脐为 8 寸，肘横纹至腕横纹为 12 寸。

（3）解剖标志法：用人体体表各种解剖标志作为取穴的根据。

4. 了解点穴方法

用拇指或中指的指端点压穴位，称为点穴。用拇指点穴时，其余四指握拳，拇指伸直或微屈，使其指间关节紧靠食指以助发力。如果用中指点穴，则拇指和食指紧夹中指远侧指间关节以助发力。此外，在肌肉肥厚的部位，可用肘尖或借助工具进行点穴。点穴时，用力不要过猛，应由轻到重，以引起酸胀反应为度，稍待片刻，再逐渐减轻，点穴后局部略加轻揉，以缓解点穴后的反应。

三、实验要求

（1）了解十二个常用穴位名称、功能主治，认真观看视频，掌握其所在位置。

（2）了解取穴方法和点穴方法。

线下学习

一、实验方法

（1）每 2 人一组，其中 1 人找穴位，另 1 人担任人体穴位模特，找完后交换角色进行操作。

（2）按摩穴位的手法要严格按照正规的方法和程序来做。

（3）熟记要求掌握的穴位，找到正确位置，并用适度的力量，点或按压找准的穴位，观察被试者的感觉是否有针感（即酸、麻、胀感，亦称得气）。

二、实验步骤

（1）找到并按揉头面部要求掌握的常用穴位。

① 百会：位于头顶正中线与两耳廓尖端连线的交点。

② 人中：位于人中沟的上 1/3 与下 2/3 交界处。

③ 印堂：位于两眉内侧端连线的中点。

④ 太阳：位于眉梢与目外眦之间向后 1 寸凹陷处。

⑤ 风池：位于胸锁乳突肌与斜方肌之间凹陷处、平耳垂。

（2）找到并按揉躯干部要求掌握的常用穴位。

① 大椎：第七颈椎第一胸椎棘突之间。

② 肾俞：第二、三腰椎棘突间旁开 1.5 寸。
③ 大肠俞：第四、五腰椎棘突间旁开 1.5 寸。
④ 天宗：肩胛冈下缘正中与肩胛下角连线的上 1/3 与下 2/3 交界处。
⑤ 中脘：前正中线上胸骨下端和肚脐连线的中点。
（3）找到并按揉上肢要求掌握的常用穴位。
① 曲池：屈肘成 90°，肘横纹头与肱骨外上髁的中间。
② 内关：前臂掌侧，腕横纹上 2 寸，掌长肌腱与桡侧腕屈肌腱之间。
③ 外关：腕背侧横纹正中直上 2 寸处。
④ 合谷：第一、二掌骨之间，靠近第二掌骨体中点。
⑤ 十宣：10 个指头尖端，距指甲 0.1 寸处。
（4）找到并按揉下肢要求掌握的常用穴位。
① 委中：腘窝横纹中央。
② 足三里：外膝眼下 3 寸，胫骨外侧一横指。
③ 承山：腓肠肌腹下方人字纹处正中。
④ 昆仑：外踝与跟腱之间。
⑤ 涌泉：足前部凹陷处第 2、3 趾趾缝纹头端与足跟连线的前 1/3 处。

三、注意事项

（1）按摩前先将患者摆好体位，点穴手法要贯彻由轻到重，再由重到轻的原则。
（2）点穴时精力要集中，严肃认真，力到意到。
（3）点穴时要发力在腿，用力在腰，促动肩臂，力贯指端。

实验小结与评价

（1）学生互相评价 20 个要求掌握的常用穴位的定位，并说出其功能。
（2）教师评价、学生互评穴位按摩手法的操作准确程度。

课后练习

（1）练习点穴方法。
（2）熟练定位 20 个常用穴位并能应用手法准确点穴，并描述操作体会。

实验三　保健按摩

实验目的

（1）通过本实验，使学生能正确掌握保健按摩的各部位手法，并能达到在实践中初步应用。

（2）培养积极实践、勤于思考、团结合作的精神。

实验材料与器具

按摩床、按摩巾、按摩油等。

课程思政

培养体育专业大学生利用保健按摩手法的操作技能，保持训练、比赛、生活的良好状态，增进同学之间、运动队成员之间的感情，培养家庭和社会责任感，为同学、运动员解决运动损伤、运动性疲劳等问题，为以后的训练和教学工作打下良好的基础。

线上自主学习

保健按摩

一、实验原理

保健按摩是指运用按摩手法，在人体的适当部位进行操作所产生的刺激信息通过反射方式对人体的神经体液调整功能施以影响，从而达到消除疲劳，调节体内内环境的变化，增强体质，健美防衰。

二、实验内容

1. 了解仰卧位保健按摩的基本操作方法和流程

（1）头面部保健按摩手法和常用穴位。

常用手法：揉法、推法、摩法、抹法、点法、梳理法。

常用穴位：印堂、百会、太阳、睛明、颧髎、水沟、地仓、颊车、攒竹、风池、风府。

操作流程：

① 分抹印堂至太阳；② 轻揉眼眶；③ 推摩鼻翼至颧髎；④ 推抹水沟至地仓；⑤ 轻摩下颌至颊车；⑥ 轻揉颊车至太阳；⑦ 点揉印堂至百会；⑧ 点揉攒竹至百会；⑨ 勾点风池、风府；⑩ 梳理头发；⑪ 轻揉耳廓。

（2）胸腹部保健按摩手法和常用穴位。

常用手法：推法、揉法、拿法、按法、压法、摩法。

常用穴位：上脘、中脘、下脘、天枢、气海、关元。

操作流程：

① 掌根按压双肩；② 分推胸部至两胁；③ 全掌揉腹部；④ 轻拿腹直肌；⑤ 点压上脘、中脘、下脘、天枢、气海、关元；⑥ 摩腹。

（3）上肢部保健按摩手法和常用穴位。

常用手法：推法、拿法、按法、揉法、压法、点法、搓法、抖法、摇法。

常用穴位：曲池、手三里、内关、合谷、劳宫。

操作流程：

① 拿揉上肢三阴三阳；② 按揉腕关节；③ 点按曲池、手三里、内关、神门、合谷、劳宫；④ 推按手掌并拔伸掌指、指间关节；⑤ 抖动上肢；⑥ 摇肩关节。

（4）下肢前侧、内侧、外侧部保健按摩。

常用手法：按法、揉法、抱揉法、拿法、推法、拍法、打法、压法。

常用穴位：足三里、血海、三阴交。

操作流程：

① 直推下肢前、内、外侧；② 拿揉下肢前、内、外侧；③ 按压足三里、血海、三阴交；④ 抱揉膝关节；⑤ 拍打下肢前、内、外侧；⑥ 推摩足背；⑦ 活动踝关节。

2. 了解俯卧位保健按摩的基本操作方法和流程

（1）颈肩部保健按摩手法和常用穴位。

常用手法：推法、拿法、揉法、按法、压法、㨰法。

常用穴位：肩井、秉风、天宗。

操作流程：

① 拿揉颈项部；② 指压棘突两侧；③ 拿揉肩部；④ 按压肩井、秉风、天宗；⑤ 㨰肩部。

（2）背腰部保健按摩手法和常用穴位。

常用手法：按法、揉法、推法、压法、搓法、拍打法、弹拨法。

常用穴位：肾俞、命门。

操作流程：

① 按揉背腰部；② 弹拨足太阳膀胱经；③ 按压足太阳膀胱经；④ 㨰脊柱两侧；⑤ 拍打背腰部；⑥ 按揉肾俞穴；⑦ 搓命门；⑧ 直推背腰部。

（3）下肢后侧部保健按摩手法和常用穴位。

常用手法：按法、揉法、压法、拿法、推法、搓法、拍打法、叩击法、拔伸法。

常用穴位：环跳、委中、承山、承扶、殷门、太溪、昆仑，以及足部的心反射区、肺反射区、脾反射区、肝反射区、肾反射区。

操作流程：

① 拿揉臀部及下肢后侧；② 㨰臀部及下肢后侧；③ 按压环跳、承扶、殷门、委中、承山；④ 拿揉昆仑、太溪；⑤ 拍打臀部；⑥ 抱揉下肢后侧；⑦ 按揉常用足部反射区；⑧ 拔伸趾关节；⑨ 搓、推、按、叩足底。

线下学习

一、实验方法

每 3 人一组，其中 1 人为主试者，另 1 人为被试者，其余 1 人观摩并纠错。做完一轮后，轮流交换角色进行相同实验操作。

二、实验步骤

重点练习以下部位的保健按摩操作流程，练习在运动后、日常生活中的保健按摩方法：

1. 仰卧位头部的按摩

被按摩者取仰卧位，操作者立于身旁。按流程操作：

① 分抹印堂至太阳；② 轻揉眼眶；③ 推摩鼻翼至颧髎；④ 推抹水沟至地仓；⑤ 轻摩下颌至颊车；⑥ 轻揉颊车至太阳；⑦ 点揉印堂至百会；⑧ 点揉攒竹至百会；⑨ 勾点风池、风府；⑩ 梳理头发；⑪ 轻揉耳廓。

2. 俯卧位颈肩部保健按摩

被按摩者取俯卧位，操作者立于身旁。按流程操作：

① 拿揉颈项部；② 指压棘突两侧；③ 拿揉肩部；④ 按压肩井、秉风、天宗；⑤ 㨰肩部。

3. 俯卧位背腰部保健按摩

被按摩者取俯卧位，操作者立于身旁。按流程操作：

① 按揉背腰部；② 弹拨足太阳膀胱经；③ 按压足太阳膀胱经；④ 㨰脊柱两侧；⑤ 拍打背腰部；⑥ 按揉肾俞穴；⑦ 搓命门；⑧ 直推背腰部。

4. 俯卧位下肢后侧部保健按摩

被按摩者取俯卧位，操作者立于身旁。按流程操作：

① 拿揉臀部及下肢后侧；② 㨰臀部及下肢后侧；③ 按压环跳、承扶、殷门、委中、承山；④ 拿揉昆仑、太溪；⑤ 拍打臀部；⑥ 抱揉下肢后侧；⑦ 按揉常用足部反射区；⑧ 拔伸趾关节；⑨ 搓、推、按、叩足底。

三、注意事项

（1）按摩时手法功力要遵循持久、有力、均匀、柔和、深透，切忌暴力操作。

（2）运动员在运动后和在日常生活中的保健按摩一般要求照顾重点，顾及全身。按摩时间在比赛、训练后，或晚饭 1 h 后，或睡前 1 h。操作时间一般为 20 ~ 45 min。如果是运动后保健按摩，要先按大肌群，后小肌群；身体各部位的按摩，依大腿、小腿、臀部、腰背部、上肢顺序进行，不同运动项目可根据项目肌肉用力特点进行调正。

（3）同学们之间相互配合，相互体验，要说出体验的感觉，注重沟通，才有利于按摩者按摩手法的进步。

实验小结与评价

（1）学生互相评价各部位保健按摩的方法、流程及功力。

（2）教师评价学生的操作熟练程度。

课后练习

（1）练习保健按摩时身体按摩的顺序。

（2）给同学做各部位的保健按摩，并描述操作体会。

实验四　体育课的医务监督

实验目的

（1）使学生通过实践，熟悉体育课医务监督的方法、手段及评价方法。

（2）培养积极实践、勤于思考、团结合作的精神。

实验材料与器具

遥测心率仪（POLAR 表或运动手环）、秒表、计算器、直尺、坐标纸。

课程思政

培养体育专业大学生利用医务监督知识，使他们在今后的教学中能够运用这些知识和技能，提高体育课的教学效果，预防运动性伤病，促进学生的身体发育，保证学生身体健康。为以后的训练和教学工作打下良好的基础。

线上自主学习

体育课的医务监督

一、实验原理

本实验是通过观察教师组织教学的情况及测定学生对所承受的运动负荷的反应，判断体育课教学是否符合体育保健学的有关原理。

二、实验内容

1. 了解现场测试的相关内容

将参加实验的学生分组分别进行下列 4 项工作，所得结果供全体学生共用。

（1）对教师在体育课中的工作，用表 5-4-1 进行医务监督一般内容的评价，综合评分后得出总分。

表 5-4-1　体育课医务监督一般内容评价表

任课教师：	上课地点：	日期：	
课的基本内容		时间（min）	
一、教学分组		有（2 分）	无（0 分）
二、对学生的安全教育		有（1 分）	无（0 分）
三、有无准备活动		有（2 分）	无（0 分）
四、准备活动的内容是否适当		适当（1 分）	不适当（0 分）
五、是否有整理活动		有（1 分）	无（0 分）
六、教学内容与方法是否符合教学大纲的要求		符合（1 分）	不符（0 分）
七、教学过程的划分是否合理		合理（1 分）	不合理（0 分）
八、教授高难动作时，是否有保护措施		有（1 分）	无（0 分）
九、教师是否了解教学过程中可能出现的运动伤病并采取预防措施		是（1 分）	否（0 分）
十、教师是否具备一定的运动伤病现场处理能力		有（1 分）	无（0 分）
十一、教师是否重视运动场馆、设施的卫生及安全条件		重视（1 分）	不重视（0 分）
十二、课后学生的感觉	轻度疲劳（2 分）	无疲劳感（1 分）	很疲劳（0 分）
合计得分：			
说明：			

（2）对体育课使用的运动场馆及设施，用表 5-4-2 进行评价，并做出文字性描述。

表 5-4-2　体育场馆及设施医务监督评价表

场馆名称：	评价日期：			
设施名称：				
一、选址方面（从空气及噪音两个角度考虑）：	良好（3分）	较好（2分）	较差（1分）	
二、面积（根据教学需要评价）：	充足（3分）	能满足需要（2分）	拥挤（1分）	
三、照明（灯光或自然采光）：	符合比赛要求（3分）	基本满足教学要求（2分）	较差(1分)	
四、保暖和降温设备：	良好（3分）	较好（2分）	较差（1分）	
五、游泳池水来源：	自来水（3分）	海水（2分）	河水（1分）	
六、游泳池消毒方式：	专用循环消毒（3分）	直接在池中加氯（2分）	不消毒（0分）	
七、体育器材、设施的来源：	专业厂家生产（3分）	其他厂家生产（2分）	其他（1分）	
八、器材、设施的现状：	良好（3分）	较好（2分）	尚可使用（1分）	严重破损（0分）
九、地面材料：	塑胶，木地板或地毯（3分）	煤渣或三合土（2分）	其他（1分）	
合计得分：				
说明：				

（3）现场测试运动过程中的心率：

① 根据遥测心率仪器的多少选取一定数量的学生作为心率测试对象。

② 将遥控心率发射器安装在受试学生身上，打开接收器，调整好频率。测定受试学生安静时心率并记录。

③ 老师开始给学生上课，上课过程中测定并记录心率。

2. 了解生理负担量、生理负担量指数的计算方法及绘图步骤

（1）计算生理负担量：

① 按以下公式计算体育课各部分的生理负担量：$\Sigma X_n = N \times t + 1/2d \times t$。

ΣX_n 表示该部分生理负担量，N 为该部分的最低脉率，d 为该部分的最高脉率与最低脉率之差（绝对值），t 为该部分持续时间（分钟），$n = 1 - 15$。

② 计算整堂课的平均生理负担量。

$$M = \frac{\sum X_1 + \sum X_2 + \sum X_3 + \cdots + \sum X_n}{t}$$

式中　t——为上课时间，通常是 45 分钟。

③ 计算体育课生理负担量指数。采用指数法，计算公式为：

$$\text{生理负担量指数} = \frac{M}{\text{课前安静时脉率}}$$

（2）绘制运动过程中心率变化曲线图。

三、实验要求

（1）了解一堂体育课生理负担量的现场测试的意义和方法。

（2）了解如何进行一堂体育课的生理负担量的绘图及评价。

线下学习

一、实验方法

将参加实验的学生分为 3 组，各组分别进行 3 项工作，各组工作同时进行。

第 1 组用表 5-4-1 进行医务监督一般内容的测试和评价；

第 2 组进行运动场馆及设施的记录和评价；

第 3 组进行学生心率的测定及记录、评价。

所得结果供全体学生共用。

二、实验步骤

（1）第 1 组学生对教师在体育课中的工作，用表 5-4-1 进行医务监督一般内容的评价，综合评分后得出总分。根据得分情况将结果分为良好（13 分以上）、较好（10～13 分）、较差（10 分以下）3 个档次。同时做出文字描述，指出存在的主要问题及改进的方向。

（2）第 2 组对体育课使用的运动场馆及设施，用表 5-4-2 进行评价，并做出文字性描述。

（3）第 3 组现场测试运动过程中的心率，填入表 5-4-3 中。

表 5-4-3　体育课心率测试记录表

受试者姓名：	性别：		年龄：		运动项目：		
测试心率（次/min）					统计心率（次/min）		
课前	准备活动	基本部分	结束部分	恢复期	最小心率	最大心率	平均心率

① 根据仪器的多少选取一定数量的学生作为心率测试对象。

② 将遥控心率发射器安装在受试学生身上，打开接收器，调整好频率。测定受试学生安静时心率并记录。

③ 老师开始给学生上课，上课过程中每 3 分钟测定并记录；课后 10 分钟测最后一次心率。

（4）计算及绘图：

① 计算生理负担量：

a. 按公式计算体育课各部分的生理负担量：$\Sigma X_n = N \times t + 1/2d \times t$。

b. 计算整堂课的平均生理负担量。

c. 采用指数法计算体育课生理负担量指数。

② 依据现场测试的数据进行计算及绘图：

a. 计算生理负担量。

b. 绘制运动过程中心率：将各个时刻测得的脉率数据绘制在坐标纸上，以时间为横坐标，以对应的心率为纵坐标。将曲线上的各点与横坐标连成一垂直线，将整个曲线划分为 15 个部分（以一节课 45 min，每 3 min 测一次心率计）。

c. 对实验结果进行评价。

三、注意事项

（1）测量安静时的脉率要尽可能避免其他因素的干扰，否则将会影响到生理负担量计算的准确性。

（2）用遥测心率仪测定脉率时，要求测试人员要事先熟悉仪器的性能，并注意测试对象的活动范围，不要超出仪器的最大接收距离。

（3）如无遥测心率仪，也可采用运动手环进行及时监测，或采用手测脉率法，测试部位在手腕桡动脉处。采用此方法时，最好事先计划好每个测试时刻，一般在完成一个动作或一段教学内容后进行，45 min 的课至少要测定 10 次。

（4）对于场馆设施的医务监督，考虑到评价表中所列的内容不是每种场馆都必须具备的，因而所得出的总分只作为参考，不划分出优劣等级，需要根据实际情况做出文字性描述。

实验结果与评价

体育课的生理负担量，应该根据人体生理的功能活动变化的规律，逐渐加大运动量，到体育课结束前又要逐渐减少运动量。按一次体育课的结构来看，生理负担量的高峰，应控制在基本部分的中期偏后为宜；准备部分的生理负担量不宜太大，以免体力消耗过多；结束部分的生理负担量应明显下降。以上述体育课为例，如果从脉率变化的曲线上看，生理负担量是逐渐增大，然后又逐渐下降，可以认为这次体育课的生理负担量的安排是合理的，反之就是不合理的。

（1）依据表 5-4-1 的评分对体育课医务监督的一般内容是否符合体育卫生要求做出评价。

（2）依据表 5-4-2 的评分对体育场馆及设施是否符合体育卫生要求做出文字描述。

（3）测得的心率数据填入表 5-4-3，用计算出的生理负担量等级的数值，在表 5-4-4 中查出相应的运动负荷等级。一般体育课的运动负荷等级以中等较为合适。对体育教师教学过程中的运动量是否符合医务监督的卫生要求做出评价，根据得分情况做出文字评价。

表 5-4-4　体育课运动指数评价表

运动指数	强度	平均心率
2.0 以上	大	160 次及以上
1.8 ~ 1.99	较大	145 ~ 159 次
1.79 ~ 1.5	中	120 ~ 144 次
1.49 ~ 1.2	较小	96 ~ 119 次
1.2 以下	小	95 次及以下

（4）对绘制的脉率曲线做出评价。

若曲线从开始部分逐渐升高并在基本部分达到高峰，然后再逐渐下降，课后 10 min 恢复到安静时的水平，则说明课的总负荷量及各个部分的负荷量较为适宜。

课后练习

（1）对一节体育课的生理负担量进行测定和计算。

（2）对一节体育课的生理负担量进行绘图和评定。

实验五　闭合性软组织损伤的物理疗法

实验目的

（1）通过实验了解常用的闭合性软组织损伤物理治疗的原理及操作方法，掌握运动损伤的常用治疗方法如拔火罐、艾灸、红外线疗法等。

（2）培养学生积极实践、勤于思考、团结合作的精神。

实验材料与器具

冰块、氯乙烷、毛巾、弹力绷带、冷水袋、热敷袋、理疗仪（TDP 灯）、各种火罐、酒精、镊子、打火机、医用棉球、烧杯等。

课程思政

培养体育专业大学生利用物理治疗知识，使他们在今后的教学中能够运用这些知识和技能，减少运动性伤病，促进学生的身体发育及康复，提高体育课和训练的教学效果，保证学生身体健康。为以后的训练和教学工作打下良好的基础。

线上自主学习

闭合性软组织损伤的物理疗法

一、实验原理

冷敷疗法：是在皮肤或黏膜上应用寒冷刺激治疗伤病的方法，其机制是收缩血管（减轻充血、降温）抑制感觉神经。

温热疗法：应用不同方式将热作用于患处，刺激治疗伤病的方法，其机制是扩张血管（改善血液和淋巴循环、增强组织新陈代谢）、缓解肌肉痉挛、促进淤血和渗出液的吸收。

拔罐疗法：以杯、罐为工具利用火的燃烧排除罐内的空气产生负压，吸附在皮肤上来治疗疾病的方法。具有溶血作用，释放出的血红蛋白通过末梢感受器对大脑皮质的刺激，可以提高大脑对各器官系统的功能调节；对穴位刺激有疏通经络、调节机体功能的作用；局部组织的温热刺激能促进局部血液循环。

理疗（以特定电磁波治疗仪 TDP 灯为例）：电源对特定电磁辐射板加热，温度升高到一定值时发射出 2～50 μm 特定电磁波，照射人体部位，促进新陈代谢，改善血液循环，促进生长发育，活化酶系统，促进上皮生长，调整功能，对多种伤病具有治疗作用。

二、实验内容

（1）了解冷敷疗法的应用和方法。

① 运用：闭合性软组织损伤的早期（通常指 24h 内）。

② 作用：止血、退热、镇痛、消肿。

③ 方法：冰水混合物冷敷法，冷喷剂冷敷法。

④ 时间：20 分钟左右。

（2）了解温热疗法的应用和方法。

① 运用：用于闭合性软组织损伤中、晚期和慢性损伤。

② 作用：消肿、散瘀、止痛、减轻粘连、促进愈合。

③ 方法：热敷法；石蜡疗法；红外线疗法。

④ 时间：30 min 以内。

（3）了解拔罐疗法的应用和方法。

① 运用：用于闭合性软组织损伤中、晚期和慢性损伤。

② 作用：溶血作用、穴位作用、温热作用等

③ 点火方法：投火法、闪火法、贴棉法。

④ 临床应用方法：留罐法、闪罐法、走罐法、刺血拔罐法。

⑤ 拔罐的程序：准备好各种器材和用品；操作程序：a. 摆好舒适体位，检查拔罐部位有无其他异常；b. 根据拔罐部位的大小选用合适的罐具；c. 拔罐的时间 10～20 min，如患者感到灼痛、过紧，稍起火罐放进少量空气，或酌情提早起罐。

（4）观看视频，了解理疗（以特定电磁波治疗仪 TDP 灯为例）的应用和方法：

① 运用：用于闭合性软组织损伤中、晚期和慢性损伤。

② 作用：促进新陈代谢，改善血液循环。

③ 方法：照射患处。

④ 时间：30 min 以内。

三、实验要求

（1）了解理疗、冷敷、热敷和拔罐的原理及应用。

（2）查阅资料，还有哪些理疗方法可以应用于运动损伤。

线下学习

一、实验方法

每 4 人一组，其中 1 人为主试者，另 1 人为被试者，其余 2 人观摩并纠错。做完一轮后，轮流交换角色进行相同实验操作。

二、实验步骤

（1）以踝关节急性扭伤为例，进行冷冻疗法的实操。

冷敷的方法有三种：

① 用冰袋冷敷。在冰袋里装入半袋或三分之一袋碎冰或冷水，把袋内的空气排出，用夹子把袋口夹紧，放在踝关节损伤处。没有冰袋时，用塑料袋也可以。

② 把毛巾或敷布在冷水或冰水内浸湿，拧干敷在患处，最好用两块布交替使用。敷后用毛巾擦干。

③ 用氯乙烷冷喷剂冷敷。使用时对踝关节患部喷射约 3 ~ 5 秒，距离患处几厘米或者 30 厘米不等。一天视需要喷数次。在常压下这些液体会很快地汽化成气体，造成皮肤快速冷冻，使皮下毛细血管收缩而停止出血，同时使人感觉不到疼痛，这类似于医学上的局部麻醉。

冷敷时，要注意观察局部皮肤颜色，出现发紫、麻木时要立即停用。冷敷时间不宜过长，以免影响血液循环。冷敷时间一长，毛巾或敷布等会变热，就失去了治疗作用，因此要经常更换。

（2）以腰部劳损为例，进行温热疗法的实操。温热疗法常用的有干热法和湿热法。

① 干热法。

a. 热敷袋的使用。

先备齐用物，检查热水袋（或电热水袋、电热蜡疗袋）无破损，调节温度至 60 ~ 70 °C，将热敷袋平放于受伤部位。用热时间不能超过 30 分钟。治疗后记录热疗的部位、时间及热疗的效果和反应。

b. 红外线灯的使用。

根据需要选择红外线灯的功率，备齐用物，协助病人取舒适体位，暴露治疗部位，需要时加屏风遮挡。移动红外线灯头至治疗部位斜上方或侧方，一般灯距为 30 ~ 50 cm，以病人感觉温热为宜。如灯头有保护罩的，可以垂直照射。每次照射时间 20 ~ 30 分钟。照射完毕，关闭开关。应嘱病人休息 15 分钟后再离开治疗室，以防感冒。记录治疗的部位、时间及治疗的效果和反应。

② 湿热法。

患者可以进行热水浴等方法。如果是腿部，可以采用热水泡脚、泡腿等方法进行热疗。稳定通常在 40 °C 左右，以局部感觉温热为宜，时间不超过 30 分钟。

（3）在肩背部进行拔罐疗法的实操。

首先进行拔罐前的准备。认真检查和询问病人，以确定是不是适应证，有无禁忌证。

根据患者的体质、肥瘦及肩背部位的面积及需要，正确选择火罐的材质、大小，最好采用透明罐，以便于观察拔罐后皮肤的变化。

拔罐的部位一般选择肌肉丰满、富有弹性的部位，毛发和骨骼凹凸部位不宜使用。患者选择俯卧位，使患者感到舒适，肌肉放松，充分暴露拔罐部位。注意保暖，防止受风着凉。拔罐时伤员应处舒适体位，不要移动以避免火罐脱落。

在秋冬季节或寒冷天气里拔罐，须将罐具用火烤或水烫进行预热，使罐具温度稍高于体温为宜，但罐口的温度不可过高，以免烫伤皮肤。

提前做好酒精棉球，加入 95%的医用酒精，接着用镊子（手术钳更佳）夹住酒精棉，将多余酒精甩掉，以酒精棉球不滴酒精为宜。随即进行点火，采用闪火法，在罐内部燃烧，点火时不要烧烫瓶口，以免发生烫伤。使罐部空气产生负压，接着快速将罐平放于患处皮肤，使罐子吸附在患处皮肤上。拔罐时动作要快、稳、准。

罐具全部拔上后，要不断观察受试者的反应，询问感受，及时处理和调整不适。如吸力太大产生疼痛，应适当放气，减小吸力；若吸力太小、负压不够，可起罐后再拔一次；若伤员感到局部紧而痛或灼痛时，应立即起罐，检查是否烫伤或皮肤过敏，若系烫伤应更换部位，如属皮肤过敏应停止拔罐。若出现头晕、恶心、面色苍白等，应立即起罐，让伤员平卧，服饮热茶或热开水，不久即可恢复。如患者疼痛异常，头晕、恶心、心悸，或刺络拔罐出血过多，必须立即起罐并检查处理。

大型号罐具吸力强大，每次可留罐 5 ~ 10 分钟；中型罐吸力较强，留罐 10 ~ 15 分钟为宜；小型罐吸力较小，留罐 15 ~ 20 分钟为宜。

起罐时要两手协作，一手轻按罐口附近的皮肤，一手扶持罐具，待空气缓缓进入罐内后，轻轻脱罐，切不可用力硬拔或让空气进入太快，以免损伤皮肤，产生疼痛。常规治疗一般每天拔罐 1 次或隔日拔罐 1 次；每 10 次为 1 疗程；2 疗程间隔 3 ~ 5 天。起罐后一般情况无须处理。若因留罐时间较长，皮肤产生水泡时，可用消毒针刺破放水，擦涂紫药水防止感染；若刺络拔罐法的针孔出血，可用干消毒棉球压迫止血。所有程序处理结束后，让患者静息 20 分钟方可离开。

（4）以膝关节慢性伤或腰部慢性伤为例，用 TDP 灯等仪器进行理疗。

将治疗器电源插头插入有接地装置的插座上（三眼插座中线接地）。此时“电源指示”灯亮，表示电源接通。治疗器控制板上的“时间设置”按键，可根据需要设置所需时间。治疗灯在预热 5 ~ 10 分钟后，即可对患部进行照射治疗。治疗时，治疗头与被治疗部位间不得有遮隔物；治疗头与患部之间距离要求为 20 ~ 30 厘米。一般情况下每次使用 30 分钟，如在使用过程中身体出现不适，请立即停止使用。

三、注意事项

（1）冷冻疗法的注意事项。

① 冷疗时要防止发生冻伤及神经麻痹。

② 氯乙烷冷敷时不可有结霜现象，以免造成皮肤表面的冻伤，不可喷于面部，不可直接喷于创伤伤口上。

（2）温热疗法的注意事项。

防止因温度过高而烫伤，尤其是老年人和婴幼儿。

（3）拔罐疗法的注意事项。

因拔罐涉及用火和酒精，必须特别注意防火、防烫伤。

（4）理疗的注意事项。

TDP 灯照射治疗时，要防止烫伤，发现皮肤呈暗红色，应增加照射距离，或停止治疗。

实验小结与评价

老师对学生、同学之间对冷冻疗法、温热疗法、拔罐疗法、理疗和等治疗方法的操作正确程度和熟练程度做出评价。

课后练习

为同伴进行冷敷、热敷、拔罐、TDP 灯照射等操作，并谈谈体会。

实验六　肩周炎的医疗体操

实验目的

（1）通过本实验使学生了解并初步掌握肩周炎康复的医疗体操，以及编操的基本原则。
（2）培养学生积极实践、勤于思考、团结合作的精神。

实验材料与器具

体操棍等。

课程思政

培养体育专业大学生利用运动疗法的知识，使他们在今后的教学和生活中能够运用这些知识和技能，减少慢性伤病肩周炎的病程，促进康复，保证大众的身体健康，为建设“健康中国”添砖加瓦。

线上自主学习

肩周炎的医疗体操

一、实验原理

在肩关节疼痛不厉害、粘连不严重的情况下，可以运用医疗体操的方法治疗肩周炎。肩周炎医疗体操的作用在早期主要是改善局部血液循环，促进炎症吸收，防止软组织粘连，关节挛缩，预防肩关节活动受限。冻结期和恢复期，配合按摩和理疗、中药等综合治疗，主要是松解粘连，发展肩带部肌肉力量，增加和恢复肩关节活动范围。编操的原则：早期采用放松的主动运动，以预防关节功能障碍和缓解疼痛；冻结期和恢复期则应以主、被动运动功能锻炼为主，以消除关节功能障碍。

二、实验内容

（1）了解肩周炎的病理分期。

肩周炎的自然恢复过程需要 1.5 ~ 2 年，但如果积极治疗，配合锻炼，就可以减轻疼痛、缩短病程、最大程度功能恢复。

① 早期（0 ~ 3 个月）。

即炎症期，主要症状是疼痛，治疗以消炎镇痛为目的。可采用吊带制动、口服消炎镇痛药（芬必得等）、局部封闭、理疗（超短波、微波）等方法，使肩关节得以充分休息，为炎症消除创造条件。不宜过早采用推拿、按摩方法，以防加重炎症反应。

② 冻结期（3 ~ 15 个月）。

即粘连期，主要症状是活动受限，治疗以解除粘连、扩大关节活动范围为目的。治疗手段可以用被动治疗（理疗、推拿、按摩、针灸、针刀等）和主动治疗（医疗体操）。主动运动是整个治疗过程中极为重要的一环。

③ 恢复期（15 ~ 24 个月）。

即解冻期，主要症状是关节活动仍有部分受限，同时肌肉萎缩无力。治疗以增强肌肉力量、继续改善关节活动度为主。

（2）了解肩周炎医疗体操的徒手体操动作要领。

（3）了解肩周炎医疗体操的持棍体操动作要领。

三、实验要求

（1）掌握肩周炎的病理分期，思考医疗体操的编操原则。

（2）了解肩周炎常用的徒手、持器械的医疗体操。

线下学习

一、实验方法

每 2 人一组，其中 1 人为主试者，另 1 人观摩并纠错。做完一轮后，轮流交换角色进行相同实验操作。

二、实验步骤

按线上学习的方法进行肩周炎医疗体操的实操，每节医疗体操练习 4 个 8 拍。

1. 徒手肩周炎医疗体操

第一节：前后摆臂运动。

预备姿势：分腿站立，两脚间距离稍比肩宽，上体前屈 70°左右，头稍抬起，眼视前方，两臂自然下垂。

动作：1 拍右臂放松，尽量向上摆，同时左臂放松尽量向后摆，2 拍还原；3 拍左右臂交换摆动方向，4 拍还原。5 ~ 8 拍同 1 ~ 4 拍。

第二节：左右摆臂运动。

预备姿势同第一节。

动作：1 拍两臂放松，尽量向侧方摆动，2 拍两臂向回摆于胸前交叉，3 ~ 4 拍同 1 ~ 2 拍。

第三节：肩关节环转运动。

预备姿势：直立，两肘关节屈曲，两手分别搭于两肩。

动作：1 ~ 4 拍以肩为轴，两肩由前上向后下环绕。5 ~ 8 拍同 1 ~ 4 拍。第 2 个八拍同第一个八拍，但方向相反。

第四节：肩关节外展内收运动。

预备姿势：直立，两肘关节屈曲，两手十字交叉放在枕骨部。

动作：1～4 拍两手扶头后，两臂向内夹紧，然后由内向外尽量展开。5～8 拍同 1～4 拍。

第五节：托天运动。

预备姿势：分腿直立，两臂自然下垂。

动作：两臂弯曲至胸前，掌心向上，双手十字交叉，上抬至额前，以腕关节为轴，两手外翻，掌心向上，两手尽量上托。然后两臂依势由两侧下落还原成开始姿势。5～8 拍同 1～4 拍。

第六节：前冲拳运动。

预备姿势：两膝微屈，分腿站立，与肩同宽，两手握拳置于腰间，拳心向上。

动作：1 拍右手用力向前冲拳，拳心顺势转向下，左拳用力收回腰间。2 拍还原。3～4 拍同 1～2 拍。

第七节：侧冲拳运动。

预备姿势：同第六节。

动作：1 拍右手用力向侧方冲拳，拳心顺势向下，左拳用力收回腰间。2 拍还原。3～4 拍同 1～2 拍。

2. 持棍肩周炎医疗体操

第一节：持棍前上举。

预备姿势：两手正握棒于体前（稍宽于肩），分腿直立，与肩同宽。

动作：1 拍两手持棍经前至上举位，同时抬头挺胸两臂上举；2 拍还原；3～4 拍同 1～2 拍。

第二节：持棍侧上举。

预备姿势：分腿直立，与肩同宽。两手握棍两端于体前，掌心相对。

动作：1 拍两臂向患侧摆至患臂方向的侧上方，另一侧上臂摆至体前平屈；2 拍还原。3～4 拍同 1～2 拍。

第三节：持棍后上提。

预备姿势：分腿直立，与肩同宽，两手靠拢于体后，正握体操棍。

动作：1 拍屈肘，肩关节尽量向后上方伸，将体操棍往上提，2 拍还原。3～4 拍同 1～2 拍。

第四节：持棍后伸。

预备姿势：分腿直立，与肩同宽。两手于体后正握棍，两臂间距与肩同宽。

动作：1 拍伸肘，肩关节尽量向后上方伸，同时挺胸，2 拍还原。3～4 拍同 1～2 拍。

第五节：持棍扭臂。

预备姿势：分腿直立，与肩同宽。两手正握棍前平举，两臂间距与肩同宽。

动作：1 拍右臂向下扭至拳心向上，左臂向上扭至拳心向下，棍经体前水平扭成垂直，2 拍还原。3～4 拍同 1～2 拍。

第六节：持棍环绕。

预备姿势：分腿直立，与肩同宽。两手正握棍于体前，两臂间距与肩同宽。

动作：1 拍两臂向右摆动，并从右侧经上举向左绕至体前。2 拍还原。3 拍同 1 拍，但绕环方向相反，4 拍还原。5～8 拍同 1～4 拍。第 2 个八拍同第 1 个八拍，但方向相反。

第七节：持棍后置。

预备姿势：分腿直立，与肩同宽。两手正握棍于体前，两臂间距与肩同宽。

动作：1 拍两臂经体前上举，屈臂，将棍置于颈后，同时挺胸。2 拍两臂伸直向上举，两臂经体前下落还原成开始姿势。3 ~ 4 拍同 1 ~ 2 拍。

第八节：持棍体后上拉。

预备姿势：分腿直立，与肩同宽。健侧手在上（臂弯曲）虎口向下握棍，患侧手在下，于体后虎口向上握棍。

动作：1 拍健侧臂逐渐伸直，用手握棍向上拉侧手。2 拍还原成开始姿势。3 ~ 4 拍同 1 ~ 2 拍。

3. 操作要求

（1）锻炼要循序渐进，逐渐加大运动负荷量，切勿操之过急，避免剧痛反应。锻炼中允许有轻微的疼痛，不要因此而停止锻炼。

（2）每日锻炼 1 ~ 2 次，必须认真坚持。

（3）锻炼前最好先做热敷、红外线照射等治疗，可增大肩关节运动范围，减少疼痛。每节之间稍加休息，并可做些呼吸运动。

（4）有些患者病情稳定后疼痛会逐渐减轻，上肢带等关节代偿活动也会增加。患者可能因表面上的病情好转而对治疗有所放松。应及时指出疼痛缓解而功能未必能恢复，不可半途而废，必须坚持治疗，才能战胜肩周炎。

（5）每天坚持锻炼 1 ~ 2 次，才能提高疗效。

三、注意事项

（1）加强肌力的动作应慢速进行，避免憋气。

（2）改善肩部功能的动作范围应逐渐加大，运动中允许轻度疼痛但不应有剧烈的疼痛。

实验小结与评价

老师对学生、同学之间对徒手、持棍肩周炎医疗体操的动作完成质量进行评价。

课后练习

认真练习肩周炎医疗体操，并谈谈体会。

实验七　慢性腰腿痛的医疗体操

实验目的

（1）通过本实验使学生了解并初步掌握慢性腰腿痛康复的医疗体操，以及编操的基本原则。

（2）培养学生积极实践、勤于思考、团结合作的精神。

实验材料与器具

体操垫或按摩床。

课程思政

培养体育专业大学生利用运动疗法的知识，使他们在今后的教学和生活中能够运用这些知识和技能，减少慢性伤病腰腿痛的病程，促进康复，保证大众的身体健康，为建设“健康中国”添砖加瓦。

线上自主学习

慢性腰腿痛的医疗体操

一、实验原理

慢性腰腿痛医疗体操的作用在于锻炼腰背肌，改善肌肉血液循环，增强肌力，调整腰背肌肉和下肢肌肉张力，解除肌肉痉挛，改善神经刺激症状而达到减轻或消除疼痛的目的。

二、实验内容

（1）了解慢性腰腿痛医疗体操的编操原则。
（2）了解慢性腰腿痛医疗体操的常用锻炼方法。
第一节：屈肘伸踝。
第二节：交替屈腿。
第三节：举臂挺胸。
第四节：交替举腿。
第五节：转体击拳。
第六节：交替屈伸腿（蹬自行车式运动）。
第七节：屈腿挺腰（臀桥）。
第八节：抱腿呼吸。
第九节：侧卧摆腿。
第十节：交替腿后举。
第十一节：交替两头起。
第十二节：贴胸俯卧撑。

三、实验要求

（1）查阅资料了解慢性腰腿痛的发生原因，掌握医疗体操的编操原则。
（2）了解肩周炎常用的徒手医疗体操和持器械的医疗体操。

线下学习

一、实验方法

2 个同学一组，1 人实操，另 1 人观摩并纠错。做完一轮后，轮流交换角色进行相同实验操作。

二、实验步骤

按线上学习的方法进行慢性腰腿痛的医疗体操实操，每节医疗体操练习 8 个 8 拍。

第一节：屈肘伸踝。

预备姿势：直体仰卧。

动作：1 拍，两手握拳，屈肘小臂经前上举，同时伸踝关节；2 拍，还原成预备姿势；3～4 拍同 1～2 拍。

第二节：交替屈腿。

预备姿势：直体仰卧。

动作：1 拍，左腿屈膝上抬（尽量贴近腹部）；2 拍，还原成预备姿势；3～4 拍则 1～2 拍，但换右腿做。

第三节：举臂挺胸。

预备姿势：直体仰卧。

动作：1 拍，两臂上举（吸气），同时身体尽量挺起后伸；2 拍，还原成预备姿势，同时呼气；3～4 拍同 1～2 拍。

第四节：交替举腿。

预备姿势：直体仰卧。

动作：1 拍，左腿举起（尽量接近 90°）；2 拍，还原成预备姿势；3～4 拍同 1～2 拍，再换右腿做。

第五节：转体击拳。

预备姿势：直体仰卧。

动作：1 拍，下肢固定不动，尽量抬上体，同时左转，向左外侧方向击右拳；2 拍，还原成预备姿势；3～4 拍同 1～2 拍，但方向相反。

第六节：交替屈伸腿（蹬自行车式运动）。

预备姿势：仰卧，右腿伸直抬起，左腿屈膝抬起。

动作：1 拍，左腿向下蹬直，同时右腿屈膝抬起；2 拍同 1 拍，但换右腿做（即两腿交替屈伸，做蹬自行车式运动）；3～4 拍同 1～2 拍。

第七节：屈腿挺腰（臀桥）。

预备姿势：屈膝分腿仰卧，两手握拳，两臂弯曲，置于身体两侧。

动作：1～2 拍，身体尽量挺起（尽量挺腰腹）；3～4 拍还原成预备姿势。

第八节：抱腿呼吸。

预备姿势：直体仰卧。

动作：1 拍，两臂经前上举同时吸气；2 拍，上体抬起同时呼气，两臂弯曲抱左膝（成半坐状态）；3～4 拍，还原成预备姿势。5～8 拍换抱右膝。

第九节：侧卧摆腿。

预备姿势：右侧卧，左手扶床，右腿微屈，左腿伸直。

动作：1 拍，左腿侧举；2 拍，还原成预备姿势；3～4 拍同 1～2 拍，第 3～4 个 8 拍换右腿做。

第十节：交替腿后举。

预备姿势：直体俯卧。

动作：1 拍，左腿后举；2 拍，还原成预备姿势；3～4 拍同 1～2 拍，但换右腿做。

第十一节：交替两头起。

预备姿势：直体俯卧。

动作：1 拍，左上肢向上抬起，同时上体尽量抬起，右侧腿后举；2 拍还原成预备姿势。3～4 拍，换右侧上肢和左侧下肢做。

第十二节：贴胸俯卧撑。

预备姿势：臀部后坐，跪撑于床上（两手撑于肩前方）。

动作：1～2 拍，屈臂，同时上体贴床尽量前移，3 拍两臂根据情况尽力推直成上体后屈的俯撑；4 拍，臀部后移，还原成预备姿势。

三、注意事项

（1）加强肌力的动作应慢速进行，避免憋气。

（2）改善腰部功能的动作范围应逐渐加大，运动中允许轻度疼痛但不应有剧烈的疼痛。

（3）每节之间稍加休息，并可做些呼吸运动。

（4）每天坚持锻炼 1～2 次，才能提高疗效。

实验小结与评价

老师对学生、同学之间对十二节肩周炎医疗体操的动作完成质量进行评价。

课后练习

认真练习腰腿痛的医疗体操，并谈谈体会。

实验八　肥胖者运动处方

实验目的

（1）通过本实验使学生了解肥胖对身体健康的危害，突出运动锻炼对肥胖者的重要意义，掌握肥胖者的一般运动处方。

（2）培养学生积极实践、勤于思考、团结合作、乐于奉献的精神。

实验材料与器具

纸张、笔。

课程思政

培养体育专业大学生利用运动处方的知识，使他们在今后的教学和生活中能够运用这些知识和技能，减少同学、家人、学生肥胖的发生，促进大众的身体健康，为建设“健康中国”添砖加瓦。

肥胖者运动处方

线上自主学习

一、实验原理

肥胖者是指单纯性肥胖人群，即排除了内分泌—代谢病引起的肥胖患者。目前对单纯性肥胖者国际上通常采用“饮食调整+运动+行为矫正”的综合方案。其中运动疗法占有重要地位。运动锻炼增加机体对热能的消耗，促进脂肪的分解动用，并抑制脂肪酸再合成脂肪，使体内脂肪减少，体重下降；肌肉运动还能提高血液内葡萄糖的利用率，防止多余的糖转化为脂肪。体脂的减少，可避免因脂肪过多沉积在心脏、血管及肝脏内而引起的合并症（如冠心病、动脉粥样硬化、脂肪肝、糖尿病等）；同时运动可明显改善心肺功能，增强体力，提高机体的适应能力。

二、实验内容

（一）了解运动处方的要素

运动处方的基本内容包括运动频率（Frequency，F）、运动强度（Intensity，I）、运动时间（Time，T）、运动方式（Type，T）、运动量（Volume，V）和运动处方实施进程（Progression，P）6 项基本内容，即运动处方的 FITT- VP 原则。在制订运动处方时，还应明确运动中的注意事项及运动中的医务监督力度。在实施过程中，应注意观察锻炼者的反应和健身效果，及时调整运动处方。

（二）了解肥胖者运动处方的制定流程

（1）了解患者的一般情况。如身高、体重、性别、生活习惯、心率、血压、血脂、家族患病史等。

（2）判断患者患有的相关慢性疾病。

从上述情况判断患者的慢性疾病。

（3）患者填写 PAR-Q 问卷。

（4）进行运动的风险评估。

针对患者患有的慢性疾病，看是否需要进行医学筛查和医务监督，根据筛查结果进行运动指导。

（5）健康体适能测试。

① 心肺耐力测试。

② 肌肉适能测试。

③ 柔韧适能测试。

④ 身体成分测试。

（6）制订肥胖症患者的运动处方。

① 有氧运动处方。
② 肌肉力量运动处方。
③ 柔韧性运动处方。
（7）注意事项。

三、实验要求

（1）查阅资料，了解运动处方的概念、美国运动医学会对肥胖者的运动建议。

（2）了解运动处方应科学化、个性化、切实可行，应该是安全有效达到减重目标，而不是极端的方式。

（3）掌握肥胖者运动处方的制订流程和注意事项。

线下学习

一、实验方法

每实验小班为单位，为肥胖者的具体案例制定运动处方。

二、实验步骤

试根据线上学习内容给肥胖症患者写一个减肥运动处方。

1. 了解患者的一般情况

李某，女性，40 岁，已婚，教师，身高 160 cm，体重 77 kg，腰围 102 cm。每天开车约 25 min 到达单位，在办公室从事管理工作。期望进行减重。医学检查：双下肢膝关节疼痛，心率 66 次/min，血压 136/80 mmHg，空腹血糖 6.7 mmol/L，甘油三酯 2.4 mmol/L。自述近几年体重增长较快，喜欢吃甜食，没有时间进行户外锻炼。父亲身体健康，母亲患有冠心病。

2. 判断患者患有的相关慢性疾病

从上述情况可知，该患者有如下慢性疾病：原发性肥胖、糖尿病前期、血脂代谢异常、膝关节疑似病变。

3. 患者填写 PAR-Q 问卷

对以下问题回答是或否：

（1）你的医生有没有说过你有心脏病，你应该只做医生推荐的体力活动？
（2）当你做体育锻炼时，你是否感到胸部疼痛？
（3）在过去的一个月里，当你没有做体育锻炼时，你有没有胸痛？
（4）你是否因头晕失去了平衡，或者你失去了意识？
（5）你的骨骼或关节问题可能因体育活动的改变而变得更糟？
（6）您的医生正在为您的血压或心脏状况开具药物（例如水丸）吗？
（7）你知道为什么你不应该做体力活动吗？

4. 进行运动的风险评估

该女性患有代谢性疾病，需要进行医学筛查和医务监督，可以根据筛查结果进行低、中强度的运动。

5. 健康体适能测试

（1）心肺耐力测试（心率、血压、主观感觉疲劳等级）。

（2）肌肉适能测试（左右手的握力）。

（3）柔韧适能测试（坐位体前屈）。

（4）身体成分测试（体脂百分比）。

6. 制订肥胖症患者的运动处方

（1）有氧运动处方（填入表 5-8-1）

（2）肌肉力量运动处方（填入表 5-8-2）

（3）柔韧性运动处方（填入表 5-8-3）

表 5-8-1　有氧运动处方

周次	运动方式	靶心率（次/min）	运动时间（min）	运动频率（次/周）
第 1～2 周				
第 3～4 周				
第 5～6 周				
第 7～8 周				

表 5-8-2　肌肉力量运动处方

周次	运动方式	运动强度	运动时间	运动频率（次/周）
第 1～2 周				
第 3～4 周				
第 5～6 周				
第 7～8 周				

表 5-8-3　柔韧性运动处方

周次	运动方式	运动强度	运动时间	运动频率（次/周）
第 1～2 周				
第 3～4 周				
第 5～6 周				
第 7～8 周				

7. 注意事项

（1）运动减重的同时，一定要注意控制饮食。每日应减少 500～1 000 kcal 能量摄入，直至达到减重的目标。减少甜食的摄入，保证每日脂肪摄入的比例占每日总能量摄入的 30%以下。

（2）进行抗阻运动时，应保证每周对主要大肌肉群（如胸部、肩部、上背部、下背部、腹部、臀部和下肢）训练 2～3 次，并且同一肌群练习的时间至少间隔 48h。

（3）应结合行为干预策略促进并保持减重的效果。

实验结果与评价

老师对学生、同学对同学做出的肥胖者运动处方做出合理评价。

课后练习

请为身边的肥胖者制定一个运动处方。

第六章 健康教育实验

实验一 身体成分的测量与评价

实验目的

（1）了解人体成分的组成。
（2）掌握人体成分的测定方法与评定的方法。
（3）培养学生生活自律的优秀品质。

实验材料与器具

皮褶厚度计、人体成分分析仪、皮尺、身高体重计。

课程思政

一个人的成功与否，看他是否自律。自律，其实是自我管理，想减肥，就得把自己的嘴管住，想成功，就得把自己的心管住。你可以选择毫无顾忌、随心所欲地活着，房间很乱、地板很差，随处可见的零食袋，周末睡到自然醒，你也可以选择有规律的生活，坚持早起，锻炼，控制食欲和体重，有时间观念，工作有规划，分主次，知道什么事情该做，什么事情不能做。培养学生自律的优秀品质，改变懒散的习惯。

线上自主学习

身体成分的测量与评价

一、实验原理

身体成分是组成人体各组织、器官的总成分，主要由水、脂肪、蛋白质、碳水化合物和矿物质等物质组成。根据人体各组成成分的生理功效不同，常把体重分为脂肪重和去脂体重（瘦体重）。身体成分的测量与评价主要是对人体脂肪成分进行测量与评价。通过对人体的身体成分的测量评价，对了解人体的营养状况、科学指导膳食和预防某些疾病有重要的作用。

1. 皮褶厚度计测量法测量身体成分原理

人体 40%～60%的脂肪堆积在皮下，故可运用皮褶厚度法来推算全身体脂率。方法为用皮褶厚度计测量身体某些部位的皮褶厚度，再计算密度、体脂百分比、体脂重和瘦体重的方法。

2. 生物电阻抗法测量身体成分原理

利用非脂肪组织比脂肪组织有更高的电荷容量，更易于导电，电流传导速度越快，表示身体所含脂肪越少。因此可以通过测量电流通过身体脂肪和非脂肪组织时的差别来估算体成分。测量时在腕部和踝部放置体表电极，使用无痛电流，测定身体对电流的阻抗，从而间接估算出体脂量、去脂体重以及身体含水量。该法方便快捷，无痛操作，易被接受，但生物电阻抗法测得的体脂含量准确性仍需深入研究。

用体脂百分比判断肥胖程度的标准如表 6-1-1。

表 6-1-1　体脂率判断肥胖的标准（F%）

肥胖判断	男	女
最少体脂百分比	5	8
正常	10 ~ 25	18 ~ 30
轻度肥胖	25<F<30	30<F<35
中度肥胖	30<F<35	35<F<40
重度肥胖	F>35	F>40

3. 腰臀比

腰围主要反映腹壁肌和腹部脂肪的情况，当腹壁肌肉紧张度降低或腹部脂肪堆积过多时腰围会增加。体育锻炼可使脂肪减少，腹部张力提高，因而可使腰围减小。腰臀比是衡量脂肪在腹部蓄积（即中心性肥胖）程度的最简单、实用的指标。腰围/臀围的值，男性得数不大于 0.9，女性得数在 0.85 以下，就说明在健康范围内。亚洲男性腰臀比大于 0.9，女性腰臀比大于 0.8 为中心性肥胖。

4. BMI 指数

身体质量指数又称体质指数，是目前国际上常用的衡量人体胖瘦程度以及是否健康的一个标准。计算方法为：体质指数（BMI）= 体重（kg）/身高 ^{2}（m^2），中国成人超重和肥胖的体质指数如表 6-1-2：

表 6-1-2　中国成人超重和肥胖的体质指数

分类	体重指数（kg/m^2）
体重过低	<18.5
体重正常	18.5 ~ 23.9
超重	24.0 ~ 27.9
肥胖	≥28

二、实验内容

1. 皮褶厚度计测量法

皮褶厚度计各部名称：把柄、上臂、下臂、接点、刻度盘、调整零位圈、压力调节旋钮。

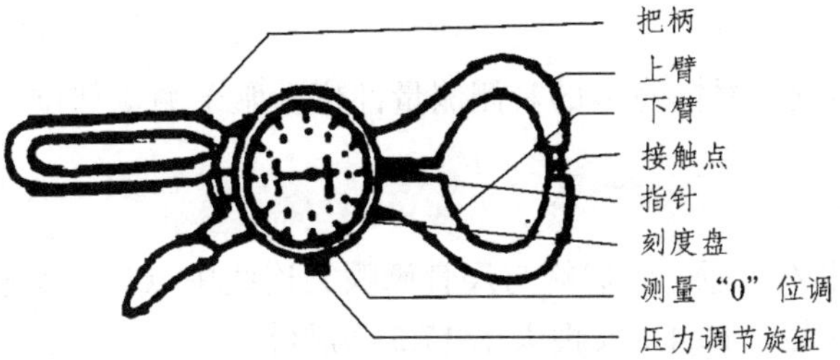

图 6-1-1　国产皮褶厚度计各部名称

2. 生物电阻抗法测量法

采用国际标准（四极片式），在受试者左侧腕关节、踝关节、手背掌指关节、足背跖趾关节等 4 个部位贴电极片，电极片安放之前用酒精棉球擦拭相应部位皮肤。

3. 腰臀比测量法

直接用皮尺测量腰围和臀围，计算出腰臀比。

三、要求

（1）掌握皮褶厚度计的使用方法。
（2）学会使用人体成分测量仪测量人体成分。
（3）学会使用腰臀比、BMI 指数等评价人体的肥胖程度。

线下学习

一、实验方法

（1）将全班分为 2 个大组，每组进行一种方法的测量，随后再轮换。每种方法测量时每 2 人一小组，其中 1 人主试者，另 1 人担任受试者，做完一轮后，轮流交换角色进行操作。
（2）注意找准实验过程中测量皮褶厚度的部位，并严格按标准操作。
（3）严格要求，均重测三次取平均数，做好记录。

二、操作步骤

（一）皮褶厚度计测定法

1. 校正皮褶厚度计

① 测量前应先校验卡钳，将砝码挂于钳口，调整指针至红色标记刻度的 15～25 mm 范围内。
② 调零：转动圆盘将指针对准刻度表上的“0”位。
③ 校正压力：将皮褶厚度计两个接点间的压力调到国际规定的 10 g/mm^2 的范围内。

2. 测试

（1）受试者自然站立，暴露身体的右侧测量部位。躯干测量部位：上臂部、肩胛下角、腹部和大腿部等。

各测量部位定位如下：

① 上臂部：上肢自然下垂，于肩峰与尺骨鹰嘴突连线中点处，垂直捏起皮褶。皮褶走向与肱骨平行。成年男性大于 10.4，女性大于 17.5 为肥胖。

② 肩胛部：肩胛骨下角点下约 1 cm 处，皮褶走向与脊柱成 45°，方向斜下。正常人厚度为 12.5，若大于 14.5 则为肥胖。

③ 腹部：脐水平线与锁骨中线相交处，皮褶走向水平。

④ 髂部：髂嵴上缘与腋中线相交处上方 1 cm 处，皮褶走向稍向前下方。

⑤ 大腿部：腹股沟中点与髌骨上缘中点连线的中点，皮褶方向与大腿纵轴平行。

（2）测量时，测试者选准测量点，测试者右手持皮褶厚度计，左手拇指和食指将受试者所测部位的皮肤捏紧提起。拇指、食指间应保持适当距离，然后将张开的皮褶厚度计距离手指捏起的部位 1 厘米处钳入，右手指将皮褶厚度计的把柄松开，读出指针的数值并记录。每个部位应重复测两次，二次所测数值误差<5%。

3. 测量结果计算

测量计算结果并填入实验结果表格中。

（二）生物电阻抗法

使用生物电阻体成分分析仪进行测量的实验步骤如下：

（1）选择受试者的个人资料，或是通过新增受试者的个人资料来进行测试。

（2）个人资料编辑结束后，受试者站到底座上，摆正好自己的站姿和握姿。

（3）点击个人资料中的“测试”按钮，或是从“INBODY”菜单项中选择测试，或是点击图标。

（4）几秒钟后，受试者的个人资料向 INBODY 3.0 中传输，测试开始，过程滚动条显示。如果要停止该操作，点击“取消”按钮。

（5）人体成分测试数据全部显示完成之后，点击“确定”按钮，即测试完成。

（三）围度法

1. 腰围的测量方法

测试者站在受试者的右侧或对面，将皮尺放在腰部最细的地方测量。取一位小数记录。

2. 臀围的测量方法

测试者站在受试者的右侧或对面，将皮尺放在臀部最粗的地方测量。取一位小数。

3. 皮脂厚度计测量法

（1）利用皮褶厚度计测量时，要注意精确测量，刻度盘和钳口应经常校正。

（2）捏皮褶时用力要均匀，保持恒定，不应连带肌肉。因皮肤具有弹性，捏起皮褶后会慢慢回缩，所以还应及时测量。

（3）测试应分室或有屏风幕布分隔，男女分开，便于测量。

4. 生物电阻抗测量法

（1）测量时，尽量少量穿衣服，确保手脚直接与电极接触。

（2）开机后预热五分钟，期间禁止站人。

（3）先开打印机，再打开电脑，等个人资料编辑结束后方可进行测试。测试完后，先关闭电脑，再关闭打印机。

（4）由于测量前的运动、饮食、脱水和生物节律变化等都会影响测量值，因此要注意测量条件尽量保持一致。

实验结果

（一）皮褶厚度计测量结果与评价

1. 直接结果

表 6-1-3 皮褶厚度计测量结果（单位：cm）

部位	第一次	第二次	第三次	最终结果
上臂部（cm）				
肩胛下角（cm）				
腹部（cm）				

2. 计算体脂率

（1）计算身体密度：

男性　D = 1.091 3 – 0.001 16 × T

女性　D = 1.089 7 – 0.001 33 × T

（2）计算体脂率：

体脂% =（4.57/D – 4.142）× 100

体脂率=__________；评价：__________。

（二）生物电阻抗法测量结果与评价

体脂重=________，瘦体重=________。

体脂率=________；评价：__________。

（三）围度法测量结果与评价

表 6-1-4 腰围臀围测量结果（单位：cm）

部位	第一次	第二次	第三次	最终结果
腰围（cm）				
臀围（cm）				

腰臀比=_________；评价：_________。

（四）BMI 指数法测量结果与评价

BMI=______________；评价：______________。

课后练习

课后熟练皮褶厚度测量部位。

实验二　心血管适能、肌肉适能的评定

实验目的

（1）掌握心血管适能的测量与评定方法。
（2）掌握肌肉适能的测量与评定方法。
（3）养成正确的健康观。

实验材料与器具

秒表、节拍器、握力计、背力计、纵跳计。

课程思政

为了推进健康中国建设，提高人民健康水平，国家颁发了《“健康中国‘2030’”规划纲要》，健康是促进人的全面发展的必然要求，是经济发展的基础条件，是民族昌盛和国家富强的重要标志。随着工业化、城镇化、人口老龄化、生态环境、生活方式不断变化，人民的健康水平出现了新挑战，只有提高自己的健康水平，才能实现自己的理想和抱负，才能实现中华民族的伟大复兴。

线上自主学习

心血管适能、肌肉适能的评定

一、实验原理

1. 心血管适能的评定

在安静状态下，无法测量心血管功能，测量心血管功能一般采用定量负荷试验。瑞典体育联合会在多年的科研工作中，研究出一种测定心脏功能简易方法。令受试者承受一定的定量负荷后，根据恢复期的脉率的变化来评定受试者心血管系统功能状况的实验。主要测量定量负荷时心血管功能指标的变化水平。

2. 肌肉适能的评定

肌肉适能是指机体依靠肌肉收缩克服和对抗阻力维持身体运动的能力，通常表现为肌肉力量、肌肉耐力、肌肉功率等。

二、实验内容

（一）心血管适能测量和评定

分别测量安静时，运动后第 1 分钟，第 2 分钟，第 3 分钟的脉搏数，计算出心功能评定指数。指数=（P1+P2+P3-200）/10。根据计算出的指数评价心脏功能，指数越小说明心脏功能越好。训练水平高者由于经常从事体育锻炼心肌功能水平提高，表现为安静时脉搏数减少，定量负荷时出现节省化现象，因此负荷后即刻脉搏上升不明显，负荷后恢复得快，那么指数必然小，否则反之。所得指数小于“0”或等于“0”则心脏功能最好；0 ~ 5 为很好；6 ~ 10 为中等；11 ~ 15 不好；大于 16 以上为很不好。

（二）肌肉适能的测量与评定

1. 肌肉力量的测评

肌肉力量指肌肉收缩产生最大收缩力的能力。又称为最大肌肉力量。一般可用握力、背力和腿肌力来测量。

（1）握力的测评主要测试前臂及手部肌肉的力量，不同年龄段有不同的标准，20 ~ 24 岁男女生标准如下表：

表 6-2-1　20 ~ 24 岁男女生握力评价标准（单位：千克）

性别	1 分	2 分	3 分	4 分	5 分
男	29.6 ~ 36.9	37.0 ~ 43.5	43.6 ~ 49.2	49.3 ~ 56.3	>56.3
女	18.6 ~ 21.1	21.2 ~ 25.7	25.8 ~ 29.8	29.9 ~ 35.0	>35

（2）背力的测评方法反映受试者背部肌肉的力量，测量值越高，背力越大。

（3）腿肌力的测量主要反映受试者腿部肌肉的力量。

2. 肌肉耐力的测评

肌肉耐力指肌肉持续收缩对抗疲劳的能力。

（1）俯卧背伸计时测量受试者测背肌耐力，适用于 8 岁至大学男女生。

评定：持续时间越长，背肌耐力越好，具体评价标准见表 6-2-2。

表 6-2-2　背肌耐力评价表

性别	良好	中等	差
男子	30 s 以上	15 ~ 30 s	15 s 以下
女子	20 s 以上	10 ~ 20 s	10 s 以下

（2）俯卧撑（男）测量受试者上肢的肌肉力量及肌肉耐力。

（3）仰卧起坐（女生）测量受试者腰腹部肌肉的力量。

表 6-2-3　20 ~ 24 岁男生俯卧撑，女生仰卧起坐成绩评价标准（单位：个）

指标	1 分	2 分	3 分	4 分	5 分
俯卧撑（男）	7 ~ 12	13 ~ 19	20 ~ 27	28 ~ 40	>40
仰卧起坐（女）	1 ~ 5	6 ~ 15	16 ~ 25	26 ~ 36	>36

3. 肌肉爆发力的测评

（1）纵跳主要反映受试者垂直向上跳跃时下肢肌肉快速收缩的能力。20 ~ 24 岁男女生纵跳成绩评价标准如表 6-2-4。

表 6-2-4　20 ~ 24 岁男女生纵跳成绩评价标准（单位：厘米）

性别	1 分	2 分	3 分	4 分	5 分
男	19.9 ~ 24.8	24.9 ~ 32.3	32.4 ~ 38.4	38.5 ~ 45.8	>45.8
女	12.7 ~ 15.8	15.9 ~ 20.5	20.6 ~ 24.7	24.8 ~ 30.3	>30.3

（2）原地纵跳摸高主要反映受试者垂直向上跳跃时下肢肌肉快速收缩的能力。原地纵跳摸高数值越大，受试者的下肢爆发力越好。

三、要求

（1）理解健康体适能中心血管适能、肌肉适能的概念及常见测评指标。

（2）学会各指标的测试和评定方法。

线下学习

一、实验方法

（1）将全班分为 2 个大组，每组进行一种方法的测量，随后再轮换。每种方法测量时每 2 人一小组，其中 1 人主试者，另 1 人担任受试者，做完一轮后，轮流交换角色进行操作。

（2）弄清测试的整个流程，严格按照实验步骤操作。

二、实验步骤

（一）心血管适能的测评

心功能简易测定法：

（1）首先让受试者静坐 5 分钟、测 15 秒钟脉搏，乘 4 得一分钟脉搏数（P1）。

（2）然后做 30 秒钟 30 次起蹲蹲起动作由直立姿势开始，两足自然开立与肩同宽，两臂自然下垂。下蹲时必须全蹲，而且足跟不许离地，同时两臂前摆成前举，起立时还原，最后一个蹲起动作结束。

（3）最后一次站起后测 15 秒钟即刻脉搏，乘 4 得一分钟脉搏数（P2）。

（4）休息一分钟后再测 15 秒钟脉搏数（P3）。

（二）肌肉适能的测量与评价

1. 肌肉力量的测量与评价

（1）握力的测量方法。

将握力计指针调至0位，受试者手持握力计，转动握具调整旋钮，使食指第二关节屈成90°的距离为受测者的理想距离。测试时，受测者两脚自然分开，身体直立，两臂自然下垂，用有力手以最大力紧握上下两个把柄。测试两次，取最大值，记录以“牛顿”为单位，不计小数。注意持握力计要手心向内，握力计指针向外。用力时禁止摆臂和接触身体。如果受测量者分不出有力手，可两手各测试两次取最大值。

（2）背力的测量方法。

受试者两脚分开约 15 cm，直立在背力计的底盘上，两臂和两手伸直下垂于同侧大腿的前面。测试人员调节背力计拉链的长度，使背力计握柄与受试者两手指尖接触，或将背力计握柄的高度调至恰使受试者上体前倾 30°的位置。测试时，受试者两臂伸直，掌心向内紧握握柄，两膝伸直，上体绷直，上体绷直抬头，尽全力上拉背力计。以“kg”为单位记录成绩，精确至小数点后一位数，测2次，取最佳成绩。注意测试前，受试者应做好准备活动；测试时，受试者不能屈肘，屈膝或上体后倒；应以中等速度达拉，不能过慢或用力过猛；每次测试前，背力计须回“0”。

（3）腿肌力的测量方法。

利用背力记测试站立、屈膝 115°～125°时膝部肌肉的伸展力量。测试前，受试者自然站立于背力记踏板的指定位置，然后使受试者屈膝 115°～125°的位置，调好背力记握柄的高度。测试时，受试者双手紧握把柄，上体正直，用最大的力量直臂上拉背力记，测 2～3 次取最大值记录。注意测试前应做好充分的一般准备活动和专项准备活动，以免拉伤肌肉。测试时，上拉背力计时不得屈体、屈臂或身体后倒。

2. 肌肉耐力的测评

（1）俯卧背伸计时的测量方法。

受试者俯卧于床（桌上），髂嵴与床边齐平，使躯干悬空，两手交叉置于头后。测试者一人压住受试者的小腿，另一人看表计时，并一手托住受试者的躯干，受试者尽力抬起悬空的躯干。喊预备——开始，即开表计时，同时撤出托受试者躯干的手；当躯干下降至水平位时即停表。记录其持续时间，计数单位为秒。注意受试者躯干不得低于水平位，否则不计时。

（2）俯卧撑（男）的测量方法。

受试者两手按地，手指向前，两手距离与肩同宽，两腿向后伸直，身体挺直，然后屈臂使身体平直下降，使肩与肘接近同一平面，躯干、臀部和下肢要挺直，然后撑起，恢复到开始预备姿势为完成一次。

（3）仰卧起坐（女生）的测量方法。

受试者全身仰卧于垫上，两腿屈膝成 90°角，两手指交叉贴于脑后，一同伴压住两腿关节处。起坐时，以双肘触及同侧两膝为成功一次。仰卧时，两肩胛骨必须触垫。测试时，测试人员发出“开始”口令开始坐起，同时开表计时，记录一分钟所完成的次数。注意：① 禁止肘部撑垫或臀部上挺。② 时间到时，受试者虽然起身，但两肘还未触及两膝时，该次不计数。③ 测试过程中，测试者或负责计数的压腿的同伴要给受试者报所做的次数。用同样的力法还可改为 30 秒钟仰卧起坐和不限时间的仰卧起坐，前者有利于了解腹肌的速度力量，后者有利于了解腹肌力量耐力。

3. 肌肉爆发力的测量方法

（1）纵跳的测量方法。

受试者踏上纵跳板，双脚自然分开，呈直立姿势，准备测试。测试时受试者屈膝半蹲，双臂尽力后摆，然后向前上方迅速摆臂，双腿同时发力，尽力垂直向上跳起。当受试者下落至纵跳板后，显示屏显示测试值。以“cm（厘米）”为单位纪录成绩，精确至 0.1 cm。测 3 次，取最佳成绩。注意起跳时，受试者双脚不能移动或有垫步动作；在起跳后至落地前，受试者不能屈膝、屈髋；如果受试者没有下落到纵跳板，测试失败，须重新测试。

（2）原地纵跳摸高的测量方法。

受试者用右手中指沾些白粉末，身体直立，右侧足靠墙根，右臂上举，身体轻贴墙壁，手伸直，用中指尖在板上点一个指印。测试者先丈量其原地摸高的高度，然后令受试者在离墙 20 cm 处，用力向上起跳摸高。以“cm（厘米）”为单位丈量高度，精确到 0.1 cm。测 3 次，取最佳成绩。注意：在测验时，起跳和落地均用双足，不得跨步、垫步，可做预摆动作；在原地伸臂点指印时，臂要充分伸直，体侧要轻贴墙壁。

实验结果与评价

1. 心血管功能测试指标结果

表 6-2-5 心血管功能测量结果

	安静时	运动后即刻	恢复 1 min 后
心率（次/分）			
评定指数：			
功能评定与分析：			

2. 肌肉适能的测量与评价

表 6-2-6 肌肉造能测量结果

序号	测试项目	测试结果 1	测试结果 2	评定与分析	练习
1	握力				
2	背力				
3	俯卧背伸计时				
4	俯卧撑/仰卧起坐				
5	纵跳				
6	原地纵跳摸高				

课后练习

课后思考如何提高心血管适能和肌肉适能。

实验三　膳食中能量摄入量及食物种类调查分析

实验目的

（1）掌握能量摄入量的计算方法。
（2）掌握 24 小时回顾法的使用。
（3）掌握中国平衡膳食宝塔的应用。
（4）学会养成平衡膳食的习惯。

实验材料与器具

食物模型和图谱、食物成分表、计算器、中国膳食营养宝塔。

课程思政

随着生活水平的提高，生活方式的改变，中国慢性疾病呈井喷式发生，有人在怀疑，生活水平越来越好了，吃得越好，怎么身体就不如以前好了呢，这就是营养不均衡“惹的祸”。想要保持身体健康需要我们平时注意食用多种多样的食物。注意健康饮食不是一种任务，而是一种责任。为了我们自身的健康以及我们的家人，希望更多的人能够重视起来，让合理膳食的健康新理念走进千家万户。

线上自主学习

人体每日能量摄入量及食物种类调查分析

一、实验原理

借助食物模型、家用量具或者食物图谱，通过问答方式来回顾了解调查对象过去 24 小时实际的膳食摄入状况，然后对其食物摄入数量和种类进行计算和评价的一种方法，是目前最常用的一种回顾膳食调查方法。

三、实验内容

（1）根据食物模型，回顾调查时间往前推 24 小时所食食物的种类和数量。
（2）计算每日能量的摄入，根据下表计算。

表 6-3-1　不同体型、劳动分级下的能量单位需要量

体型	劳动分级			
	极轻体力劳动	轻度劳动	中度劳动	重度劳动
消瘦	35	40	45	45～55
正常	25～30	35	40	45
超重	20～25	30	35	40
肥胖	15～20	20～25	30	35

（3）与中国平衡膳食宝塔比较，评价自己膳食合理性。

按《中国食物成分表 2002》找到食物编码和分类，计算自己摄入各类食物的量，并与中国平衡膳食宝塔比较，一方面评价食物的种类是否齐全，是否做到了食物种类多样化；另一方面需要评价各类食物的消费是否充足。

中国营养学会结合我国居民的膳食结构特点设计了中国膳食营养宝塔，把平衡膳食的原则转化成了各类食物的生重量，并以直观的形式表现出来，便于居民理解和在日常生活中实行。

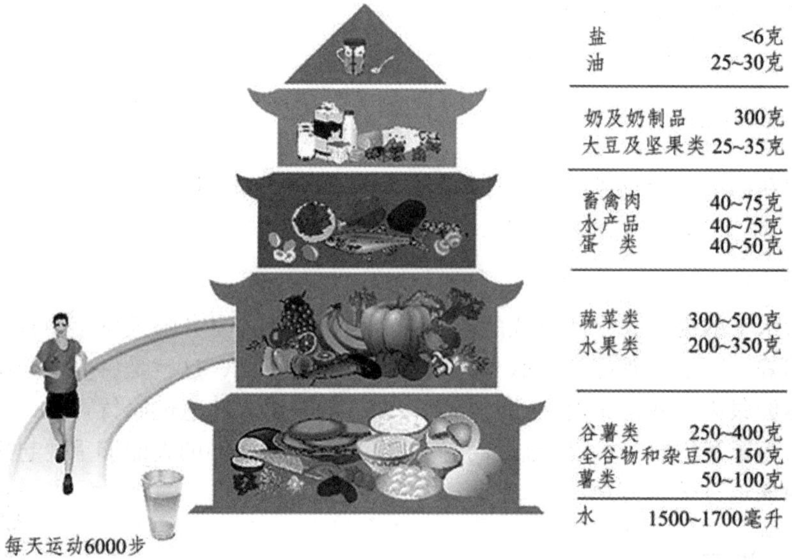

图 6-3-1 中国居民平衡膳食宝塔（2016）

三、要 求

（1）根据食物模型或图谱，推算各类食物的重量。

（2）掌握 24 小时回顾法进行膳食调查的方法。

（3）掌握每日所需能量的计算方法。

（4）掌握中国平衡膳食宝塔的应用。

线下学习

一、实验方法

（1）每 2 个学生一组，一个作为被调查者，另一个作为调查者进行调查分析，调查完后互相交换角色，并做好记录。

（2）弄清测试的整个流程，严格按照实验步骤操作。

二、操作步骤

（1）资料的收集，根据食物模型记录调查时间内每日每餐所食食物的种类和数量，并填入表格。

（2）根据食物成分表计算每日能量的摄入量

（3）与中国平衡膳食宝塔比较，评价自己膳食合理性。

实验结果与评价

（1）根据本人体型及体力活动指数，计算出本人每日所需的热量。

BMI=______________；　体型：______________。

体力活动：______________；能量单位需要量：______________；体重：______________。

每日能量需要量：______________。

（2）计算本人每餐所需能量。

早餐：______________。

中餐：______________。

晚餐：______________。

（3）用 24 小时回顾法，计算出所摄取的能量总和。

表 6-3-2　各类食物摄入统计表

时间	食物名称	食物重量	原料名称	原料重量	能量	每餐能量
早餐						
零食						
中餐						
零食						
晚餐						
零食						

（4）计算 1 天所摄入的食物种类和数量，并与中国平衡膳食宝塔比较，评价自己膳食合

理性。

表 6-3-3 食物数量评价表

食物种类	实际摄入量	推荐摄入量
谷薯类		250 ~ 500g
蔬菜		300 ~ 500g
水果		200 ~ 350g
肉禽		40 ~ 75g
蛋类		40 ~ 50g
水产类		40 ~ 75g
豆		50g
奶		300g
油脂		25g

课后练习

（1）熟练各类食物的重量估算。

（2）熟悉中国膳食营养宝塔的内容。

第七章 体育测量与评价实验

实验一　运用 Excel 软件对数据进行描述性统计

实验目的

（1）掌握 Excel 软件的基本操作。
（2）掌握 Excel 在描述性统计中的应用。

实验材料与器具

电脑，Excel 软件。

运用 Excel 软件对数据进行描述性统计

线上自主学习

一、实验内容

（1）将数据录入 Excel 软件中，并对数据进行筛选。
（2）在 Excel 中变换表格格式。
（3）用 Excel 对数据进行计算、汇总和排名。
① 用 VLOOKUP 函数对原始数据进行分数的转换；
② 用 SUM 函数求和；
③ 用 RANK 函数排名。
（4）用 COUNTIF 函数对调查问卷表格数据进行统计。
（5）利用直方图进行数据统计。

二、要　求

（1）学会在 Excel 中录入数据，数据筛选；
（2）学会表格格式设置、变换、汇总、排序；
（3）学会 VLOOKUP 函数，RANK 函数的使用；
（4）学会 COUNTIF 函数的使用。

线下学习

一、实验方法

上机操作。

二、操作步骤

1. 录入数据并筛选数据

（1）在 Excel 中进行单元格格式设置，并输入数据。

首先设置单元格格式：姓名是字符型，立定跳远是字符型，篮球绕杆是自定义型，中长跑也是自定义型，并输入数据。

表 7-1-1 某班学生测试成绩统计表

姓名	身份证号码	立定跳远	篮球绕杆	中长跑
张三	432501200109132003	2.1	11″09	3′29
李四	432501200305152157	2.35	10″87	3′44
王五	431320200106183459	1.95	12″	3′42
刘六	430503200210094380	1.95	13″62	4′18
聂七	430304200105203489	2	11″9	4′15
杜八	432622200102032450	1.87	13″7	4′25

（2）利用 MID、TEXT 函数提出身份证号码中的出生年月。

功能：MID 函数从文本字符串指定位置开始，提取指定长度的字符串。

Text 函数表示将数值转化为自己想要的文本格式

格式：text（value，format_text）Value 为数字值。Format_text 为设置单元格格式中自己所要选用的文本格式。

（语法：TEXT（MID（B2，7，8），"0000 年 00 月 00 日"）

① 先用 MID 函数提取身份证号码中的第 7-14 位，注意 MID 函数提取出来的是“19910326”（语法中 B2 代表字符串，7 代表从第 7 位开始提取，8 表示提前 8 个数字）。

② 提取后再用 TEXT 函数将“19910326”转换为符合我们习惯的格式“1991-03-26”。

（3）学会利用筛选功能，筛选出高于平均数，低于平均数的学生成绩。

2. 变换表格格式

在 Excel 中的“插入行”，合并单元格等菜单使表变成以下形式：

表 7-1-2 某班学生测试分数统计表

姓名	身份证号码	立定跳远		篮球绕杆		中长跑		总分
		成绩	分数	成绩	分数	成绩	分数	
张三	432501200109132003	2.1		11″09		3′29		
李四	432501200305152157	2.35		10″87		3′44		
王五	431320200106183459	1.95		12″		3′42		
刘六	430503200210094380	1.95		13″62		4′18		
聂七	430304200105203489	2		11″9		4′15		
杜八	432622200102032450	1.87		13″7		4′25		

3. 对数据进行计算、汇总和排名

（1）利用 VLOOKUP 函数计数各项的分数。

功能：在表格或数值数组的首列查找指定的数值，并由此返回表格或数组当前行中指定列处的数值。（默认情况下，表是升序的）

语法：VLOOKUP（D1，评分标准!$A$4：$D$44，4）

D1 表示要求的分数的单元格。评分标准!$A$4：$D$44，表示评分标准中，4 表示评分标准中的第四列。

（2）利用 SUM 函数计算总分。

（3）利用 RANK 函数写出名次。

功能：求某一个数值在某一区域内的排名。

语法：RANK（number，ref，order）

Number 必须有一个数字值；ref 必须是一个数组或单元格区域包含数字数据值；是可选的 order，一般是 0。

4. 利用 COUNTIF（ ）函数进行问卷的统计

功能：对指定区域中符合指定条件的单元格计数的一个函数；

语法：countif（区域，条件）；

参数：range 要计算其中非空单元格数目的区域；

参数：criteria 以数字、表达式或文本形式定义的条件；

举例；运用 COUNTIF 函数对下表中的选项进行统计。

COUNTIF（ ）函数的语法构成是：COUNTIF（区域，条件）。

	1	2	3	4	5	6	9	10
1	A	D	B	C	C	B	B	D
2	B	D	A	B	B	B	C	C
3	B	D	C	B	C	B	C	C
4	B	CD	A	C	C	B	D	C
5	B	B	A	B	C	C	D	C
6	B	B	C	A	C	B	D	B

操作步骤：

（1）将上述资料输入 Excel 工作表。

（2）在“插入”菜单中单击“函数”选项，选择“COUNTIF”。

（3）输入 COUNTIF（区域，“A”）。

（4）拖动光标。

（5）如果是多选题，输入 COUNTIF（区域，“*A*”）。

5. 利用“直方图”工具进行统计分组

直方图分析工具是一个用于确定数据的频数分布、累计频数分布，并提供直方图的分析模块。它在给定工作表中数据单元格区域和接收区间的情况下，计算数据的频数和累积频数。

注意事项：

（1）所输入的符号全部是英文输入状态下输入。
（2）所有函数在输入时要注意格式。

课后练习

课后多次上机操作上述命令，熟练其使用方法。

实验二　运用 SPSS 软件对数据进行统计

实验目的

（1）掌握基本的 SPSS 软件操作。
（2）掌握 SPSS 在体育推断性统计中的应用。

实验材料与器具

电脑，SPSS 软件。

运用 SPSS 软件对数据进行统计

线上自主学习

一、实验内容

（1）将数据录入 SPSS 软件中，或用 SPSS 读取 Excel 文件数据。
① 将数据录入 SPSS 的步骤；
② 用 SPSS 读取 Excel 文件的步骤。
（2）运用 SPSS 软件进行描述性统计和频数统计
① 用 SPSS 软件对数据进行描述性统计；
② 用 SPSS 软件对数据进行频数统计。
（3）用 SPSS 进行 T 检验
① 用 SPSS 进行单样本资料 T 检验；
② 用 SPSS 进行独立样本 T 检验；
③ 用 SPSS 进行配对 T 检验。

二、要求

（1）学会用 SPSS 软件进行数据的输入及格式设置，以及把 Excel 文件导入 SPSS 中。
（2）学会使用 SPSS 软件进行描述性统计和频数统计；
（3）学会使用 SPSS 软件进行单样本资料 T 检验，独立样本 T 检验，配对 T 检验等。

线下学习

一、实验方法

上机操作。

二、操作步骤

（1）把数据输入 SPSS 软件中，或由 Excel 文件导入 SPSS 软件中。

① 在 SPSS 中直接输入数据的三部曲：定义变量名、指定变量属性、录入数据。

举例：

第一步：输入以下问卷变量，变量名分别是第 1 题，第 2 题，第 3 题，第 4 题，第 5 题，第 6 题，并指定变量属性。

1. 您的性别：

A. 男　　　　B. 女

2. 您的年龄：

A. 18 岁以下　　　　B. 18 到 45 岁

C. 45 到 60 岁　　　　D. 60 岁以上

3. 您的个人月收入水平：

A. 3000 元以下　　　　B. 3001 元到 5000 元

C. 5001 元到 8000 元　　　　D. 8000 元以上

4. 您参加羽毛球运动的频率？

A. 小于 1 次/月　　　　B. 1～4 次/月

C. 4～8 次/月　　　　D. 大于 8 次/月

5. 您参加羽毛球运动的目的？（多选题）

A. 锻炼身体　　　　B. 个人爱好　　　　C. 社交活动

D. 休闲活动　　　　E. 其他

6. 您的羽毛球拍的价格是多少钱一个？ ______________

第二步：输入数据。

表 7-2-1　羽毛球爱好者体育消费现状统计表

	第 1 题	第 2 题	第 3 题	第 4 题	第 5 题	第 6 题
1	A	D	B	C	AC	250
2	B	A	A	B	ABD	300
3	A	C	C	B	ABCD	325
4	B	C	A	C	CDE	150
5	B	B	A	B	AC	600
6	B	B	C	A	BD	1000
7	A	A	D	D	CDE	1200

② 可以直接从 SPSS 或 Excel 中导入数据。依次点击“文件” - “数据”，然后在弹出的“打开数据”对话框中点击需要导入的数据（如图所示打开的是 excel 数据，文件类型框内选择 Excel）。

（2）运用 SPSS 软件进行频数统计和描述性统计。

① 运用 SPSS 软件进行频数统计。

操作步骤：

a. 点击分析→描述性统计→描述。

b. 将变量“第一题，第二题，第三题……”移入“变量”中。

c. 点击右侧“图表”选择“饼形图”，单击“继续”。

d. 单击“确定”。

② 运用 SPSS 软件进行描述性统计。

操作步骤：

a. 点击分析→描述性统计→描述。

b. 将变量“成绩”移入“变量”中。

c. 点击“选项”出现对话框，选中均值，标准差，最小值，最大值，单击“继续”。

d. 单击确定。

（3）用 SPSS 进行 T 检验。

① 用 SPSS 软件进行单样本资料 T 检验。

例如：某市 18 岁女生 18 人，测得立定跳远成绩见下表，而该省 18 岁女生的立定跳远平均成绩为 170.1 cm，问该市 18 岁女生立定跳远成绩与全省同年龄学生的成绩有无差异？（α=0.05）

表 7-2-2　某市 18 名 18 岁女生立定跳远成绩表

编号	立定跳远
1	173
2	175
3	168
4	168
5	178
6	162
7	166
8	170
9	174
10	170
11	177
12	175
13	169
14	175
15	171
16	173
17	176
18	168

操作步骤：

1. 按左边格式输入数据；
2. 点击分析 → 比较均值→单样本资料 t 检验

② 用 SPSS 进行独立样本 t 检验。

例：随机抽测篮球和排球运动员各 10 人，他们纵跳成绩的数据如右表，试分析这两项目运动员的纵跳水平是否存在差异（$\alpha=0.05$）。

表 7-2-3　篮球和排球运动员纵跳成绩表（单位：cm）

编号	篮球运动员	排球运动员
1	67	64
2	62	69
3	68	70
4	61	63
5	70	58
6	65	71
7	70	64
8	59	68
9	63	62
10	66	67

操作步骤：

1. 按左边格式输入数据；
2. 点击分析 → 比较均值→独立样本资料 t 检验

（4）用 SPSS 进行配对 t 检验。

例：对 8 名队员进行技术训练，测得各人训练前后得分如右表，问技术训练对成绩的提高是否有效？（$\alpha=0.05$）。

表 7-2-4　实验前后队员技术得分表

编号	训练前	训练后
1	79	80
2	72	77
3	76	77
4	74	80
5	80	90
6	88	87
7	76	77
8	87	85

操作步骤：

1. 按左边格式输入数据；
2. 点击分析 → 比较均值→配对 t 检验

注意事项：

（1）学会看懂结果。

（2）不同类型 T 检验时，数据输入的格式不一样。

课后练习

课后多次上机操作上述命令，熟练其使用方法。

实验三　体格的测量与评价

实验目的

（1）熟练掌握人体长度、围度、宽度、重量常用指标的测量方法。

（2）掌握人体长度、围度、宽度、重量等常用指标的测评意义。

（3）通过实验，培养学生科学严谨认真的学习和工作态度。

实验材料与器具

身高坐高计、马丁尺（长、中、短）、软带尺、直脚规、游标卡尺、足长测量仪。

课程思政

要求在测量过程中对测量点要精准，测量方法要严谨引申到严谨，认真的学习和工作态度，希望同学们对一切事情都有认真、负责的态度，一丝不苟、精益求精，做任何事情时都能脚踏实地，不心浮气躁，不好高骛远。

线上自主学习

体格的测量与评价

一、实验内容

（一）体重的测量方法与评价

体重是指人体净重，它不仅反映人体骨骼、肌肉、脂肪等重量，而且还能说明人体营养情况和肌肉发达程度，在运动训练中，还可以反映运动量的大小，有否过度训练等，有助于合理安排运动训练。在测量时注意：① 受试者是男性只能穿短裤，女性可穿短裤和背心。② 受试者测体重最好时间为晨起排空大小便后。③ 上下体重计时的动作要轻，称重时一定站在秤台的中央。④ 体重计用前一定要校准，并检查零点。

（二）长度的测量与评价

1. 身高的测量与评价

身高是人体在立位时，颅顶点到地平面的垂直投影高度，它是反映长度生长指标，也是生长的基本指标。反映人体骨骼发育和人体纵向高度的重要形态指标。通过身高与体重、其他肢体长度及围度、宽度指标的比例关系，可反映人体匀称度和体形特点。

2. 坐高的测量方法与评价

坐高是坐姿时颅顶到坐平面的垂直投影高度。它可以反映躯干的高度及其与下肢的比例关系，一般简单地计算下肢长的公式是：下肢长 = 身高 − 坐高

坐高是人体取正位坐势时头和躯干的长度。它主要反映人体躯干生长发育状况及躯干和下肢的比例关系，是人体形态结构与发育水平的指标之一。

一般用身高坐高指数，“身高坐高指数=坐高/身高 × 100”评价人体体格、体型特征。52以下是短躯型，52 ~ 54 是中躯型，54 以上是长躯型。该数值受年龄、性别、城乡和种族等因素的影响，亚洲人比欧洲人大，女子比男子要大，儿童较成年人大。

3. 颈长和项长的测量

颏下点至胸上点之间的直线距离。项长：指枕外隆凸点至颈点之间的距离。

4. 四肢各环节长度的测量

（1）上肢全长：肩峰到中指尖的距离。
（2）上臂长：为肩峰尖至桡骨小头上缘的直线距离。
（3）前臂长：为桡骨小头上缘至桡骨茎突尖的直线距离。
（4）手长桡骨茎突尖的腕横纹中点至中指尖的直线距离。
（5）下肢全长：
① 身高减坐高。
② 髂嵴点至地面的垂直距离，称为下肢长 H，测得的值大于实际的下肢全长。
③ 臀纹线至地面的垂直距离，称为下肢长 C。
④ 髂前上棘点至地面的垂直距离，称为下肢长 A。
⑤ 大转子点到地面的垂直距离，测得的值则小于实际的下肢全长，称为下肢长 B。
（6）大腿长：为髂前上棘或股骨大转子尖到膝关节间隙胫骨外踝上缘的垂直距离。
（7）小腿长：为膝关节间隙，胫骨内踝上缘至内踝尖的垂直距离。
（8）足高：为内踝尖至地面的垂直距离。
（9）足背高：为足背的舟骨上缘最高点至地面的垂直距离。
（10）足长：为足跟向后最突出点（跟骨结节）至最长足趾尖的直线距离。

四肢长度的测量不但在健康和体质评定中有一定的价值,对运动员的选材是必不可少的，很多项目中，往往那些上肢或下肢较长的运动员具有较大的优势。

5. 肩臂与手足间距

（1）肩臂长（指距）为两手指尖之间的水平位时的最大直线距离。
（2）手足间距（站立摸高）：为上肢高举站立时，中指尖至地面的最大垂直距离。

6. 跟腱长

跟腱长为腓肠肌内侧头肌腹下缘至跟骨结节间的直线距离，测量跟腱长对于某些项目运动员选才是十分重要的，例如，篮球运动员及跳跃运动员除了要求身高优势和四肢修长，还要求具有长而清晰的跟腱。

（三）宽度测量

（1）手宽：受试者五指并拢，手伸直，测量第二掌骨小头至第五掌骨小头间的最大直线距离。

（2）足宽：受试者五趾并拢，脚伸直，测量第一跖骨小头至第五跖骨小头间的最大直线距离。

（3）骨盆宽：系指立位时两髂嵴点之间距离。

（四）围度的测量

1. 头围

用软皮尺通过眉弓上缘、眉间点和头后点绕一周。

2. 颈围

颈围可反映颈项部肌肉发育状况，颈围指喉结节处绕颈部一周的围度。

3. 胸围测量方法

胸围反映呼吸器官、胸部肌肉和脂肪的发育情况，带尺上缘经背部肩胛骨下角下缘绕至胸前一周的围度即为胸围。

呼吸差 = 最大吸气时胸围 – 最大呼气时的胸围。经常参加运动的人呼吸差有所增加，运动员的呼吸差较一般人大，其大部分平均在 7 ~ 9 cm，一般人平均 5 ~ 7 cm。如游泳，中长跑，耐力运动的运动员呼吸差则更大些。

4. 腰围

主要反映腹壁肌和腹部脂肪的情况，当腹壁肌肉紧张度降低或腹部脂肪堆积过多时腰围会增加。体育锻炼可使脂肪减少，腹部张力提高，因而可使腰围减小。

5. 腹围

腹围可反映腹部皮下脂肪沉积情况，腹围指腹部肚脐处，以水平位绕腰腹一周。

6. 四肢围度

包括上臂围，前臂围，大腿围，小腿围。它可反映四肢肌肉发育情况，由于皮下脂肪会影响围度，所以对围度进行分析时应考虑皮褶厚度。

（1）上臂围：反映上臂肌肉发达的程度。包括上臂紧张围和上臂放松围，紧张围指上臂肌肉收缩，肱二头肌处最高处的围度。上臂放松围指上肢自然下垂时，肱二头肌处的围度。

（2）前臂围：反映前臂肌肉发育情况。指前臂最粗处的围度。

（3）大腿围：反映大腿肌肉发育的情况，大腿臀大肌皱纹（臀纹点）下经过腿间水平绕至大腿前面的围度，可反映股四头肌的发育情况。

（4）小腿围：反映小腿肌肉发育程度，小腿最粗处以水平位绕一周的围度。

（5）踝围：小腿踝关节上方最细部位水平周长。

二、要　求

（1）掌握身体形态测量中常用的定位术语。

（2）掌握体表划线。

（3）准确找准人体主要测量点。

（4）学会体格测量的测量方法。

线下学习

一、实验方法

（1）每 2 个学生一组，一个作为被试者，另一个作为测试者进行测量，测完后互相交换角色，并做好记录。

（2）弄清测试的整个流程，严格按照实验步骤操作。

二、操作步骤

（一）体重的测量

将体重计放平，校准“0”点，被测者轻轻踏上秤台，立于正中，听到响声，记下读数，精确到小数点后 1 位（单位：kg）。

（二）长度的测量

1. 身高测量

被测者赤足，立正姿势，背向身高计立柱站立，两足跟，骶中部及两肩胛间轻靠在立柱上，躯干自然挺直，两眼平视前方，耳屏上缘跟眼眶下缘呈水平位，即使头部保持正直，不得靠紧立柱，检查者立于身高坐高计右侧，将水平滑板沿立柱下滑，至头顶时要轻轻下压，这时滑板下缘立柱上的刻度，就是被测者的身高。读数时，检查者的两眼应与滑动板呈水平位。记录以 cm 为单位，精确到小数点后 1 位。测试误差不超过 0.5 cm。注意：① 被测者两足跟、骶中部和两肩胛间要靠在立柱上，头部必须保持正直；② 身高坐高计应选择平坦靠墙的地方放置，立柱的刻度尺应面向光源。③ 测量前要检查立柱有无晃动，是否垂直于底板等。水平滑动板滑至头顶时，松紧要适度。④ 测量完毕，立即将滑动板推向安全高度，以防碰坏或碰伤人。

2. 坐高的测量

被测者端正坐在身高坐高计底板上，头正、躯干挺直紧靠立柱，测量者将水平压板下滑至轻压被测者头顶部，以压板水平位刻度记其坐高数。注意：① 坐高计的坐板应平稳固定。② 坐高计的放置高度应根据受试者小腿长短加以调整。可使用垫板以保证受试者双足平踏地面或垫板，大小腿呈直角。③ 其他注意事项参看身高的测量。

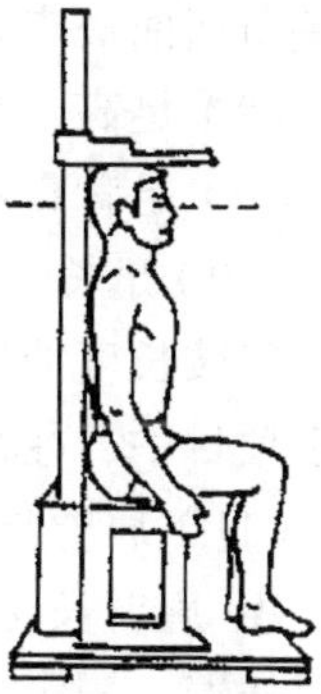

图 7-3-1　坐高测量

3. 颈长和项长

颏下点至胸上点之间的直线距离。项长：指枕外隆凸点至颈点之间的距离。

4. 四肢各环节长度

一般说来，测上肢时，被测者两臂自然下垂，手指伸直，而测下肢时，被测者取立正姿势，重心要落在两足之间。

（1）上肢全长：被测者自然站立，两腿分开与肩同宽，臂伸直稍外展，五指并拢伸直，手掌手指与前臂必须成一直线，检查者站在被测者右侧后方测量肩峰到中指尖的距离。

（2）上臂长：为肩峰尖至桡骨小头上缘的直线距离，测量姿势同上。

（3）前臂长：测量时，可取屈肘 90°，前臂于正中位姿势，为桡骨小头上缘至桡骨茎突尖的直线距离。

（4）手长：测量时可取掌心向上，五指并拢，手与前臂保持在同一平面的姿势，测者平桡骨茎突尖的腕横纹中点至中指尖的直线距离。

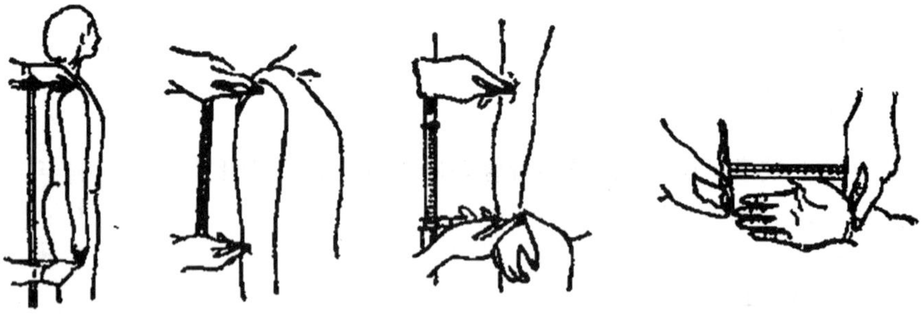

图 7-3-2　上肢各环节长度的测量

（5）下肢全长：受试者直立，两臂下垂，取立正姿势。可采用以下的方法来表示下肢长度：

① 身高减坐高。

② 髂嵴点至地面的垂直距离，称为下肢长 H，测得的值大于实际的下肢全长。

③ 臀纹线至地面的垂直距离，称为下肢长 C。

④ 髂前上棘点至地面的垂直距离，称为下肢长 A。

⑤ 大转子点到地面的垂直距离，测得的值则小于实际的下肢全长，称为下肢长 B。

（6）大腿长：为髂前上棘或股骨大转子尖到膝关节间隙胫骨外踝上缘的垂直距离。

（7）小腿长：为膝关节间隙，胫骨内髁上缘至内踝尖的垂直距离，测量时，被测者可取膝关节屈曲成直角，全脚掌踏于凳面的姿势。

（8）足高：为内踝尖至地面的垂直距离，测量姿势同上。

（9）足背高：为足背的舟骨上缘最高点至地面的垂直距离测量姿势同上。

（10）足长：为足跟向后最突出点（跟骨结节）至最长足趾尖的直线距离。测量姿势可同上。

四肢长度的测量不但在健康和体质评定中有一定的价值，对运动员的选才是必不可少的，很多项目中，往往那些上肢或下肢较长的运动员具有较大的优势。

（11）肩臂与手足间距。

① 肩臂长（指距）：被测者自然站立，两上肢侧平举。掌心向前，五指并拢，测量者将量尺托着，固定于被测者胸前，量尺上缘与胸骨柄上缘平齐。

② 手足间距（站立摸高）：为上肢高举站立时，中指尖至地面的最大垂直距离。测量时，被测者右上肢伸直高举，同侧身体贴墙站立。

（12）跟腱长的测量：先令被测者尽量提踵站立，以显示腓肠肌内侧头肌腹与腱的交界处，测量者用笔给以标记，然后在被测者自然站立的姿势下进行测量。

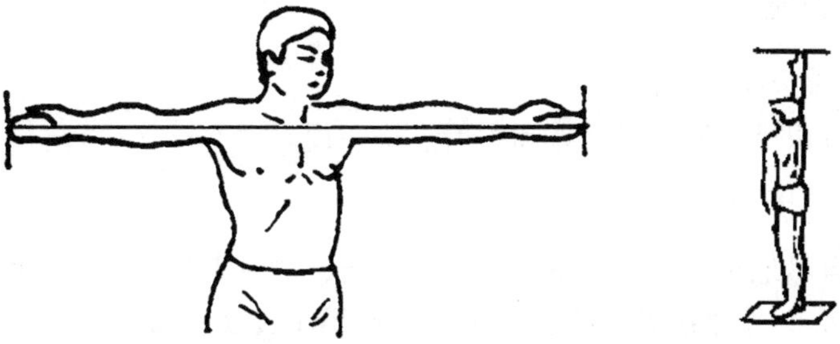

图 7-3-3　肩臂长的测量与手足间距的测量

图 7-3-4　跟腱长的测量

（三）宽度测量

（1）手宽：受试者五指并拢，手伸直，测量第二掌骨小头至第五掌骨小头间的最大直线距离，测量误差不得超过 0.2 cm。

（2）足宽：受试者五趾并拢，脚伸直，测量第一跖骨小头至第五跖骨小头间的最大直线距离，测量误差不得超过 0.2 cm。

（3）肩宽：为左右肩峰尖之间的直线距离，测量时，被测者两脚分开与肩同宽，自然站立，两肩放松，上肢自然下垂，测量者用测径规置于肩峰尖处测量。注意：被测者两肩必须自然放松，不得驼背，弯腰或耸肩。测量点必须是肩峰点，而不是肩峰外侧。

（4）骨盆宽：系指立位时两髂嵴点之间距离。测量时被测者自然站立，测量者用骨盆测量器的两脚端置于髂嵴外缘，在做前后滑行的过程中取骨盆的最宽距离。

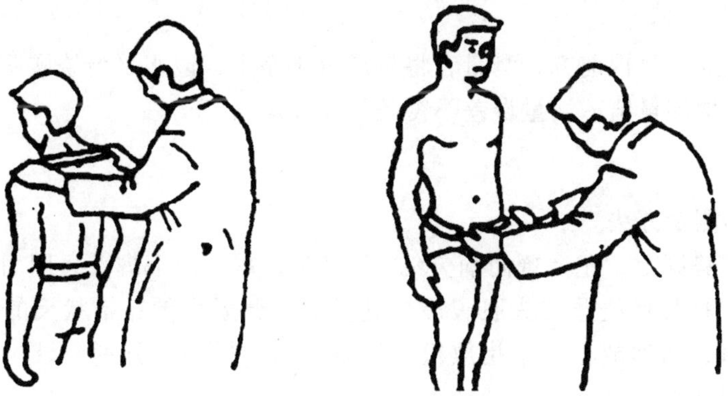

图 7-3-5　肩宽和骨盆宽的测量

（四）围度测量

1. 头围的测量方法

用软皮尺通过眉弓上缘、眉间点和头后点绕一周。

2. 颈围的测量方法

被测者头部自然地正视前方，不缩颈，不耸肩，测量者将带尺放于甲状软骨下方（带尺上缘在喉结下方），以水平绕颈一周，测量误差不得超过 0.5 cm。

3. 胸围测量方法

受试者两足分立与肩同宽，两上臂自然放松下垂。测试者面对受试者，将带尺上缘经背部肩胛骨下角下缘绕至胸前。男性和乳房未发育的女性，带尺的下缘可经乳头点测量，而乳腺已发育的女性，则带尺下缘应经乳头上方的胸中点（第四胸肋关节）测量。注意：① 两人一组进行测量检查，测量人站在被测者前面，注意受试者的带尺有无转折，位置是否正确。受试者不得低头，耸肩，挺胸驼背，若姿势不正确，应予纠正。② 带尺的松紧要适度。③ 测量呼吸差时，带尺一定保持在测定安静时的胸围的原位上，不得移动，不得取下。（见图 7-3-6）

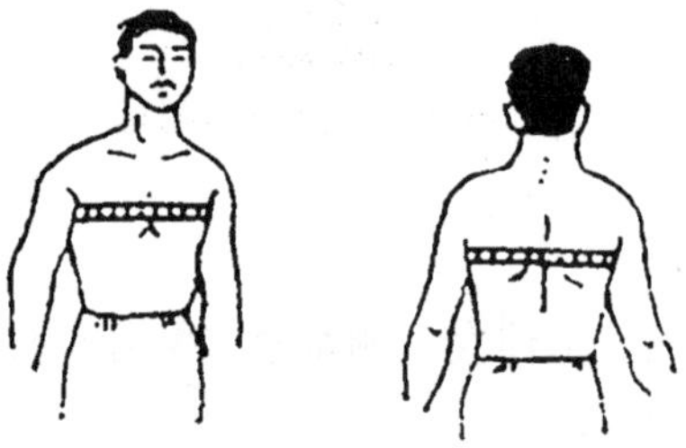

图 7-3-6　胸围的测量

测量呼吸差时，应在保持带尺位置不动的情况下，先测量最大深吸气胸围，再测最大深呼气胸围，两者的差值即为呼吸差。

4. 腰围的测量方法

测试者站在受试者的右侧或对面，将皮尺放在髂嵴上方 3～4 横指的位置（相当于腰部最细处）测量。取一位小数记录。

5. 腹围的测量方法

被测者自然站立，目视前方，测量者将带尺置于脐上，以水平位绕腰腹一周，在被测者自然呼吸的过程中取测量值，测量误差不得超过 1 cm。

6. 四肢围度

（1）上臂围的测量方法。

受试者站立姿势同上，左上臂向前方约 45°平举，掌心向上握拳，用力屈肘，测试者站在受试者的对面，将带尺绕肱二头肌腹最粗处量取上臂紧张围；带状尺的位置不变，让受试者将肘关节伸直，肌肉放松，手指放松，测量上臂放松围，分别记录。测试误差：不得超过 0.5 cm。见图 7-3-7。

图 7-3-7　上臂围的测量

（2）前臂围的测量方法。

被测者取站立位，上肢自然下垂，检查者将带尺在前臂最粗处以水平环绕一周，取下该数。见图 7-3-8。

图 7-3-8　前臂围的测量

（3）大腿围的测量方法。

受试者站立，两足分开与肩宽，双肩放松，测试者站在受试者的侧方，将带状尺由大腿臀大肌皱纹（臀纹点）下经过腿间水平绕至大腿前面，量其围度。临床上常测量髌骨上缘 5 cm 或 10 cm 处，要求受试者自然站立水平绕一周量其围度。见图 7-3-9。

（4）小腿围的测量方法。

被测者取站立位，两腿分开与肩同宽，检查者将带尺在小腿最粗处以水平位绕一周读数。四肢围度测量误差不得超过 0.5 cm。见图 7-3-10。

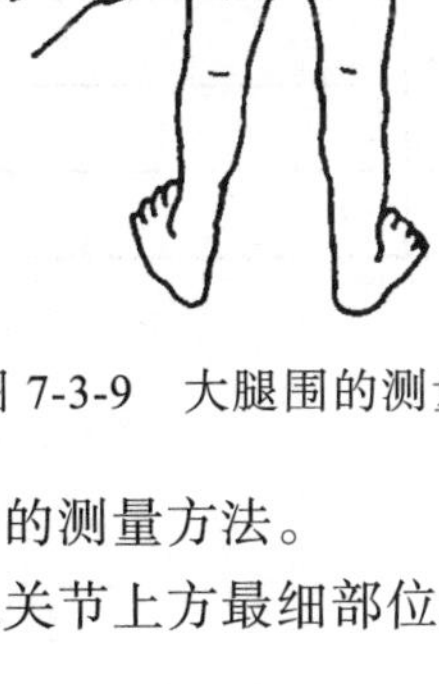

图 7-3-9　大腿围的测量

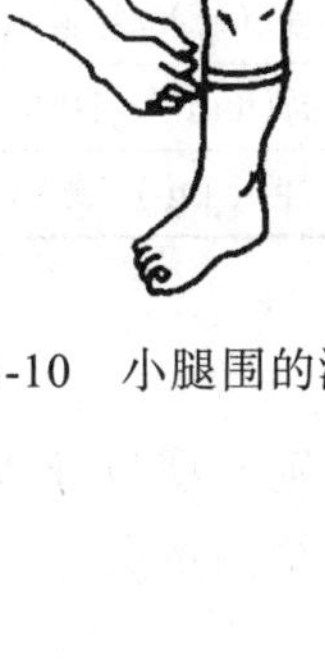

图 7-3-10　小腿围的测量

（5）踝围的测量方法。

取小腿踝关节上方最细部位水平周长。

实验结果与评价

1. 直接测量结果及派生指标

表 7-3-1　体格测量结构一览表

姓名：		性别：		年龄：	
运动专项：			体重：		
长度指标	测量结果（cm）	派生指标	计算结果	围度指标	测量结果（cm）
身高				胸围	
坐高		坐高/身高		最大吸气胸围	
颈长				最大呼气胸围	
项长				呼吸差	
上肢全长		上肢长/身高		头围	
上臂长		上臂长/上肢长		颈围	
前臂长		前臂长/上肢长		腰围	
手长		手长/身高		腹围	
下肢长		下肢长/身高		臀围	
大腿长		大腿长/下肢长		上臂紧张围	
小腿长		小腿长/下肢长		上臂放松围	
跟腱长		跟腱长/身高		前臂围	
指距		指距/身高		大腿围	
手足间距				小腿围	
				踝围	
宽度指标	测量结果（cm）	派生指标			
肩宽		肩宽/身高			
骨盆宽		骨盆宽/身高			
胸宽		胸围/身高			
手宽					
足宽					

2. 派生指标的结果和评价

表 7-3-2　体格测量派生指标的结果及评价

派出指标	结　果	评　价
身高体重指数[体重（g）/身高（cm）]：		
身高坐高指数[坐高(cm)×100/身高(cm)		
身体质量指数[体重（kg）/身高^2（m）]		

课后练习

（1）思考运动专项与身体形态有什么关系？

（2）熟练各个测量点。

实验四　国民体质健康的综合测评

实验目的

（1）掌握国民体质健康各指标的测评意义和方法。
（2）熟练掌握根据研究目的设计测评指标的原则。
（3）树立正确的生活方式，提高健康水平，激发民族自豪感和危机感。

实验材料与器具

国民体质健康测试系统。

课程思政

国民体质的强弱是衡量一个国有经济水平和科技进步水平的重要标志之一。国民体质的状况和发展水平对我国经济的发展、全民素质的提高和全面建设小康社会具有重大的影响。从影响体质健康的因素知识点引申到树立正确的生活方式，提高全民健康水平。从我国国民体质健康的现状知识点激发学生民族自豪感和危机感。

线上自主学习

国民体质健康的综合测评

一、实验原理

体质的范畴主要涉及身体形态发育水平、生理功能水平、身体素质和运动能力发展水平、心理发育水平和适应能力五个方面的内容。我国国民体质成年人的测试指标如下表：

表 7-4-1　国民体质成年人的测试指标

类别	20～39 岁	40～59 岁
形态	身高、体重	身高、体重
功能	肺活量、台阶试验	肺活量、台阶试验
素质	握力 俯卧撑（男） 1 分钟仰卧起坐（女） 纵跳 坐位体前屈 选择反应时 闭眼单腿站立	握力 坐位体前屈 选择反应时 闭眼单腿站立

二、实验内容

（1）身高体重的测量与评价受试者的身体形态。
（2）肺活量的测量与评价肺的容积和扩张能力，是评价人体呼吸系统功能的一个重要指标，常用于评价人体生长发育水平和体质状况，它的计算公式为：肺活量体重指数 = 肺活量（毫升）/体重（公斤）。

（3）台阶指数的测量与评价人体心血管功能。

男同学用高 40 cm 的台阶，女同学用高 35 cm 的台阶。测试前，被测试同学可做轻度的准备活动，主要是活动下肢关节。上、下台阶的频率是 30 次/分，因而节拍器的节律为 120 次/分（每上、下一次是四动）。参加测试的同学根据提示，按节拍器的节律完成试验。用 2 秒上、下一次的速度（按节拍器的节律来做）连续做 3 分钟。做完后进行脉搏数测量。记录运动停止后 1 分半钟、2 分到 2 分半钟、3 分到 3 分半钟的三次脉搏数。

$$\text{台阶试验身体功能指数} = \frac{\text{运动持续时间(s)}}{\text{三次测量脉搏数之和}} \times 100$$

（4）握力的测量与评价受试者前臂屈肌群的等长收缩力量。

（5）纵跳的测量与评价受试者垂直向上跳跃时下肢肌肉快速收缩的能力。

（6）一分钟仰卧起坐测量与评价受试者的腹肌力和腹肌耐力。

（7）俯卧撑测量和评价上肢的肌肉耐力。

（8）坐位体前屈测量和评价人体柔韧性。

（9）闭目单足站立的测量与评价人体平衡能力。

（10）选择反应时的测量与评价人体神经和肌肉系统的协调性和快速反应能力。

（11）总分及评价。

综合评级是根据受试者各单项得分之和确定，共分为四个等级：优秀、良好、合格、不合格。任意一项指标无分者，不进行综合评级。

表 7-4-2　国民体质综合评级标准

等级	得分	
	20-39 岁	40-59 岁
一级（优秀）	>33 分	>26 分
二级（良好）	30-33 分	24-26 分
三级（合格）	23-29 分	18-23 分
四级（不合格）	<23 分	<18 分

三、要求

（1）掌握各指标的测量意义。

（2）学会国民体质健康各指标的测量方法。

（3）掌握国民体质健康的综合测评方法。

线下学习

一、实验方法

（1）每 2 个学生一组，一个作为被试者，另一个作为测试者进行测量，测完后互相交换角色，并做好记录。

（2）弄清测试的整个流程，严格按照实验步骤操作。

二、操作步骤

（1）身高体重的测量与评价（见上节）。

（2）肺活量的测量与评价。

使用干燥的塑料吹嘴（每名同学使用的吹嘴都已经过消毒）。测试同学深呼一口气后，向吹嘴处慢慢呼出至不能再呼出为止。吹气完毕后，液晶屏上最终显示的数字即为肺活量毫升值。共测两次，每次间隔 15 秒，记录最大值作为测试结果。以毫升为单位，不保留小数。注意事项：① 呼气不可过猛，防止漏气；② 不得二次吸气；③ 肺活量计口嘴应严格消毒。

（3）台阶指数的测量与评价。

测试前，被测试同学可做轻度的准备活动，主要是活动下肢关节。参加测试的同学根据提示，按节拍器的节律完成试验。基本动作要求：① 一只脚踏在台阶上；② 踏台阶腿伸直成台上站立；③ 先踏台的脚先下；④ 还原成预备姿势。做完后进行脉搏数测量。记录运动停止后 1 分半钟、2 分到 2 分半钟、3 分到 3 分半钟的三次脉搏数。注意事项：① 如果受试者 3 次不能按照节拍器发出的节奏完成上下台阶或不能坚持运动，应立即停止运动，记录运动持续时间。② 心血管疾病患者，不得进行此项测试。

（4）握力的测量方法。

两脚自然分开成直立姿势，两臂自然下垂。一手持握力计全力紧握，电子握力计显示数字为测试数据。用有力手握两次，取最大值，以公斤为单位。测试时保留 1 位小数。注意事项：①电子握力计不能接触衣服和身体；②身体不能弯曲；③手臂不能弯曲。

（5）纵跳的测量方法。

受试者踏上电子纵跳板，双脚自然分开，呈直立姿势，屈髋屈膝摆臂，垂直往上跳。

注意事项：腾空后不能缩腿。

（6）一分钟仰卧起坐的测量方法。

受试者全身仰卧于垫上，两腿稍分开（约肩宽），屈膝成 90°左右，两手交叉抱头，同伴压住受试者的两踝关节处，起坐时，以两肘触及或超过两膝为完成一次，仰卧时，两肩胛必须触垫（图 7-4-1）。测试人员发出“开始”口令的同时开表计时，记录一分钟所完成的次数。注意事项：① 禁止肘部撑垫或臀部上挺；② 时间到时，受试者虽然起身，但两肘还未触及两膝时，该次不计数；③ 测试过程中，测试者或负责计数的压腿的同伴要给受试者报所做的次数。

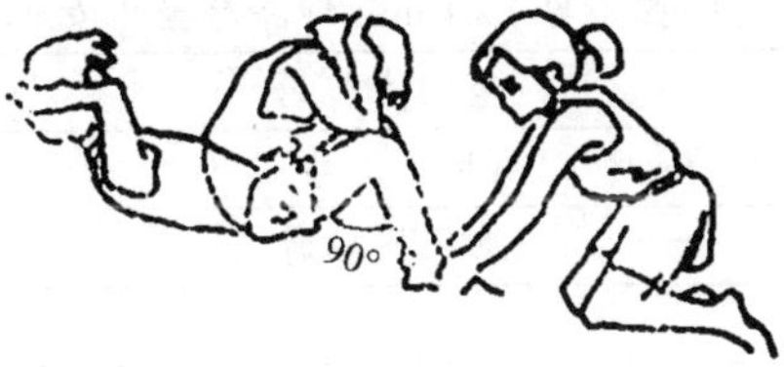

图 7-4-1 一分钟仰卧起坐的测量

（7）俯卧撑。

受试者两手按地，手指向前，两手距离与肩同宽，两腿向后伸直，身体挺直，然后屈臂使身体平直下降，使肩与肘接近同一平面，躯干、臀部和下肢要挺直，然后撑起，恢复到开始预备姿势为完成一次。注意事项：① 要求场地地面平坦，能够达到手掌与脚尖在一平面上；② 下去时要求肩与肘在同一水平面上；③ 上来时要求手臂伸直。

（8）坐位体前屈的测量与评价。

受试者两腿伸直，两脚平蹬测试纵板坐在平地上，两脚分开约 10～15 厘米，上体前屈，两臂伸直前，用两手中指尖逐渐向前推动游标，直到不能前推为止。测试计的脚蹬纵板内沿平面为 0 点，向内为负值，向前为正值。记录以厘米为单位，保留一位小数。测试两次，取最好成绩。注意：① 测试前，受试者应做好准备活动，以防肌肉拉伤；② 身体前屈，两臂向前推游标时两腿不能弯曲；③ 受试者应匀速向前推动游标，不得突然发力。

（9）闭目单足站立的测量与评价。

测试时，受试者自然站立，闭眼，当听到“开始”口令后，抬起任意一只腿，两手叉腰，闭眼单足站立，直到平衡破坏。支撑脚移动或睁眼为止，记录站立时间。测试两次，取最好成绩，记录以秒为单位，保留小数点后一位，小数点后第二位数按“非零进一”的原则进位。测试时，注意安全保护。

（10）选择反应时的测量与评价。

测试时，受试者中指按住“启动键”，等待信号发出，当任意信号键发出信号时，以最快的速度去按该键；信号消失后，中指再次按住“启动键”，等待下一个信号发出，共有 5 次信号。受试者完成第五次信号应答后，所有信号键都会同时发出光和声，表示测试结束。测试两次，取最好成绩，记录以秒为单位，保留小数点后两位。注意测试时，受试者不得用力拍击信号键。

实验结果与评价

表 7-4-3　体质测试各指标测量和评价结果

姓名：	出生日期：		民族：
性别：	年龄：		运动专项：
测试结果及评价			
测试指标（项目）	成绩	得分	等级
身高（cm）			
体重（kg）			
肺活量（ml）			
台阶指数			
握力			
纵跳			
俯卧撑（男），1 min 仰卧起坐（女）			
坐位体前屈			
闭目单足站立			
选择反应时			
总分			
总体评价			
饮食和运动处方			

课后练习

思考：如何提高国民体质健康水平？

实验五　身体素质的测量与评价（一）

实验目的

（1）掌握速度、力量、耐力的分类。

（2）学会各种速度、力量、耐力的测量方法及评价。

（3）增强学生勇于探索的创新精神、善于解决问题的实践能力。

实验材料与器具

秒表、反应时测试仪。

线上自主学习

身体素质的测量与评价（一）

一、实验内容

（一）速度的测量方法

速度素质可分为反应速度、动作速度和位移速度。其中反应速度指人体对各种刺激做出应答的快慢。动作速度指人体完成某一单一动作或成套动作的快慢。位移速度指人体在单位时间内移动的距离或移动单位距离的最短时间。

1. 反应速度的测量与评价

常用的测量指标是反应时，反应速度主要反映受试者神经与肌肉系统协调性和快速反应能力。

2. 位移速度的测评方法

常用的测评指标是 50 m 跑，适用于 6 岁至大学男、女生。主要反映受试者的快速跑动能力。

动作速度的测评一般用两手快速敲击。

（二）力量的测评

力量的常用测量与评价指标有握力、背力、立定跳远、纵跳。

（1）握力主要测试前臂及手部肌肉的力量。

（2）背力适用于 6 岁至成年人，主要反映受试者背部肌肉的力量。

（3）立定跳远适用于 6 岁至大学男、女生，主要反映受试者向前跳跃时下肢肌肉的力量和爆发力。

（4）纵跳主要反映受试者垂直向上跳跃时下肢肌肉快速收缩的能力。

（5）原地纵跳摸高主要反映受试者垂直向上跳跃时下肢肌肉快速收缩的能力。

（6）一分钟仰卧起坐测量受试者腰腹部肌肉的力量。

（三）耐力的测评

1. 速度耐力的测评方法

常用指标为 400 m 跑，主要反映受试者的速度耐力水平。

2. 力量耐力的测评

力量耐力包括动力性力量耐力和静力性力量耐力。

1）动力性力量耐力的测评方法

（1）俯卧撑适用于 12 岁至成年男子，主要反映受试者肩臂肌肉的力量和肌肉耐力。

（2）引体向上适用于 12 岁至大学男生。主要反映相对于自身体重的上肢肌群和肩带肌群的力量及动力性力量耐力。

另外双杠双臂屈伸主要反映受试者上肢肌群和肩带肌群的力量及动力性力量耐力。

2）静力性力量耐力的测评方法

（1）屈臂悬垂适用于 10 岁以上女子及不能做引体向上的男子。主要反映受试者上肢肌群和肩带肌群的静力性力量耐力。

评价：屈臂悬垂的时间越长，则受试者上肢肌群和肩带肌群的静力性力量耐力就越好（参见国民体质测定标准）。

（2）仰卧举腿适用于幼儿至小学生。主要反映受试者腹部和大腿肌群的静力性力量耐力。

评价：仰卧举腿的时间越长，则受试者腹部和大腿肌群的静力性力量耐力就越好。

（3）俯卧背伸适用于 12 岁至 60 岁成年人，反映受试者背部肌肉的静力性力量耐力。

除上述介绍的测量指标以外，还有马步测验（大腿部肌肉）、手倒立测验（上肢和肩部肌肉）、等静力性力量耐力的测量指标。

3. 一般耐力的测评方法

12 分钟跑主要反映受试者心肺长时间工作的能力。适用于初中至大学年龄男女生。是衡量一般耐力水平较为理想的指标。测试要求：参加测试之前，受试者应做健康检查，并做好准备活动，受试者应穿运动鞋、胶鞋测试，不得穿皮鞋、塑料凉鞋、钉鞋测试；第 5 分钟开始每隔 1 分钟，测试人员应向受试者报时 1 次。

评价：测验成绩（m）=（所跑圈数 × 每圈的距离）+ 不足一圈距离。12 分钟内跑的距离越远，则受试者心肺功能就越好。

另外，800 m 跑（女）或 1000 m 跑（男）主要测定一般耐力。50 m × 8 往返跑，也可反映受试者的耐力素质。

二、要求

（1）掌握速度、力量和耐力的分类及常用测评指标。

（2）学会各种指标测量和评价的方法。

线下学习

一、实验方法

（1）每 2 个学生一组，一个作为被试者，另一个作为测试者进行测量，测完后互相交换角色，并做好记录。

（2）弄清测试的方法，严格按照实验步骤操作。

二、操作步骤

（一）速度的测评

1. 位移速度的测评

50 m 跑的测评方法：

在平坦的地面上，划出若干条长 50 m 的跑道（跑道宽 1.22 m，终点要有 10 m 的缓冲距离），秒表（一道一表）、发令旗、哨子等。受试者至少 2 人 1 组，采用站立式起跑。受试者听到“跑”的口令或哨声后快速起跑，跑向终点。发令员在发出口令或哨声的同时，要摆动发令旗。计时员看旗动开表计时，当受试者的胸部到达终点线垂直平面时停表，以“s”为单位记录成绩，精确至 0.1 s，小数点后第二位数按非 0 进 1 的原则进位（如 10.11 s 应计为 10.2 s）。测 2 次，取最佳成绩。测量要求：受试者在测试时须穿运动鞋或平底鞋，不得穿钉鞋、皮鞋、凉鞋；发现受试者抢跑和串道时，要当即召回重跑；如遇风时一律顺风跑。

2. 反应速度的测量

反应时的测评（见实验四）：

受试者五指并拢伸直，用中指远节按住“启动”键，当任意一个“ 信号”键发出声光信号时，用同一只手以最快的速度按向该“信号”键，然后，再次按住“启动”键，等待下一个信号的发出，每次测试须完成 5 个信号的应答。当所有“信号”键都同时发出声光信号时，表示测试结束，显示屏上显示测试值，测试 2 次，记录最小值，保留小数点后 2 位。注意测试时，受试者不得用力拍击信号键。

（二）力量的测评

（1）握力测评方法（见实验四）。

（2）背力测评方法（见第五章 实验二）。

（3）立定跳远的测评方法。

受试者两脚自然分开站立，站在起跳线后，两脚尖不得踩线或过线。两脚原地同时起跳，并尽可能往远处跳，不得有垫步或连跳动作。丈量起跳线后缘至最近着地点后缘的垂直距离。以“cm”为单位记录成绩，不计小数。测 3 次，取最佳成绩。注意：发现受试者犯规时，此次成绩无效；受试者一律穿运动鞋测试，也可以赤脚，但不得穿钉鞋、皮鞋、凉鞋测试；受试者起跳时不能有助跑或助跳动作。

（4）纵跳的测评方法（见实验四）。

（5）原地纵跳摸高（见第六章 实验二）。

（6）一分钟仰卧起坐（见实验四）。

（三）耐力的测评

1. 速度耐力的测评方法

400 m 跑的测评方法：

受试者采用站立姿势站在起跑线后，听到哨声立即起跑，要求尽快跑完全程。测试人员发出“跑”的口令同时开表计时，当受试者胸部到达终点线的垂直面时停表。测 1 次、以“s”为单位记录成绩，精确至 0.1 s。

2. 力量耐力的测评

1）动力性力量耐力的测评方法

（1）引体向上的测评方法。

受试者跳起，双手采用正握方式握杠，握杠间距与肩同宽，呈直臂悬垂姿势。身体静止后，两臂同时用力向上引体（身体不得有任何附加动作，当引体上拉躯干到下颌超过横杠上缘，然后还原直至臂悬垂姿势为完成一次）。按上述方法反复做至力竭为止。测 1 次，以“次”为单位记录其完成次数。

注意事项：受试者引体向上时不得举腿或摆动身体。横杠较高时，应有相应的保护措施，测试人员要防止伤害事故的。

（2）俯卧撑的测评方法（见实验四）。

（3）双杠双臂屈伸的测评方法（略）。

2）静力性力量耐力的测量方法

（1）屈臂悬垂的测量方法。

受试者站在凳子上，用双手正握（或反握）单杠，屈臂，使下颌位于横杠之上，受试者双足离开凳面时开表计时。受试者尽量保持该姿势至力竭为止，当下颌低于横杠上缘时停表。以“s”为单位记录持续时间，精确至 0.1 s。

测量要求：不同的握杠法（正握、反握）对测试成绩有明显影响，所以，握法要统一；若受试者的身体前后摆动时，助手可帮助稳定其身体，但不得助力；若第 1 次失败，可重做 1 次。

（2）仰卧举腿的测量方法。

场地器材：垫子、秒表，在两个支架上系一根离地面 30 cm 高的橡皮筋。

受试者呈仰卧姿势，头触地，两臂向两侧外展。两腿伸直，两脚并拢，举腿至脚面触到橡皮筋时开始计时。当两脚下降脚面离开橡皮筋时，令其向上举腿，若出现两脚第 2 次下降时停止计时。以“s”为单位记录持续时间，精确至 0.1 s。注意事项：测验时头和躯干不能离地，不得屈腿。

（3）俯卧背伸计时的测量方法（见第六章 实验二）。

3. 一般耐力的测评方法

（1）800 m 跑（女）或 1000 m 跑（男）的测评方法（略）。

（2）12 分钟跑。

12 分钟跑主要反映受试者心肺长时间工作的能力。适用于初中至大学年龄男女生。是衡量一般耐力水平较为理想的指标。测试要求：参加测试之前，受试者应做健康检查，并做好准备活动，受试者应穿运动鞋、胶鞋测试，不得穿皮鞋、塑料凉鞋、钉鞋测试；第 5 分钟开始每隔 1 分钟，测试人员应向受试者报时 1 次。

评价：测验成绩（m）=（所跑圈数 × 每圈的距离）十不足一圈距离。12 分钟内跑的距离越远，则受试者心肺功能就越好。

（3）50 m × 8 往返跑的方法。

实验结果及评价

50 m 跑成绩：__________；评价：__________。

400 m 跑成绩：__________；评价：__________。

引体向上：__________；评价：__________。

屈臂悬垂：__________；评价：__________。

仰卧举腿：__________；评价：__________。

12 min 跑：__________；评价：__________。

课后练习

（1）思考哪些运动对速度要求较高。

（2）思考哪些运动对力量要求较高。

（3）思考哪些运动对耐力等要求较高。

实验六　身体素质的测量与评价（二）

实验目的

（1）理解柔韧性、灵敏性和平衡性的定义。

（2）学会柔韧性、灵敏性和平衡性的测评。

实验材料与器具

坐位体前屈测量计，立位体前屈测量计，薄垫子，测量直尺，测量圆木棍，皮尺，秒表，节拍器，皮尺。

线上自主学习

身体素质的测量与评价（二）

一、实验内容

（一）柔韧性的测量与评价

柔韧性的测评包括绝对柔韧性和相对柔韧性的测评。常见的绝对柔韧性测评指标包括坐位体前屈、立位体前屈、横劈叉、纵劈叉，相对柔韧性测评指标有下桥、俯卧背伸、俯卧抬臂、转肩等指标的测量与评价。

1. 绝对柔韧性的测评指标

（1）坐位体前屈的测评方法（见实验四）。

（2）立位体前屈适用于儿童至大学生，主要用于测定髋关节及膝关节后侧韧带、肌腱、肌肉的伸展性。

另外横劈叉和纵劈叉测定两腿横分叉和前后伸展能力。衡量大腿内侧肌肌群和前后肌群的伸展性，俯卧背伸主要测定受试者躯干和颈部的伸展能力。

2. 相对柔韧性的测评指标

转肩适用于 6 岁至大学男、女生，主要反映受试者肩关节的柔韧性。

另外，后屈体造桥测定脊柱伸展能力，俯卧抬臂主要反映受试者肩关节和腕关节的伸展能力。

（二）灵敏性的测评

常见的测评指标包括五米三项、往返（10 m×4）跑、“十字”变向跑的测量与评价方法。

五米三项适用于中学至大学年龄男女生，测定不同方向折回跑能力。

另外往返（10 m×4）跑主要反映受试者的速度及在快跑中急停、急起和快速变换动作方向能力，“十字”变向跑主要反映受试者在快跑中快速变换身体方向的能力。

（三）平衡能力的测评

平衡性是维持身体姿势的能力，分为静态平衡性和动态平衡性。静态平衡性的常见测评指标包括闭目单足立、单足前脚掌站立、鹤立测验、横向踩木等，动态平衡性的测评指标有平衡木行走、闭目原地踏步，直线行走等。

1. 静态平衡能力的测评

（1）闭目单足立适用于中学生至老年男、女，主要反映人体的静态平衡能力，也可评价受试者在不依赖视觉情况下位置感觉和本体感觉间的协调能力。

（2）单足前脚掌站立适用于中学至大学男女生，测量单足前脚掌支撑维持静态平衡的能力。另外，鹤立测验测量受试者前脚掌支撑时的静态平衡能力，横向踩木测量受试者在前脚掌踩木时的静态平衡能力。

2. 动态平衡能力的测评

（1）闭目原地踏步适用于中学至大学男女生，主要反映人体动态平衡的能力。闭目原地踏步的时间越长，说明受试者的动态平衡能力越好。

（2）直线行走适用于中学至大学年龄的男女生，测量人体动态平衡能力。

二、要求

（1）掌握柔韧性、灵敏性和平衡性的常用测评指标。

（2）学会各种指标测量和评价的方法。

线下学习

一、实验方法

（1）每 2 个学生一组，一个作为被试者，另一个作为测试者进行测量，测完后互相交换角色，并做好记录。

（2）弄清测试的方法，严格按照实验步骤操作。

二、操作步骤

（一）柔韧性的测评

1. 绝对柔韧性的测量方法

（1）坐位体前屈测量方法（见实验四）。

（2）立位体前屈测评方法。

受试者立于测量台面上，两腿并立，足尖约分 5 cm，足尖与固定直尺的测量台台缘齐平，然后上体慢慢前屈，同时双手臂充分伸直并拢沿直尺尽力下伸，当双中指平行且停止不动时即可读出成绩来。计数时以台面为 0，零台面以上记为负数，零台面以下记为正数。注意两臂前伸时，两腿不得弯曲。

（3）横劈叉和纵劈叉的测评方法（略）。

（4）俯卧背伸的测量方法（略）。

2. 相对柔韧性的测量方法

（1）后屈体造桥的测量方法（略）。

（2）俯卧抬臂的测量方法（略）。

（3）转肩测量方法。

受试者直立，两脚分开与肩同宽，两臂伸直。双手于胸前握皮尺，一手虎口固定于皮尺的零点位置，另一手（活动手）取适当距离握住皮尺。然后两臂伸直，由胸前向上、向后旋转过头（如遇阻力，活动手可向外滑动，加大两手间距离），再直臂向前旋转至开始位置。以“cm”为单位，记录两手拇指间的距离。注意测验前应充分做好肩部准备活动，以防受伤。向后或向前旋肩时任一臂均不能弯曲。

（二）灵敏性的测评

（1）五米三项测量。

场地器材：计时秒表；五米三项折回跑专用场地。

在起点线后以站立姿势起跑。听到“开始”信号后，沿右边跑道跑至其顶点，用一脚触及折回标志线后返回原起点，一脚过起跑线后，再向中间跑道跑至其顶点，用一脚触及折回标志线后返回原起点，一脚过起跑线后，再向左跑道跑至其顶端，用一脚触及折回标志线后返回至终点线。注意：未跑至顶端，脚未触及折回标志线，判犯规；测验时不得穿钉鞋或足球鞋。

（2）往返（10 m×4）跑的测评方法（略）。

（3）“十字”变向跑的测评方法（略）。

（三）平衡能力的测评

1. 静态平衡能力测量

（1）闭目单足立的测量方法（见实验四）。

（2）单足前脚掌站立的测量。

受试者在地板或平地上。提踵成单足前脚掌支撑，测量维持平衡的时间，站立时要求两眼平视前方，两手叉腰，非站立足向前抬起，共测 3 次，记录最佳成。注意：① 支撑足如移动或足跟着地，计时即停止；② 非支撑足如触及任何物体，计时即停止。

（3）鹤立测验的测量方法（略）。

（4）横向踩木的测量（略）。

2. 静态平衡能力的测量

（1）闭目原地踏步。

场地器材：平地、秒表、标志带、节拍器。

在地板或平地上画一个直径为 40 cm 的圆圈，受试者两脚并拢，闭目站立在圆圈的中央。当听到开始的信号后，以 120 步/min 的频率原地踏步。计时从踏步开始到脚触线或跨出线外为止。以“s（秒）”为单位记录时间，不计小数。测 2 次，取最佳成绩。

（2）直线行走。

场地器材：在平坦的地面上画一条 10 米长直线，量尺。

先令受试者睁眼沿 10 米线走，以熟悉路线，然后让受试者站在端线后，闭目沿 10 米线行走，测量其偏离 10 米线员远距离 Sl。然后令其睁眼背向 10 米线立于端线后，听到口令后闭眼后退走，测量其后退至端线时的偏移距离 S2。

实验结果及评价

立位体前屈：__________；评价：__________；

转肩：__________；评价：__________ ；

五米三项：__________；评价：__________；

单足前脚掌站立：__________；评价：__________；

闭目原地踏步：__________；评价：__________；

直线行走：__________；评价：__________。

课后练习

（1）思考哪些运动对柔韧性要求较高。
（2）思考哪些运动对灵敏性要求较高。
（3）思考哪些运动对平衡能力要求较高。

第八章

红十字救护实验

实验一　单人徒手心肺复苏（成人）

实验目的

（1）了解心肺复苏的原理。

（2）熟练掌握单人徒手心肺复苏步骤。

（3）培养学生珍爱生命、乐于助人的高尚道德情操。

实验材料与器具

心肺复苏模拟人、无菌纱布、人工呼吸膜、酒精棉球、镊子等。

课程思政

通过介绍人心跳呼吸停止以后的最佳抢救时间是 4～6 分钟，提出现场急救“白金十分钟”的概念，让学生意识到现场急救的重要性，培养学生珍爱生命、乐于助人的高尚道德情操。

线上自主学习

单人徒手心肺复苏（成人）

一、实验原理

在某些意外情况下，人体在发生心跳、呼吸突然中止后会造成血液循环的停止。脑细胞对缺氧十分敏感，一般在血液循环停止 4～6 分钟后大脑即发生严重损害，甚至不能恢复，所以必须争分夺秒地进行心肺复苏术。

患者心跳、呼吸停止后，全身肌肉松弛，口腔内的舌肌和会厌也松弛后从而阻塞呼吸道。采取头后仰、抬举下颌，可使舌根部向上抬起，使呼吸道通畅，这样就可以用口向病人口内顺利吹气。

心跳停止后，全身的血液循环也会随之停止，脑组织和许多重要脏器得不到氧气及血液的供应，很快就会出现坏死。人体胸廓有一定的弹性，肋软骨和胸骨交接处可因受压而下陷。因此，按压胸骨下段即可间接压迫心脏，此时心室受压，引起心室内压力增加和瓣膜关闭，同时主动脉瓣和肺动脉瓣开放，使血液流向肺动脉和主动脉，从而建立起人工的血液循环。

实施口对口人工呼吸是借助急救者吹气的力量，使气体被动吹入肺泡，通过肺的间歇性膨胀，以达到维持肺泡通气和氧合作用，从而减轻组织缺氧和二氧化碳潴留。

二、实验内容

1. 评估和现场安全

急救者在确认现场安全的情况下轻拍患者的肩膀，并大声呼喊“你还好吗？”检查患者是否有呼吸。如果没有呼吸或者没有正常呼吸（即只有喘息），立刻启动应急反应系统。2015版心肺复苏指南强调对无反应且无呼吸或无正常呼吸的成人，立即启动急救反应系统并开始胸外心脏按压。

2. 启动紧急医疗服务并获取 AED

① 如发现患者无反应无呼吸，急救者应启动 EMS 体系（拨打 120），取来 AED（如果有条件），对患者实施 CPR，如需要时立即进行除颤。

② 如有多名急救者在现场，其中一名急救者按步骤进行 CPR，另一名启动 EMS 体系（拨打 120），取来 AED（如果有条件）。

③ 在救助淹溺或窒息性心脏骤停患者时，急救者应先进行 5 个周期（2 min）的 CPR，然后拨打 120 启动 EMS 系统。

3. 胸外按压

确保患者仰卧于平地上或用胸外按压板垫于其肩背下，急救者可采用跪式或踏脚凳等不同体位，将一只手的掌根放在患者胸骨中下 1/3 交界处，将另一只手的掌根置于第一只手上。手指不接触胸壁。按压时双肘须伸直，垂直向下用力按压，成人按压频率为 100 ~ 120 次/min，下压深度 5 ~ 6 cm，每次按压之后应让胸廓完全回复。按压时间与放松时间各占 50%左右，放松时掌根部不能离开胸壁，以免按压点移位。为了尽量减少因通气而中断胸外按压，对于未建立人工气道的成人，2010 年国际心肺复苏指南推荐的按压-通气比率为 30：2。

4. 开放气道

在 2010 年美国心脏协会 CPR 及 ECC 指南中有一个重要改变是在通气前就要开始胸外按压。胸外按压能产生血流，在整个复苏过程中，都应该尽量减少延迟和中断胸外按压。而调整头部位置，实现密封以进行口对口呼吸，拿取球囊面罩进行人工呼吸等都要花费时间。采用 30：2 的按压通气比开始 CPR 能使首次按压延迟的时间缩短。有两种方法可以开放气道提供人工呼吸：仰头抬颏法和推举下颌法。后者仅在怀疑头部或颈部损伤时使用，因为此法可以减少颈部和脊椎的移动。遵循以下步骤实施仰头抬颏：将一只手置于患者的前额，然后用手掌推动，使其头部后仰；将另一只手的手指置于颏骨附近的下颌下方；提起下颌，使颏骨上抬。注意在开放气道同时应该用手指挖出病人口中异物或呕吐物，有假牙者应取出假牙。

5. 人工呼吸

给予人工呼吸前，正常吸气即可，无须深吸气；所有人工呼吸（无论是口对口、口对面罩、球囊-面罩或球囊对高级气道）均应该持续吹气 1 秒以上，保证有足够量的气体进入并使胸廓起伏；如第一次人工呼吸未能使胸廓起伏，可再次用仰头抬颏法开放气道，给予第二次通气；过度通气（多次吹气或吹入气量过大）可能有害，应避免。

将受害者仰卧置于稳定的硬板上，托住颈部并使头后仰，用手指清洁其口腔，以解除气道异物，急救者以右手拇指和食指捏紧病人的鼻孔，用自己的双唇把病人的口完全包绕，然后吹气 1 秒以上，使胸廓扩张；吹气毕，施救者松开捏鼻孔的手，让病人的胸廓及肺依靠其弹性自主回缩呼气，同时均匀吸气，以上步骤再重复一次。

三、实验要求

（1）熟悉单人徒手心肺复苏操作的步骤。

（2）掌握胸外按压位置、按压深度、次数。

线下学习

一、实验方法

（1）根据心肺复苏模型数量进行分组。

（2）主测者在心肺复苏模型上进行 CPR 的操作。

（3）本组其余同学在周围观察。

二、实验步骤

1. 观察环境

开场语：发现有人晕倒、现场环境安全、做好自我防护。

发现有人晕倒、在进入现场急救现场时一定要记住观察环境，首先保证周围环境安全，并尽量做好自我防护（比如：佩戴一次性手套等）再进入急救现场。

2. 判断意识

双手轻拍伤病员双侧肩膀，俯身在伤病员耳边高声呼叫：先生，你怎么了？（记住一定要在双耳都进行高声呼叫，思考为什么？）

3. 判断呼吸

用“听、看、感觉”判断伤病员是否有呼吸、是否不能正常呼吸（叹息样呼吸），时间 5 ~ 10 秒。（可以用数数的方式来计时，四个数字为一秒，如：1001、1002、1003……1007）

4. 紧急呼救：

① 快来人呀，有人晕倒了。② 我是红十字救护员。③ 请这位先生/女士帮忙拨打急救电话，打完告诉我。④ 请这位先生/女士帮忙取自动体外除颤器。（AED）⑤ 现场有会救护的请来帮助我。

5. 胸外按压

（1）准备工作：解开衣服，松开皮带

（2）按压部位：胸骨的下半部（两乳头连线中点或剑突上两横指）

（3）按压频率：以 100 ~ 120 次/分钟的频率、垂直向下按压 30 次。

（4）按压深度：按压深度 5 ~ 6 厘米。每次按压后放松，确保胸壁完全回弹，但是要保证按压手不能离开胸壁。

（5）按压频率。以 100 ~ 120 次/分钟的频率、垂直向下按压 30 次。

（6）按压深度。按压深度 5 ~ 6 厘米。每次按压后，确保胸壁完全回弹。

6. 人工呼吸

（1）准备工作，观察伤病员口中是否有异物，若有，侧头将异物取出。准备好一次性呼吸膜。

（2）开放气道，一只手伸向伤病员的颈后，检查有无颈椎损伤。无颈部损伤者，用一只手掌小手指侧的掌侧缘压住伤病员额头，另一手食指、中指并拢，托住伤病员下颏（下颌骨处），使头后仰 90°。轻轻将气道打开。

（3）口对口吹气。张大嘴，包严伤病员口唇。捏紧鼻翼，吹气 1 秒钟，可见胸廓隆起。抬头换气，松鼻翼，观察胸廓是否回落。按上述标准吹第二口气。张大嘴，包严伤病人口唇。捏紧鼻翼，吹气 1 秒钟，可见胸廓隆起。

7. 按压与吹气之比

按压 30 次吹 2 口气为 1 组，连续做 5 组。

8. 打开气道，评估循环及呼吸

一只手小鱼际压住伤病员额头，另一只手食指、中指并拢在气管与颈侧肌肉之间沟内触摸其颈动脉搏动，同时用眼睛扫视伤病员的呼吸，时间 5 ~ 10 秒钟，报告伤病员呼吸心跳恢复，心肺复苏成功。

9. 实验中，假设 5 组心肺复苏后，伤病员复苏成功

报告：患者恢复自主呼吸心跳，心肺复苏成功，摆复原体位，等待专业救援。

10. 复苏后护理

整理伤病员衣服，做好人文关怀，报告操作完毕。

三、注意事项

（1）成人按压频率 100 ~ 120 次/分钟（可以数数来控制频率：01、02、03…）

（2）每次按压后胸廓完全回复，按压与放松比大致相等。

（3）尽量避免胸外按压的中断，两次胸外按压间隔时间不超过 10 秒。

（4）应避免过度通气。

（5）严禁在没有发生 CPR 操作指征的真人身上进行 CPR 操作。

（6）进行 5 组 CPR 评估一次效果。

实验小结及评价

请对本次实验进行小结和评价，写出你认为在心肺复苏中需要注意的地方。

实验二　气道异物梗阻的急救

实验目的

（1）了解气道异物梗阻处理原则。
（2）掌握气道异物梗阻处理方法与步骤。
（3）培养学生的社会责任感及乐于助人的高尚道德情操。

实验材料与器具

靠背椅、婴儿模型、成人人体模型。

课程思政

通过强调大脑对缺氧的耐受时间是 4 ~ 6 分钟左右，再次强调现场急救的重要性，尤其是气道异物的患者，只要抢救及时，是完全可以避免悲剧发生的，通过一些正反面事例展示，让学生意识到气道异物梗阻急救的重要性，提高学生的学习积极性。培养学生珍爱生命、乐于助人的高尚道德情操。

线上自主学习

气道异物梗阻的急救

一、实验原理

气道异物梗阻是一种急症，如不及时治疗，数分钟内即可导致窒息甚至死亡。腹部冲击法的原理是在上腹部猛推，以抬高膈肌而使得空气由肺内压出，如此产生人工咳嗽，将阻塞气道的异物排出。为了清除气道内的异物，必要时多次重复这个推动的动作。

二、实验内容

1. 气道异物梗阻的表现

气道异物梗阻的识别是抢救成功的关键，异物可以引起气道部分或完全梗阻。患者表现为突然的剧烈呛咳、反射性呕吐、声音嘶哑、呼吸困难、发绀，常常不由自主地以一手紧贴于颈前喉部。

（1）完全性气道异物梗阻。

较大的异物堵住喉部、气道处，患者面色灰暗、发细、不能说话、不能咳嗽、不能呼吸、昏迷倒地、窒息，呼吸停止。如果不能及时解除梗阻，患者将丧失意识，甚至很快发生死亡。

（2）不完全性气道异物梗阻。

患者可以有咳嗽、喘气或咳嗽微弱无力，呼吸困难，张口吸气时可以听到异物冲击性的高啼声，面色发绀。急救人员不宜干扰患者自行排除异物的努力，但应守护在患者身旁，并监护患者的情况，如果气道部分梗阻仍不能解除，应迅速启动急救医疗服务体系（EMSS）。

2. 现场急救原则

重要的是询问意识清楚的患者："你被卡（呛）了吗？"清醒的患者会点头示意，同意实施救治。救护员现场即刻实施救治，同时尽快呼叫，寻求帮助，拨打急救电话。

（1）成人和大于 1 岁儿童的现场急救。

如果患者表现出轻度的气道梗阻症状：鼓励继续咳嗽，不要马上进行叩击背部、按压胸部和挤压腹部等损伤性治疗，因为有可能导致严重的并发症，或导致气道梗阻更加严重。但应严密观察是否发生严重的呼吸道梗阻。

如果患者表现为严重的气道梗阻症状，但意识清楚，应进行背部叩击法解除梗阻，最多 5 次；如果 5 次拍背法不能解除气道梗阻，改用腹部冲击法（Heimlich 法）5 次。如果梗阻仍没有解除，继续交替进行 5 次背部叩击。需要检查每次拍背及腹部冲击是否解除了气道梗阻。如果解除了梗阻，不是都要做满 5 次。

如果患者失去意识：支撑住患者，小心的平放在地上；立即呼叫急救医疗服务体系（EMSS）；并进行心脏复苏（CPR）。

（2）婴儿（小于等于 1 岁）的现场急救。

如果患者表现出轻度的气道梗阻症状：暂时不做治疗，继续观察症状变化。积极的拍背和胸外按压治疗可能引起潜在的严重并发症和使气道梗阻恶化。

如果患者表现为严重的气道梗阻症状，但意识清楚，应进行背部叩击法解除梗阻，最多 5 次；如果 5 次背部叩击法不能解除气道梗阻，改用 5 次胸部冲击。如果梗阻仍未解除，继续交替进行 5 次背部叩击和 5 次胸部冲击。需要检查每次叩击及胸部冲击是否解除了气道梗阻。如果减轻了梗阻，不是都要做满 5 次。如果患者开始意识不清或是已无意识：支撑住患者，小心地移到一个坚硬的平面上；如果急救医疗服务没有到达或是没有呼叫，立即呼叫；开放气道；给予 2～5 次人工呼吸。在第一次尝试人工呼吸时，如果吹气没有使胸廓抬起，重新摆放头部，然后做下一次尝试；立即施行心肺复苏（CPR）。

三、实验要求

（1）掌握各种气道异物梗阻的处理方法。

（2）海姆立克手法的操作部位及方法。

（3）掌握单人气道异物梗阻急救考核流程标准话术。

线下学习

一、实验方法

（1）根据情况全班分成若干个小组，每个小组 6～8 人。

（2）轮流担任主测者和被测者。主测者模拟救护员，被测者模拟气道梗阻症状患者。

（3）小组其余同学在旁边观察。

二、实验步骤

1. 成人（儿童）急救法

（1）背部叩击法。

适用于意识清楚、有严重气道梗阻症状患者。

① 主测者站到被测者一边，稍靠近患者身后。

② 用一只手支撑胸部，排除异物时让被测者前倾，使异物能从口中出来，而不是顺呼吸道下滑。

③ 用另一只手的掌根部在两肩胛骨之间进行 5 次大力叩击。

背部叩击法最多进行 5 次，但如果通过叩击减轻梗阻，不一定每次都要做满 5 次。

（2）腹部冲击法。（海氏冲击法）。

适用于意识清醒，伴严重呼吸道梗阻症状，5 次背部叩击法不能解除气道梗阻的患者。

① 被测者立位或坐位。

② 主测者站在被测者身后，双臂环绕被测者腰部，令被测者弯腰，头部前倾。

③ 主测者一手握空心拳，握拳手的拇指侧紧抵被测者剑突和脐之间。

④ 另一手握紧此拳头，用力快速向内、向上冲击。

重复 5 次，如果梗阻没有解除，继续交替进行 5 次背部叩击法。

（3）胸部冲击法。

适用于不宜采用腹部冲击法的患者，如孕妇和肥胖者等。

① 主测者站在被测者的背后，两臂从被测者腋下环绕其胸部。

② 一手握空心拳，拇指置于被测者胸骨中部，注意避开肋骨缘及剑突。

③ 另一只手紧握此拳向内、向上有节奏冲击 5 次。

（4）胸部按压法。

适用于无意识或在腹部冲击时发生意识丧失、气道梗阻患者。操作方法同成人心肺复苏。

① 被测者仰卧位，主测者位于被测者一侧。

② 按压部位与心肺复苏时胸外按压部位相同。

2. 婴儿急救法

（1）背部叩击法。

① 救护员将婴儿模型的身体置于一侧的前臂上，同时手掌将后头颈部固定，头部低于躯干。

② 用另一只手固定婴儿模型下额角，并使婴儿头部轻度后仰，打开气道。

③ 两前臂将婴儿模型固定，翻转呈俯卧位，头低于身体。保持头向下、俯卧的体位，利用重力帮助移除异物。

④ 救护员采取坐或跪的姿势，使婴儿模型安全地躺在腿上。

⑤ 用一只手的大拇指固定支撑婴儿模型的头，另外 1 或 2 个手指放在下颌的另一边，保持下颌的角度，不要挤压下颌软组织。

⑥ 用另一手的掌根部在肩胛骨之间给予 5 次快速的拍打。

检查每次拍打背部是否解除了气道梗阻，如解除，不一定要做足 5 次。

（2）胸部冲击法。

适用于意识清醒，伴严重气道梗阻症状，5 次背部叩击法不能解除气道梗阻的婴儿。

① 两手及前臂将婴儿模型固定，翻转为仰卧的体位，头部向下；保持婴儿模型沿救护员手臂的方向，顺放（或横放）在大腿上。

② 找到冲击按压部位，两乳头连线中点。

③ 给予胸部冲击按压，深度约为胸廓前后径的 1/3。

④ 重复 5 次。

⑤ 如果仍不能解除梗阻，继续交替进行 5 次背部叩击和 5 次胸部冲击。

（3）胸部按压法。

适用于无意识、意识不清或是在背部叩击和胸部冲击实施中发生意识丧失、气道梗阻的婴儿。按压方法同婴儿心肺复苏。

三、注意事项

（1）尽早、尽快识别气道异物梗阻的表现，迅速做出判断。

（2）实施腹部冲击，定位要准确，不要把手放在胸骨的剑突上或肋缘下。

（3）腹部冲击时要注意胃反流导致误吸。

（4）肥胖或怀孕者：对于肥胖或怀孕的气道异物梗阻患者，可采用胸部冲击法。

（5）严禁在没有发生气道异物梗阻的真人身上进行气道异物梗阻急救操作。

实验小结及评价

请对本次实验进行小结和评价，写出你认为在气道异物梗阻急救中需要注意的地方。

实验三　现场止血技术

实验目的

（1）了解创伤出血类型。

（2）掌握外出血的常用止血方法。

（3）培养学生珍爱生命、乐于助人的高尚道德情操。

实验材料与器具

无菌敷料、绷带、三角巾、创可贴、止血带等。

课程思政

通过回顾人体的总血量的多少，和同学们讨论如果不进行现场止血会造成什么严重的后果，教育学生学会急救知识，遇到需要人帮助的时候挺身而出能够救人一命；也鼓励同学们积极宣传推广现场急救知识，增加现场急救的普及率，以挽救更多人的生命。

线上自主学习

一、实验原理

现场止血技术

严重的创伤常引起大量出血而危及伤员的生命，在现场及时、有效地为伤员止血是挽救生命必须采取的措施。在医务人员到来之前为伤员止血要根据现场条件，选择可行的止血措施，同时还要避免或尽量减少止血措施给伤员带来不必要的损伤。止血法的主要原理是采用各种手段阻断动脉血运行，控制出血，有效地达到止血的目的。

二、实验内容

止血的方法有直接压迫止血、加压包扎止血、指压止血、加垫屈肢止血、填塞止血、止血带止血。本实验主要介绍常用的直接压迫止血、加压包扎止血、指压止血、止血带止血。

（一）操作要点

（1）尽可能带上医用手套，如用敷料、干净布片、塑料袋、餐巾纸作为隔离层。

（2）如必须用裸露的手进行伤口处理，在处理完成后，用肥皂清洗手，消毒剂消毒。

（3）脱去或剪开衣服，暴露伤口，检查出血部位。

（4）根据伤口出血的部位，采用不同的止血法止血；大血管损伤时常需几种方法结合使用。

（5）止血带在万不得已的情况下方可使用。

（6）肢体出血应将受伤处抬高到超过心脏的高度。

（7）不要去除血液浸透的敷料，而应在其上另加敷料并保持压力。

（8）不要对嵌有异物或骨折断端外露的伤口直接压迫止血。

（二）适应证

（1）直接压迫止血：适用于血管损伤小，出血少的表浅伤口。

（2）加压包扎止血：适用于全身各部位的小动脉、静脉、毛细血管出血。

（3）指压止血：适用于头颈部和四肢出血多的伤口。

（4）止血带止血：适用于四肢有大血管损伤，或伤口大、出血量多时，采用以上止血方法仍不能止血，方可选用布料止血带止血的方法。此法仅限于在紧急情况时临时使用。因布料止血带没有弹性，如果过紧会造成肢体损伤或缺血坏死，因此，要谨慎使用。禁忌用钢丝、绳索、电线等当作止血带使用。

（三）指压止血压迫点

1. 颞浅动脉压迫点

用于头前外侧部出血，一侧头顶部出血时，在同侧耳屏前上方、颧弓根部可摸到颞浅动脉搏动，用拇指按压颞浅动脉止血。

2. 面动脉压迫点

面部出血时，压迫同侧面动脉。压迫点在下颌角前面半寸的凹陷处，需用手指正对下颌骨压迫面动脉。

3. 肱动脉压迫点

前臂及手部出血时，在上臂中段的内侧摸到肱动脉搏动后，用拇指按压可止血。

4. 桡、尺动脉压迫点

腕及手掌部出血时，要同时将桡、尺动脉压于桡、尺骨上即可止血，桡、尺动脉在腕部掌面两侧。

5. 指掌侧固有动脉压迫点

手指两侧有两条小动脉供血，可用对侧手的拇、食二指紧紧捏住伤指两侧根部的指动脉，再用一小块纱布压在伤口上，用绷带缠绕固定纱布。

6. 股动脉压迫点

下肢大出血时，可压迫股动脉。压迫点在腹股沟韧带中点偏内侧的下方（腹股沟中点）搏动处，用手指向下方的股骨面压迫。如果转运时间长时可试行加压包扎或止血带止血。

7. 腘动脉压迫点

小腿及以下严重出血时，在腘窝中部摸到腘动脉搏动后用拇指向腘窝深部压迫。动脉在腘窝处损伤，出血量大，指压止血后可用加垫屈肢止血法止血。

8. 胫后动脉和足背动脉压迫点

足部出血时，可用两手的拇指分别压迫内踝与跟骨之间的胫后动脉和足背皮肤皱纹处中点的足背动脉。

（四）止血带止血法注意事项

（1）止血带应放在伤口的近心端。上臂和大腿部应绑在上 1/3 的部位。上臂的中段以下的部位不可上止血带，以免压迫损伤桡神经，引起上肢麻痹。大腿中段以下，动脉位置较深，不容易压迫住。

（2）上止血带时，必须以平整的衬垫（绷带、毛巾、平整的衣物等）保护皮肤，不能直接绑在皮肤上。

（3）止血带松紧要适度，以摸不到远端脉搏和使出血停止为度，不可过紧，也不可过松。

（4）注明上止血带的时间。止血带每隔 1 小时（上肢）至 2 小时（下肢）应松解一次，每次松解 1 ~ 2 分钟（此时可用指压法暂时止血）。寒冷季节则每隔半小时松解一次。松解时应慢慢解开，可于松开后移置到较原来上止血带稍高的位置重新绑扎。

（5）上止血带的肢体应固定好，冬季要注意保暖，以免发生冻伤。

（6）严格掌握止血带的应用方法，能用其他方法临时止血的，就不轻易用止血带。

三、实验要求

（1）掌握各种止血方法的原理。

（2）各种止血方法的操作部位及方法。
（3）掌握止血急救考核流程标准化术。

线下学习

一、实验方法

（1）根据情况全班分成若干个小组，每个小组 6～8 人。
（2）轮流担任主测者和被测者。主测者模拟救护员，被测者模拟伤员。
（3）小组其余同学在旁边观察。

二、实验步骤

（一）直接压迫止血法

（1）救护员快速检查被测者伤口内有无异物，如有表浅小异物可将其取出。
（2）将干净的纱布块或手帕（或其他干净布料）作为敷料覆盖到伤口上，用手直接压迫止血。注意，必须是持续用力压迫。
（3）如果敷料被血液湿透，不要更换，再取敷料在原有敷料上覆盖，继续压迫止血，等待救护车到来。

（二）加压包扎止血法

（1）救护员首先直接压迫止血，压迫伤口的敷料应超过伤口周边至少 3 cm。
（2）用绷带（或三角巾）环绕敷料加压包扎。
（3）包扎后检查肢体末端血液循环。如包扎过紧影响血液循环应重新包扎。

（三）指压止血压迫点

（1）颞浅动脉压迫点。
（2）面动脉压迫点。
（3）肱动脉压迫点。
（4）桡、尺动脉压迫点。
（5）指掌侧固有动脉压迫点。
（6）股动脉压迫点。
（7）腘动脉压迫点。
（8）胫后动脉和足背动脉压迫点。

（四）止血带止血法

（1）将三角巾或其他布料折叠成约 5 cm 宽平整的条状带。
（2）如上肢出血，在上臂的上 1/3 处（如下肢出血，在大腿的中上部）垫好衬垫（可用绷带、毛巾、平整的衣物等）。

（3）用折叠好的条状带在衬垫上加压绕肢体一周，两端向前拉紧，打一个活结（也可先将条状带的中点放在肢体前面，平整地将带的两端向后环绕一周作为衬垫，交叉后向前环绕第二周，并打一活结）。

（4）将一绞棒（如铅笔、筷子、勺把、竹梅等）插入活结的外圈内，然后提起绞棒，旋转绞紧至伤口停止出血为度。

（5）将棒的另一端插入活结的内圈固定（或继续打结将绞棒的一端固定）。

（6）结扎好止血带后，在明显的部位注明结扎止血带的时间。

三、注意事项

（1）止血法止血的位置一定要熟练正确，才能达到良好的止血效果。

（2）用止血带止血具有潜在的不良后果，一定要在止血带上记录止血时间。

实验小结及评价

请对本次实验进行小结和评价，并写出各类止血方法的利弊。

实验四　现场包扎技术

实验目的

（1）掌握绷带、三角巾包扎的基本要领和包扎技术。

（2）培养学生严谨细致的学习精神。

实验材料与器具

普通卷轴绷带、弹力绷带、三角巾、医用橡皮膏、剪刀等。

课程思政

包扎技术的好坏，直接牵涉到止血、固定保护伤口的效果，但是包扎技术内容多而细，不认真学习，包扎效果不好，达不到包扎的目的，鼓励学生认真学习，反复操练至熟练。

线上自主学习

现场包扎技术

一、实验原理

损伤引起局部血管损伤出血，伤口暴露，失血过多会造成严重后果甚至危及生命，立即包扎可以减少出血，减轻污染，可起到临时止血、抢救生命、防止伤口感染的作用。快速、准确地将伤口用自粘贴、尼龙网套、纱布、绷带、三角巾或其他现场要以利用的布料包扎，是创伤救护的重要一环。它可以起到快速止血，保护伤口，防止进一步的污染，减轻疼痛的作用，有利于运转和进一步的治疗。

二、实验内容

1. 检查判断

现场处理时，要仔细检查伤口的位置、大小、深度、污染程度、有无异物及何种异物。

① 伤口深，出血多，可能有血管损伤。

② 胸部伤口较深时可能有气胸。

③ 腹部伤口可能有肝脾或胃肠损伤。

④ 肢体畸形可能有骨折。

⑤ 异物扎入人体可能损伤大血管、神经或重要脏器。

2. 绷带包扎

① 环形法：适用于肢体粗细较均匀处伤口包扎。

② 回返包扎：适用于头部、肢体末端或断肢部位的包扎。

③ “8”字包扎：适用于手掌、手背、踝部和其他关节处伤口选用“8”字包扎。

④ 螺旋包扎：适用于粗细相等的肢体、躯干部位的包扎。

⑤ 螺旋反折包扎：适用于肢体上下粗细不等部位的包扎，如小腿、前臂等。

3. 三角巾包扎法

① 头顶帽式包扎：适用于头部受伤的包扎。

② 肩部包扎：适用于肩部受伤的包扎。

③ 胸部背部包扎：适用于胸背部受伤的包扎。

④ 腹部包扎：适用于腹部受伤的包扎。

⑤ 单侧臀部包扎：适用于臀部受伤的包扎。

⑥ 手足包扎：适用于手足部受伤的包扎。

⑦ 膝部（肘部）带式包扎：适用于膝肘部受伤的包扎。

⑧ 悬臂带

小悬臂带：适用于上臂骨折及上臂、肩关节损伤。

大悬臂带：适用于前臂，肘关节等的损伤。

二、要求

（1）掌握各种包扎的使用范围。

（2）熟悉包扎方法。

（3）能够做出初步的判断受伤部位及可能的受伤严重性。

线下学习

一、实验方法

（1）根据情况全班分成若干个小组，每个小组 2 人。

（2）轮流担任主测者和被测者。主测者模拟救护员，被测者模拟伤员，互相轮换。

二、实验步骤

1. 绷带包扎

（1）环形法。

此法是绷带包扎中最常用的，适用肢体粗细较均匀处伤口包扎。

① 伤口用无菌或干净的敷料覆盖，固定敷料。

② 将绷带打开，一端稍作斜状环绕第一圈，将第一圈斜出一角压入环形圈内，环绕第二圈。

③ 加压绕肢体环形缠绕 4 ~ 5 层，每圈盖住前一圈，绷带缠绕范围要超出敷料边缘。

④ 最后用胶布粘贴固定，或将绷带尾端从中央纵行剪成两个布条，两布条先打一结，然后再缠绕肢体打结固定。

（2）回返包扎。

用于头部、肢体末端或断肢部位的包扎。

① 用无菌或干净的敷料覆盖伤口。

② 先环形固定两圈，固定时前方齐眉，后方达枕骨下方。

③ 左手持绷带一端于头后中部，右手持绷带卷，从头后方向前到前额。

④ 然后再固定前额处绷带向后反折。

⑤ 反复呈放射性反折，直至将敷料完全覆盖。

⑥ 最后环形缠绕两圈，将上述反折绷带固定。

（3）“8”字包扎。

手掌、手背、踝部和其他关节处伤口选用“8”字包扎。

① 用无菌或干净的敷料覆盖伤口。

② 包扎手时从腕部开始，先环形缠绕两圈。

③ 然后经手和腕“8”字形缠绕。

④ 最后绷带尾端在腕部固定。

⑤ 包扎关节时绕关节上下“8”字形缠绕。

（4）螺旋包扎。

适用粗细相等的肢体、躯干部位的包扎。

① 用无菌的或干净的敷料覆盖伤口。

② 先环形缠绕两圈。

③ 从第三圈开始，环绕时压住前一圈的 1/2 或 1/3。

④ 最后用胶布粘贴固定。

（5）螺旋反折包扎。

用于肢体上下粗细不等部位的包扎，如小腿、前臂等

① 先用环形法固定始端。

② 螺旋方法每圈反折一次，反折时，以左手拇指按住绷带上面的正中处，右手将绷带向下反折，向后绕并拉紧。

③ 反折处不要在伤口上。

2. 三角巾包扎法

（1）头顶帽式包扎。

① 将三角巾的底边折叠 1 ~ 2 横指宽，边缘置于伤员前额齐眉处，顶角向后。
② 三角巾的两底角经两耳上方拉 向头后部枕骨下方交叉并压住顶角。
③ 在绕回前额齐眉打结。
④ 顶角拉紧，折叠后掖入头后部交叉处内。

（2）肩部包扎。

单肩：

① 三角巾折叠成燕尾式，燕尾夹角约 90°，大片在后压住小片，放于肩上。
② 燕尾夹角对准伤侧颈部。
③ 燕尾底边两角包绕上臂上部并打结固定。
④ 拉紧两燕尾角，分别经胸、背部至对侧。腋前或腋后线处打结。

双肩：

① 三角巾折叠成燕尾式，两燕尾角相等，燕尾夹角约 100°。
② 披在双肩上，燕尾夹角对准颈后正中部。
③ 燕尾角过肩，由前向后包肩于腋前或腋后，与燕尾底边打结。

（3）胸部背部包扎

双侧胸：

① 三角巾折叠成燕尾式，两燕尾角相等，燕尾夹角约 100°。
② 置于胸前，夹角对准胸骨上凹。
③ 两燕尾角过肩于背后。
④ 将燕尾顶角系带，围胸与底边在背后打结。
⑤ 然后，将一燕尾角系带拉紧绕横带后上提。
⑥ 再与另一燕尾角打结。
⑦ 背部包扎时，把燕尾巾调到背部即可。

单侧胸部：

① 将三角巾展开，顶角放在伤侧肩上。
② 底边向上反折置于胸部下方，并绕胸至背的侧面打结。
③ 将顶角拉紧，顶角系带穿过打结处上提系紧。

（4）腹部包扎。

① 三角巾底边向上，顶角向下横放在腹部，顶角对准两腿之间。
② 两底角围绕腹部至腰后打结。
③ 顶角由两腿间拉向后面与两底角连接处打结。

（5）单侧臀部（腹部）包扎。

① 三角巾折叠成燕尾式，燕尾夹角约 60°朝下对准外侧裤线。
② 伤侧臀部的后大片压住前面的小片。
③ 顶角与底角中央分别过腹腰部到对侧打结。
④ 两底角包绕伤侧大腿根部在大腿前面打结。
⑤ 侧腹部包扎：将三角巾的大片置于侧腹部，压住后面的小片，其余操作方法与单侧臀部包扎相同，但两底角包扎伤侧大腿根在大腿后面打结。

（6）手足包扎。

① 三角巾展开。

② 手指或足趾尖对向三角巾的顶角。

③ 手掌或足平放在三角巾的中央。

④ 指缝或趾缝间插入敷料。

⑤ 将顶角折回，盖于手背或足背。

⑥ 两底角分别围绕到手背或足背交叉。

⑦ 再在腕部或踝部围绕一圈后在腕部背侧或踝部前方打结。

（7）膝部（肘部）带式包扎。

① 将三角巾折叠成适当宽度的带状。

② 将中段斜放于伤部，两端向后交叉缠绕，返回时分别压于中段上下两边。

③ 包绕肢体一周在肢体外侧打结。

（8）悬臂带。

小悬臂带：用于上臂骨折及上臂、肩关节损伤。

① 三角巾折叠成适当宽的条带。

② 中央放在前臂的下 1/3 处或腕部。

③ 一底角放于健侧肩上，另一底角放于伤侧肩上。

④ 两底角绕颈在颈侧方打结。

⑤ 将前臂悬吊于胸前。

大悬臂带：用于前臂，肘关节等的损伤。

① 三角巾顶角对着伤肢肘关节，一底角置于健侧胸部过肩于背后。

② 伤臂屈肘（功能位）放于三角巾中部。

③ 另一底角包绕伤臂反折至伤侧肩部。

④ 两底角在颈侧方打结，顶角向肘部反折，用别针固定或推紧后掖入肘部，也可将顶角系带绕背部至对侧腋前线与底边相系。

⑤ 将前臂悬吊于胸前。

三、注意事项

（1）包扎时应使伤员处于舒适的体位，包扎过程中尽可能不要改变伤员的位置。

（2）包扎伤口动作要快、准、轻、牢。

（3）包扎时部位要准确、严密、不遗漏伤口。

（4）绷带包扎要从伤部远端开始，包扎结束时可用胶布或打结固定，但结不能打在伤口上。

（5）螺旋形包扎、反折螺旋形包扎、“8”字形包扎，每圈都要压住前一圈的 1/2 到 2/3。

（6）应用绷带包扎时，松紧要适度。有绷带过紧的现象，如手、足的甲床发紫，绷带缠绕肢体远心端皮肤发紫，有麻木感或感觉消失，严重者手指、足趾不能活动时，立即松开绷带，重新缠绕。

（7）无手指、足趾末端损伤者，包扎时要暴露肢体末端，以便观察末梢血液循环。

实验小结及评价

请对本次实验进行小结和评价，并思考包扎方法选择的原因。

参考文献

[1] 李世昌. 运动解剖学[M]. 3 版. 北京：高等教育出版社，2015.
[2] 王国基，杨赳赳. 运动人体科学实验指导[M]. 成都：西南交通大学出版社，2015.
[3] 丁文龙，刘学政. 系统解剖学[M]. 9 版. 北京：人民卫生出版社，2018.
[4] 颉梦宁，李风雷. 运动人体科学实验指导[M]. 北京：北京理工大学出版社，2015.
[5] 李世昌，田振军. 运动解剖学实验[M]. 北京：高等教育出版社，2017.
[6] 郭光文，王序. 人体解剖彩色图谱[M]. 3 版. 北京：人民卫生出版社出版，2018.
[7] 郭志坤，臧卫东. 人体解剖学[M]. 郑州：河南科学技术出版社，2018.
[8] 顾德明，缪进昌. 运动解剖学图谱[M]. 3 版. 北京：人民体育出版社，2013.
[9] 高前进. 运动解剖学实验指导[M]. 石家庄：河北科学技术出版社，2016.
[10] 姚玉芹，王龙海. 人体解剖学实验指导[M]. 南京：东南大学出版社，2014.
[11] 王步标，华明. 运动生理学第二版[M]. 北京：高等教育出版社，2011.
[12] 邓树勋，王健，乔德才. 运动生理学第三版[M]. 北京：高等教育出版社，2015.
[13] 张镜如. 生理学[M]. 4 版. 北京：人民卫生出版社，1996.
[14] 袁孝如. 现代生理学实验技术[M]. 北京：科学出版社，2004.
[15] 汤长发，乔德才. 运动生理学实验教程[M]. 北京：高等教育出版社，2006.
[16] 人体生理学实验指导编写组. 人体生理学实验指导[M]. 北京：高等教育出版社，2005.
[17] 田野. 运动生理学高级教程[M]. 北京：高等教育出版社，2003.
[18] 屈红林，刘瑞莲. 运动生理学创新实验指导[M]. 长沙：湖南师范大学出版社，2010.
[19] 格雷戈里·哈夫，查尔斯·杜姆克. 运动生理学实验及体能测试指导手册 [M]. 2 版. 北京：人民邮电出版社，2021.
[20] 运动生理学编写组. 运动生理学[M]. 北京：北京体育大学出版社，2016.
[21] 汪军. 运动生理学[M]. 北京：北京体育大学出版社，2016.
[22] 乔德才，郝选明. 运动生理学[M]. 北京：高等教育出版社，2019.
[23] 李光华. 人体生理学实验指导[M]. 北京：科学出版社，2013.
[24] 霍洪亮. 人体及动物生理学实验指导[M]. 北京： 高等教育出版社，2013
[25] 邓利. 人体及动物生理学实验指导[M]. 广州：华南理工大学出版社，2013.
[26] 褚震芳. 生理学实验指导[M]. 厦门：厦门大学出版社，2020.
[27] 冯志强，盘强文. 整合人体生理实验指导[M]. 北京：人民卫生出版社，2020.
[28] 张玲. 人体机能实验与实训指导[M]. 杭州：浙江大学出版社，2020.
[29] 陈嘉勤，许之屏. 运动人体科学实验教程第 2 册[M]. 长沙：湖南师范大学出版社，2006.
[30] 季浏，殷恒婵，颜军. 体育心理学[M]. 3 版. 北京：高等教育出版社，2016.

[31] 颉梦宁，李风雷. 运动人体科学实验指导[M]. 北京：北京理工大学出版社，2015.
[32] 吴晓莉. 设计认知—设计心理与用户研究[M]. 南京：东南大学出版社，2013.
[33] 邹纯学. 人体基础科学实验指导[M]. 长沙：湖南大学出版社，2008.
[34] 陈嘉勤，许之屏. 运动人体科学实验教程（第 2 册）[M]. 长沙：湖南师范大学出版社，2006.
[35] 叶一舵. 心理学教程(修订版) [M]. 厦门：厦门大学出版社，1998.
[36] 李建周. 体育心理学实验复习指导[M]. 北京：高等教育出版社，1993.
[37] 唐丽. 运动人体科学实验教程[M]. 西南交通大学出版社，2020.
[38] 赵斌，张钧，刘晓莉. 体育保健学[M]. 6 版. 北京：高等教育出版社，2018.
[39] 王正珍，徐峻华，王艳. 运动处方[M]. 2 版. 北京：高等教育出版社，2018.
[40] 徐玉娥. 运动人体科学实验教程[M]. 西安：西北工业大学出版社，2018.
[41] 于森，刘忆冰. 运动人体科学实验[M]. 北京：人民体育出版社，2017.
[42] 姚鑫. 运动人体科学实验教程[M]. 北京：北京师范大学出版社，2016.
[43] 姚鸿恩. 体育保健学实验指导[M]. 北京：人民体育出版社，2005.
[44] 姚鸿恩. 体育保健学实验，[M]. 北京：高等教育出版社，2008.
[45] 李建周. 体育心理学实验复习指导[M]. 北京：高等教育出版社，1993.
[46] 中国就业培训技术指导中心. 保健按摩师[M]. 2 版. 北京：中国劳动社会保障出版社，2007.
[47] 美国运动医学学会，王正珍. ACSM 运动测试与运动处方指南[M]. 10 版. 北京：北京体育大学出版社，2019.
[48] 沈荣，徐希柱. 公共营养师[M]. 北京：海洋出版社，2017.
[49] 袁尽州. 体育测量与评价[M]. 1 版. 北京：人民体育出版社，2017.
[50] 郑秀瑗，刘静民. 人体成分与体能测量学[M]. 1 版. 北京：国防工业出版社，2017.
[51] 孙庆祝，郝文亭. 体育测量与评价[M]. 北京：高等教育出版社，2010.
[52] 覃朝玲，唐东辉. 体育统计学：Excel 与 Spss 数据处理案例[M]. 重庆：西南师范大学出版社，2010.
[53] 李翠琴. Excel 在体育统计中的应用[M]. 北京：北京理工大学出版社，2011.
[54] 史绍蓉，贺洪. 运动人体科学实验[M]. 长沙：湖南师范大学出版社，2008.
[55] 圣约翰救护机构，圣安德鲁斯急救协会，英国红十字会. 急救手册[M]. 10 版. 朱玲玲，译. 北京：旅游教育出版社，2017.
[56] 约瑟夫·奥尔顿，艾米·奥尔顿. 户外生存急救手册[M]. 2 版. 马华崇，译. 北京：人民邮电出版社，2015.
[57] 徐恒，王莉慧. 家庭急救手册[M]. 北京：化学工业出版社，2014.
[58] 贾大成. 120 医生教您学急救[M]. 北京：人民卫生出版社，2015.
[59] 胡维勤. 家庭急救手册[M]. 哈尔滨：黑龙江科学技术出版社，2017.